개정판

자신과 타인의 이해를 위한

성격심리학

이재창 · 정진선 · 문미란

PERSONALITY PSYCHOLOGY

태영출판사

머리말

성격이란 무엇인가라는 물음에는 한 마디로 답하기가 어렵다. 왜냐하면 성격이란 용어는 인간의 지성, 능력, 정서, 관념, 습관, 태도, 신체적 특징 등 많은 요소를 포함하고 있는 포괄적인 개념이며, 또한 여러 의미로 사용되고 있기 때문이다. 따라서 이러한 성격에 대하여 연구를 하는 학문인 성격심리학은 그 어떠한 심리학 분야보다도 더 많은 영역을 담당하고 있기 때문에 여러 심리학 분야가 중첩되고 교차되는 분야라고 할 수 있다.

이렇듯 성격심리학은 인간이란 어떤 특성을 가진 존재인가에 대한 물음에 대한 포괄적인 해답을 제시하기 위한 학문이므로 이론적인 접근이 중요할 수밖에 없다. 하지만 이러한 특성으로 인해 성격심리학 과목은 다소 어렵고 딱딱한 느낌을 주는 것이 사실이며, 이로 인해 정작 학습자들은 성격심리학에 대해 배우고 나서도 자신과 타인의 성격에 대한 이해에 실질적인 도움은 별로 받지 못하는 것을 보며, 실제와 분리된 이론에 대한 안타까운 마음이 들었다. 따라서 이 책은 성격심리학을 구성하고 있는 각 이론들에 대한 숙지와 함께 이를 실제로 적용해 보는 가운데 자신과 타인의 성격에 관한 이해에 실질적인 도움을 주고자 하는 목적으로 저술되었다. 이러한 목적에 따른 본서의 특징은 다음과 같다.

첫째, 이 책은 크게 III부로 구성되었다. I부에서는 성격과 성격심리학과 관련된 기초적인 지식들을 다루고, II부에서는 대표적인 성격이론들에 대해 다루었다. 여러 심리학자들은 각기 자신이 인간을 바라보는 입장에 따라 성격에 대하여 연구를 하고 개념을 제시하고 있으므로 여기에서는 각 심리학자들의 이론을 서로 상이한 5가지 분석수준, 즉 정신역동적 관점(Freud, Adler, Jung, Murray, Erikson), 특성－성향적 관점(Allport, Cattell, 성격의 5요인 모델), 행동 및 사회적 학습 관점(Skinner, Bandura), 현상학적 관점(Rogers, Maslow)으로 나누어 살펴보되 결국엔 각 관점들을 통합하여 개인의 성격에 대한 종합적인 관점을 수립할 수 있도록 돕고자 하였다. 마지막으로 Ⅲ부에서는 성격과 관련된 이상행동인 성격장애에 대해 다룸으로써 건강한 성격과 그렇지 못한 성격에 대한 이해를 돕고자 하였다.

둘째, 각 장마다 마지막 부분에 학습한 이론을 실제로 적용시켜 볼 수 있는 '나와 타인의 이해를 위한 성격심리 연습과제'를 제시하였다. 이 연습과제는 [자기성장을 위한 성격심리학－김영애], [자기에로의 여행－성격심리학연습 -Willard B. Frick 원저, 손정락 역] 등 성격심리학 연습과 관련된 저서를 참고하면서 저자들이 새롭게 구성한 내용들로 이루어져 있다. 독자들은 이 연습과제를 통해 본문에서 살펴본 주요 이론들에 대해 더 깊이 숙지할 수 있을 뿐만 아니라 그 이론들을 실제로 적용해 보는 시간을 통하여 자신과 타인의 성격에 대한 보다 깊은 이해가 가능해질 것이다. 이 연습과제는 개인적으로도 작업이 이루어질 수 있으며 소집단의 형태로 실시하여 서로 나누는 시간을 가진다면 자신뿐만 아니라 타인의 성격에 대한 이해를 할 수 있는 기회가 되어 더 효과적일 것으로 사료된다.

셋째, 이 책의 주요 독자는 대학 등에서 성격심리학을 공부하는 학생들일 것으로 예측되지만 그렇지 않은 일반 독자들도 본서를 통해 인간의 성격이해에 관하여 도움을 받을 수 있으리라 생각된다. 각 장의 성격이론과 연습과제를 통해 성격에 대한 발견과 통찰들을 잘 통합하면 개인에 대한 종합적인 관점을 수립하여 자신과 타인의 성격과 행동에 대해 더 완전히 이해할 수 있을 것이다.

수년간 머리 속에, 마음 속에 무겁게 담고 있던 작업을 이제 마치게 되니 홀가분함이 느껴지기는 하지만 막상 세상에 내놓기에는 부끄러움과 아쉬움이 많이 남는다. 특히 공동 저자들이 함께 집필하는 가운데 가능하면 흐름을 같이 하려 노력하였으나 아무래도 미흡한 점들이 있을 수밖에 없음을 고백한다. 이 같은 미흡함에 대한 양해를 바라며, 부족하고 아쉬운 부분에 대해서는 앞으로 독자 여러분들의 고마운 지적과 조언을 통해 계속 수정 · 보완해 나가도록 힘쓸 생각이다.

상담을 하고 강의를 하다보면 성격에 관하여 종종 받는 질문이 있다. "제 성격이 과연 바뀔 수 있을까요?" 그때는 이렇게 대답해 준다. "자신의 성격이 바뀌어야 한다거나 내가 달라져야 한다고 생각하지 마세요. 단지 나는 나대로 있으면서 내가 가지고 있던 그러나 아직까지는 끄집어 내지 못했던 내 성격의 또 다른 부분들을 하나씩 꺼내어 낸다고 생각하세요. 그렇게 내가 나로서 더욱 성장해야지, 다른 사람이 되어야 할 필요는 없답니다."

인간은 누구나 현재의 자신이 익숙하고 편하다. 따라서 현재의 자신이 자기를 힘들게 하고 괴롭히더라도 감히 변화할 용기나 엄두를 내지 못한다. 변화한다는 것은 곧 지금까지 익숙했던 것들과의 작별을 의미하는 것이므로……. 따라서 자신의 성격에 모난 부분이 있어도 부족한 부분이 있어도 바뀌어야 한다고 생각하지 말고, 그저 내 속에 잠재되어 있는 성격의 건강한 측면을 하나씩 꺼내어 현재화시킨다고 생각하면 성격의 부족한 면을 보완하기가 훨씬 편해질 것이다. 따라서 이 책을 통해 자신의 현재 성격에 대해 깊이 있게 이해하고 더 나아가서는 내 속에 잠재되어 있는 성격의 긍정적인 측면들을 하나, 둘씩 끄집어 낼 수 있기를 소망한다. 그리하여 우리가 좀 더 건강한 성격의 소유자로 행복하게 살아갈 수 있도록 이 책이 작은 역할이라도 해 줄 수 있기를 또한 소망해 본다.

마지막으로 이 책이 나오기까지 많은 도움을 주시고 특히 인내와 믿음으로 기다려 주신 태영출판사의 김현태 사장님과 관련 직원 여러분께 깊은 감사를 드린다. 또한 존재만으로도 충만한 기쁨과 고마움을 느낄 수 있게 해 주는 사랑하는 가족들과, 일일이 거론할 수는 없으나 각자 나름대로의 자리에서 항상 함께 하는 마음으로 기쁘게 같은 길을 걸어가는 여러 지인들께도 사랑과 존경과 감사의 마음을 전하고 싶다.

2008. 7

저자 씀

개정판을 내면서

매일 아침 눈을 뜨고 나면 사람의 소리를 찾아 나서서 그들과 소통하고자 하는 반사적인 몸놀림을 오늘도 알아차리게 되는데, 그럴 때에도 의문은 사라지지 않는다. 사람들의 알 수 없는 행동, 말 등에 대해서 말이다. 왜 그럴까? 무엇이 그렇게 했을까? 어떻게 하고자 하는 것일가? 등등……

그리고 사람에 대한 이해 부족을 느끼고 고통과 좌절감, 갈등을 겪었던 기억들이 주마등처럼 스쳐간다. 그런 과정 속에서 끊임없이 나에 대한 이해가 가능해졌음도 감사롭게 다가온다. 이제는 조금씩 그 소리를 해석할 수 있는 부분도 증가하고 그 소리의 의미를 정확하게 파악하게 되는 부분도 증가하면서 사람들과 대화를 하며 즐거움도 증가하였음을 보상으로 받게 되었다.

그래서 성격심리학이라는 이름으로 교재집필을 하게 되었던 기억도 새삼스러이 의식으로 떠오르며 다시금 새로 바뀌게 된 내용들을 첨가하여 재정리를 하게 되었다. 이즈음에 다시 손을 대기 시작한 이유는 그 동안에 정신질환의 진단기준이 바뀌게 되었고, 성격검사를 하는 도구의 진화발전에 따른데 있다.

검사도구의 진화발전과 정신질환의 진단기준이 바뀌게 되고 보니 강의를 듣는 학생들에게 전문적인 지식을 갖추는데 필요한 정보를 보다 신속히 제공하고 싶었으며, 일반인들도 시대적인 변화에 따라 병명의 변화를 받아들여서 혼란스러움을 줄이고자 노력하였다.

이 책은 여전히 전체 3부로 구성되었으며, 1부는 성격과 성격심리학, 2부는 성격이론들에 대해서, 그리고 3부에서는 성격과 관련된 이상행동인 성격장애에 대해서 다루었다. 이 작업을 하면서 요즘은 시대적으로 인간에 대한 이해와 인간의 갈등을 다루기 위해서 폭넓은 대중의 참여가 이루어지고 있음에 감사함도 느꼈다. 그 동안에 강의를 들었던 분들 뿐만 아니라 심리상담에 대한 이해와 체험을 경험한 분들도 자신의 내면에서 일어나는 갈등과 대인간의 어려움을 성격탐색을 통해서 풀어 나가려고 하는 모습을 접하였다.

이 책은 성격에 대한 이해를 원하는 분들에게 보다 전문적인 지식을 체계적으로 전달하는 것과 함께 개인의 실제에 적용함으로써 자신과 타인을 이해하는데 좀 더 도움이 되도록 구성하였다. 요즘은 대중을 위한 많은 책들이 있으며 보다 상세히 안내를 해 주고 있음도 강조하고 싶다. 덧붙이면 독자의 특성에 맞게 필요한 책을 찾아서 살펴보는 것이 더 큰 도움이 되리라 믿는다.

마무리 후에 시야를 돌려 보면 이제는 등 뒤에서 따뜻한 품으로 제자들의 학문적인 정진을 뒷바라지해 주시는 이재창 교수님, 학문적인 동지로서 한결같은 논의와 보완을 함께 해가는 든든함을 안겨주는 문미란 박사께도 늘 감사의 마음 전하며 개정판에 깊은 속내를 얹어 본다. 늘 표현을 아껴왔지만 학문적인 채찍을 아끼지 않는 또 한분 태영출판사 김현태사장님께도 감사하며, 저의 부족함을 편안한 목소리로 확인해서 다듬어 주시는 태영출판사 상무님께도 다시금 감사의 맘을 드린다. 그러고 나니 제 자신에 대한 부끄러움에 고개 숙이며 좀 더 자세를 가다듬어 내면의 탐색과 이론적 정리를 더해 보고자 하는 마음을 길어 올리게 된다.

2017년 7월

저자일동

차 례

Ⅰ. 성격심리학의 기초 13

제1장_ 성격 및 성격심리학의 이해 15

1. 성격이란? ……16
   1) 성격의 어원과 정의 ……16
   2) 성격의 일반적인 특징 ……18
2. 성격심리학이란? ……21
3. 성격의 결정 요인 ……25
   1) 생물학적 · 유전적 요인 ……25
   2) 환경적 요인 ……27
   3) 생물학과 환경의 상호작용 ……28

제2장_ 성격의 평가 및 연구방법 31

1. 성격의 평가방법 ……32
   1) 관찰법 ……32
   2) 면접법 ……32
   3) 자기보고식 검사법 ……33

4) 투사적 검사법 ············45
5) 표준화검사 배터리 ············52
2. 성격의 연구방법 ············53
1) 사례연구 ············54
2) 상관연구 ············56
3) 실험연구 ············57

II. 성격이론의 이해 및 적용 59

제3장_ 정신역동적 관점 ——— 61

1. Freud의 정신분석학적 이론 ············63
1) 주요개념 ············64
2) 성격발달 ············76
3) 성격평가 및 연구방법 ············84
나와 타인의 이해를 위한 성격심리 연습과제 1 / 86
2. Adler의 개인심리학 ············95
1) 주요개념 ············96
2) 성격발달 ············106
3) 성격평가 및 연구방법 ············107
나와 타인의 이해를 위한 성격심리 연습과제 2 / 108
3. Jung의 분석심리학 ············114
1) 주요개념 ············115
2) 성격발달 ············127
3) 성격평가 및 연구방법 ············132
나와 타인의 이해를 위한 성격심리 연습과제 3 / 133
4. Murray의 욕구이론 ············136
1) 주요개념 ············137
2) 성격발달 ············143
3) 성격평가 및 연구방법 ············145
나와 타인의 이해를 위한 성격심리 연습과제 4 / 147

5. Erikson의 심리사회적 이론 ······150
1) 주요개념 ······151
2) 성격발달 ······153
3) 성격평가 및 연구방법 ······159
나와 타인의 이해를 위한 성격심리 연습과제 5 / 160

제4장_ 특성―성향적 관점 —— 167

6. Allport의 특질이론 ······169
1) 주요개념 ······170
2) 성격발달 ······172
3) 성격평가 및 연구방법 ······176
나와 타인의 이해를 위한 성격심리 연습과제 6 / 178
7. Cattell의 특질이론 ······183
1) 주요개념 ······183
2) 성격발달 ······185
3) 성격평가 및 연구방법 ······187
나와 타인의 이해를 위한 성격심리 연습과제 7 / 188

제5장_ 행동 및 사회적 학습 관점 —— 193

8. Skinner의 행동주의적 성격론 ······195
1) 주요개념 ······196
2) 성격평가 및 연구방법 ······202
나와 타인의 이해를 위한 성격심리 연습과제 8 / 203
9. Bandura의 사회학습이론 ······209
1) 주요개념 ······209
2) 성격평가 및 연구방법 ······214
나와 타인의 이해를 위한 성격심리 연습과제 9 / 215

제6장_ 현상학적 관점 —— 221

10. Maslow의 자아실현 접근 ······223
1) 주요개념 ······224

2) 성격평가 및 연구방법 ······231
나와 타인의 이해를 위한 성격심리 연습과제 10 / 233

11. Rogers의 인간중심 접근 ······238

1) 주요개념 ······239
2) 성격발달 ······243
3) 성격평가 및 연구방법 ······243
나와 타인의 이해를 위한 성격심리 연습과제 11 / 245

III. 성 격 장 애 249

제7장_ 성격장애 —— 251

1. 이상행동에 대한 이해 ······252

1) 적응과 부적응 ······252
2) DSM-V에 포함되어 있는 정신장애의 범주와 유형 ······255

2. 대표적인 이상행동의 이해 ······256

1) 범불안장애 ······256
2) 기분장애 ······261
3) 신체증상 및 관련 장애 ······265
4) 해리장애 ······268
5) 정신분열증과 기타 정신증적 장애 ······269

3. 성격장애 ······270

1) 군집 A의 성격장애 ······270
2) 군집 B의 성격장애 ······277
3) 군집 C의 성격장애 ······289
나와 타인의 이해를 위한 성격심리 연습과제 12 / 297

- 부 록 / 301
- 참고 문헌 / 320
- 찾아 보기 / 324

I

성격심리학의 기초

제1장 성격 및 성격심리학의 이해
제2장 성격의 평가 및 연구방법

제1장

성격 및 성격심리학의 이해

1. 성격이란 ?
2. 성격심리학이란 ?
3. 성격의 결정 요인

1. 성격이란?

1) 성격의 어원과 정의

인간은 똑같은 상황에서도 서로 다른 방식으로 반응한다. 예를 들면, 낯선 사람들과 처음 만나는 자리에서 어떤 사람은 자신을 표현하고 다른 사람에게 다가가는데 매우 자연스러운 반면에 어떤 사람은 매우 수줍어하고 부자연스러워한다. 이렇게 같은 상황에서도 사람에 따라 반응의 차이가 나는 것을 통해 인간의 행동이나 반응양식이 외부의 상황이나 환경적인 자극에 의해서만 결정되는 것이 아니라 내적 특성에 의해서도 영향을 받는다는 것을 알 수 있다. 이러한 인간의 내적인 특성의 개인차가 바로 개인의 독특한 성격특질을 구성하게 되며, 개인마다 다양하게 나타나는 성격은 일을 하거나 사람들이 서로 상호작용하며 관계를 맺어나가는 데에 중요한 영향을 미치게 된다.

성격이란 용어는 지성, 능력, 정서, 관념, 습관, 태도, 신체적 특징 등 많은 요소를 포함하고 있는 포괄적인 개념이며, 또한 여러 의미로 사용되고 있다. 그렇기 때문에 성격의 개념을 간결하면서도 명확하게 표현하기에는 어려움이 있다. 그리고 철학자, 신학자, 법률학자, 의사, 사회학자, 심리학자 등 다양한 분야의 전문가들이 각기 자신의 입장에 따라 성격에 대하여 연구를 하고 개념을 제시하고 있기 때문에 용어 정의에 대한 통일성을 찾기에는 어려움이 따른다.

성격(personality)이란 용어의 어원을 살펴보면 라틴어의 persona(① 가면, 외관, ② 역할, ③ 개인적 성질의 총체, ④ 개인의 존엄성)에서 유래가 되었는데 이 말은 원래 per(through : 통하여)와 sonare(speak : 말하다)의 합성어로 배우들이 연극할 때마다 쓰는 가면이나 탈을 의미하는 말이었다. 지금은 배우들이 연기나 연극을 할 때 각 등장인물의 특성을 보여줄 수 있도록 그에 맞는 분장을 하고 의상을 입는다. 고대 희랍시대에는 이러한 분장의 역할을 가면이나 탈이 대신했던 것이다. 즉, 배우들이 쓰는 가면이나 탈은 그 배우가 연기하고 있는 인물의 독특한 특성을 나타내 줄 수 있는 것이다. 성격이란 용어의 어원이 persona에서 유래하고 있음은 이러한 맥락에서 이해가 가능할 것이다. 그 후 persona가 가면이라는 뜻에서 점차 변화되어 주위에 대한 개인의 전체적인 인상의 뜻으로 변용되었고, 로마시대에는 고귀한 성질을 가진 개인을 의미하는 말로 사용되었으며, 오늘날에 와서는 타인과 구별할 수 있는 인상 전체를 의미하는 말로 사용되기에 이르렀다.

다음으로 성격에 관한 사전적 의미를 살펴보면, '각 개인이 가지고 있는 독특한 성질' 또는 '각 개인을 특징짓는 지속적이며 안정적이고 일관된 행동양식'이라고 할 수 있다. 또한 성격에 관해서 학자들마다 나름대로 정의를 내리고 있다. 예를 들어, Pervin(1996)은 성격이란 개인의 생활에 방향을 제시해 주고 양식(응집성)을 만들어 주는 인지, 정서 및 행동의 복합 체제라고 하였으며, Maddi(1996)는 성격은 사람들의 심리적 행동(사고, 감정, 행위)에 있어 공통성과 차이를 결정하는 일련의 안정된 경향성과 특성이라고 하였다. 이러한 심리적 행동은 시간에 따른 연속성을 가지며 어떤 순간의 사회적 및 생물학적 압력의 단일한 결과로서 쉽게 이해될 수 없다고 하였다. Mischel(1976)은 성격은 보통 개인이 접하는 생활상황에 대해 적응의 특성을 기술하는 사고와 감정을 포함하는 구별된 행동 패턴을 의미한다고 하였다.

이 밖에도 많은 학자들이 성격에 관한 정의를 내리고 있지만, 그 중 가장 대표적인 것으로는 Allport(1961)의 진술을 들 수 있다. 그는 '성격은 각 개인의 정신 신체적 체계 안에서 그의 특징적 사고와 행동을 결정해 주는 역동적 조직이다'라고 정의하였다. 이를 풀어서 다시 말하면 다음과 같다.

첫째, 성격을 논할 때에는 각 개인의 정신과 신체 즉, 심신(心身) 둘 다를 고려해야만 한다.

둘째, 성격은 각 개인의 특징적인 것, 즉 독특성을 지닌 것이다.

셋째, 성격은 사고와 행동, 즉 인간이 하는 모든 것에 영향을 미친다.

마지막으로, 이러한 성격은 정적인 존재가 아니라 끊임없이 발달하고 변화하는 역동적인 특징을 가지고 있는 것이다.

2) 성격의 일반적인 특징

성격의 특징을 중심으로 해서 성격에 대해 좀 더 구체적으로 살펴보면 다음과 같다(정인석, 1988).

(1) 행동의 객관적인 특징

성격이라고 하는 개념은 객관적인 기술개념(descriptive concept)으로서, 몰가치적(沒價値的)이며 기술적으로 사용하는 것이 첫째 특징이다. 예를 들어, 어떤 사람을 가리켜 사교적 성격이다, 또는 비사교적인 성격이라고 말할 때는 어디까지나 그 사람의 행동의 특징을 보고 한 말이며, 어떤 도덕적인 관점이나 행동의 규범에 입각해서 한 말은 아니다. 즉 성격은 있는 그대로의 인간의 행동 특성을 뜻한다.

(2) 연속성과 일관성

성격은 개인의 기본적 행동경향성(behavioral tendency)의 의미를 가지고 있다. 따라서 개개인의 행동의 특색인 동시에 개개인의 각종 행동을 공통적으로 나타내게 하는 것이 성격이다. 예를 들어, 비사회적인 성격의 경우, 그 특징은 교우관계에 있어서 적극적인 관계를 맺지 못하며, 또 다른 미지의 사람과도 인간관계를 쉽게 맺지 못하며, 그 밖에 다른 모든 사회적 상황으로부터 도피하려는 경향으로 나타난다. 여기에서 볼 수 있는 것처럼 성격은 어떤 상황에서나 동일하게 나타나는 지속적이고 연속적인 행동의 특징이라고 수 있다. 이런 점에서 성격은 '예견적 개념(豫見的 槪念)'이라고 볼 수 있으며, 어떤 행동이 일어날 확률(probability of behavior)이라고도 볼 수 있다.

(3) 현장에서의 독자적인 적응을 결정하는 역동성

동일한 사태에 대해서 A는 아주 적극적인 태도로 행동을 하는가 하면 B는 꽤 소극적인 행동을 하는 경우가 있다. 이처럼 성격은 동일 환경에 대한 개인의 특색 있는 적응방식과 독자성을 규정짓는 힘의 크기와 방향을 가지고 있다. 개인의 행동에 독자적인 일관성이 흐르고 있는 것은 개인의 욕구체계에 자기특징의 동기유발이 작용한 데서 오는 결과이기도 하며, 개인마다 달리하는 지각판단과 행동의 기준이 되는 준거체제(frame of reference)가 주는 영향 때문이기도 하다. 즉 동일한 여건 하에서도 개인의 욕구체계를 보면, A는 성취동기가 강렬하고 B는 안전의 욕구가 강렬하기 때문에 각기 독자적인 적응을 하게 된다. 또 동일한 현상에 대해서 A는 긍정적인 시각에서 판단을 내리고 B는 부정적인 시각에서 판단을 내려 각기 독자적인 적응을 하게 된다.

(4) 행동특징의 집합이 아니라 융합과 구조

앞서 성격은 개인의 독특한 반응을 결정하는 심리학적 제 조건인 개인 내부의 역동적 체제라고 하였다. 여기서 체제란 동일적인 조직을 뜻하며, 개인의 특성의 융합과 구조를 뜻한다. 이를 테면, 동일 아동이 연하의 어린이에게는 지배적이고 연장자에게는 복종적인 태도를 보일 때, 이것은 일견 모순된 두 개의 행동이라고 볼 수 있으나, 사실은 열등감이라고 하는 공통된 심리의 역동적 구조로부터 일어난 행동이라고 볼 수 있는 것이다. 열등감이 심한 사람은 일반적으로 강자에게는 약한 모습을 약자에게는 강한 모습을 보이려 하는 특성이 있기 때문이다. 이런 점에서 볼 때, 인간을 진정으로 이해하기 위해서는 단순히 행동의 특성을 열거하는 것만으로는 부족하며, 성격특성의 구조를 파악하지 않으면 안 된다. 즉, '구조적 개념'으로서 성격을 파악하지 않으면 안 된다. 형태주의 심리학의 '전체는 부분의 합 이상이다'라는 기본가정과 비슷한 맥락으로 이해할 수 있다.

(5) 행동을 설명하는 매개변수(媒介變數)이며 가정적 개념(假定的 概念)

행동의 기본적 경향성으로서의 성격은 독립변수로서 간주되는 사회상황 및 유기체의 제 조건과 종속변수인 개인행동의 독자성과의 관련성을 유효하게 설명하는 데 필요한 매개변수(intervening variable)이다. 성격심리학의 핵심도 바로 이 매개변수(습관, 동기, 욕구 등)를 규명하는 데 있으며, 이들 삼자의 관련성을 밝히는 데 있다.

한편 성격(personality)과 혼동하기 쉬운 용어로는 인격과 기질이 있다. 우선 인격(character)은 사회의 도덕적 가치에 의해서 평가된 성격(evaluated personality)이다. 따라서 성격은 인격의 중핵적인 요소이며, 성격을 포함해서 조정되고 예측할 수 있는 행동을 하는 그 사람의 모든 경향(tendencies)의 총체적인 내용을 말한다. Allport가 "Character is personality evaluated, and personality is character devaluated"라고 한 말은 바로 personality와 character와의 차이를 잘 말한 것이라고 볼 수 있다. 기질(temperament)은 개인의 정서적인 특징을 말하며, 이 특징 속에는 자극에 대한 흥분성(興奮性), 반응의 강도와 속도, 기분의 질과 동요와 강도의 특이성을 내포하고 있다. 따라서 기질도 인격의 일면을 형성하는 중요한 하위개념이며, 성격의 패턴이 만들어지는 일종의 재질(raw material)이기도 하다. 이런 점에서 성격을 떠나서 기질이 있을 수 없고 또 기질을 떠난 성격도 있을 수가 없음을 알 수가 있다(정인석, 1988).

이상에서의 내용을 종합하면 성격이란 비교적 일관되고 안정적이면서도 변화가 가능한 역동적인 성질을 지니고 있는 각 개인의 독특한 성질로서, 인간의 사고와 행동에 영향을 미치는 것이라고 정의할 수 있다. 그러나 앞서 제기하였듯이 심리학자들이 각기 자신의 입장에 따라 성격에 대하여 연구를 하고 개념을 제시하고 있으므로 본 교재에서는 성격분야의 대가들이 집성한 성격에 대한 의미를 개괄적으로 살펴보면서 성격에 대해 더 깊이 있게 이해할 수 있게 될 것이다.

2. 성격심리학이란?

심리학은 인간의 정신과 행동을 과학적으로 연구하는 학문이며 인간의 정신과 행동을 설명하고 예측하고 통제하기 위한 목적을 가지고 있다. 성격이란 용어는 일반적으로 개인에게서 나타나는 지속적이며 일관적인 특성의 의미를 내포하고 있으므로, 성격을 연구하게 되면 일관되고 안정적인 개인차를 규명함으로써 사람들을 설명할 수 있고 그들의 미래 행동을 예견할 수 있다. 따라서 인간이 사고하고 느끼고 행동하는 특징적인 방식에서의 일관되고 안정적인 개인차를 규명하는 것은 성격심리학의 중요한 목표이다. 또한 개인차를 면밀히 조사하는 것에 더해서, 성격심리학자들은 이러한 개인차에 기저하고 있는 것이 무엇인지에 대해 이해하려고 노력한다. 즉 사람들에게서 관찰된 심리적 차이를 설명하고 이해하고자 한다.

즉, 성격심리학은 성격적인 문제들을 과학적으로 진단, 설명, 해결, 예측할 수 있는 개념과 법칙 및 이론을 규명함과 동시에, 성격의 합리화와 효율화에 기여할 수 있는 심리학적인 기술을 제공하는 학문이다. 성격심리학은 상대적으로 역사가 짧은 학문이지만 사람들이 인간의 본성에 대한 의문을 제기하기 시작한 때부터 출발되었다고 볼 수 있는데 좀 더 상세히 살펴보면 다음과 같다

(Mischel, Shoda, Smith, 2003; 손정락, 2006).

서구사회에서는 고대 그리스 시대 이래로 철학자들이 오랫동안 인간 본성에 대한 의문에 대해 고찰해 왔고, 중요한 속성과 관련된 다양한 개인차와 그 원인을 이해하기 위해 분류 체계를 작성하려고 시도해 왔다. B.C. 400년에 이미 Hippocrates는 당시의 생물학적 지식에 근거하여 기본적인 인간 기질(예, 화를 잘 내는, 우울한)과 그 관련 특성들에 대해 철학적으로 이론화하였다. 예를 들어, 그는 황담즙질 또는 과다한 혈액질과 같은 신체적 속성이 기질에 있어서의 차이를 가져올 수 있다고 생각하였다. 그는 특성 및 유형 심리학이라는 전통을 창시하였는데, 이러한 전통의 최신판이 지난 세기의 초기에 시작되었다. 비록 현대의 과학적 방식으로 완전히 변형되기도 하였지만, 이러한 전통은 주로 현대적인 측정기법과 최신 생물학에 근거하여 여전히 매우 활발하고 훌륭하게 연구되고 있다.

Aristoteles는 대뇌를 이성적 정신, 즉, 인간에게만 고유하게 존재하는 의식적이고 지적인 영혼의 자리라고 하였다. 이러한 관점은 인간정신에 대한 서구적 관점의 기반이 되었다. 1900년대 초반에 비엔나에서 살며 의사로 일하던 Sigmund Freud는 인간본성에 대한 이성적 관점을 뒤엎었으며, 그는 이성을 두 번째 자리로 밀어 내고 대신에 무의식과 비이성적인 동기 및 소망을 첫 번째 자리에 올려놓음으로써 인간 본성에 대한 관점을 완전히 바꿔 놓았다. 그와 마찬가지로 그의 수많은 제자들에 의해 그리고 그의 저술의 대부분을 재해석하고 필요에 따라 개정하는 것을 가능하게 해준 기타 과학영역에서의 발전에 의해 많이 변화되었다.

20세기 초의 성격심리학은 Freud를 비롯한 몇몇의 선구자들에 의해 창시된 주요 성격이론들이 있다. 주요 이론들은 성격의 특성에 대해 각각 뚜렷하게 구분되는 개념들을 주장하였고, 다양한 측면을 포괄하는 종합적인 성격에 대한 관점을 제시하려고 하였다. Freud처럼 이론가들 대다수가 서유럽에서 심리적인 장애로 고통받고 있는 사람들을 치료하는 심리치료가로 일하고 있었다. 심리치료가로 일하면서 이들은 자신들의 환자 사례를 성격 특성에 대한 광범위한 일반화를 위한 토대로 사용하였다. 결과적으로 이들의 아이디어는 성격심리학뿐만 아니라 임상심리학과 정신의학이 형성되는 데 이바지하였다. 그러나 이들의 작업은 정서 장애가 있는 환자들과의 경험을 토대로 하였기 때문에, 사람들의 건강한 측면보다는 성격의 장애 측면에 더 많은 관심을 두고 있다는 문제가 제기된다.

Freud의 이론과 같은 포괄적인 이론들은 관련 분야 내에서의 다양한 유형의 연구 및 심리적 문제가 있는 사람들에 대한 임상적 실무를 제공해 주는 것과 같은 다양한 유형의 실생활 응용이 촉진되도록 방향을 제시해 주고 조망을 제공해 준다. 더욱 주목할 만한 것은 이러한 이론들의 상이한 방향의 연구를 비롯하여 성격을 건설적인 방향으로 수정시키거나 향상시키기 위한 상이한 유형의 심리치료 또는 중재 계획을 이끌었다는 것이다. 또한 이 이론들은 성격을 평가하는 다양한 접근들을 이끌었고, 사람들로 하여금 자기 자신을 포함하여 사람에 대해 생각해 보도록 이끌었다. 따라서 한 인간의 성격과 개성이 발현되는 것을 묘사하는 데 상당히 중요한 역할을 하였고 이러한 역할만으로도 이 이론들은 가치가 있다.

그렇지만 과학적 연구 분야로서 성격심리학이 성장했음에도 불구하고 Freud의 이론과 같은 대부분의 주요 성격이론들은 경험적 연구에 근거하여 그 이론들을 지지할지 또는 무효화시킬지를 결정하게 해 주는 정확한 과학적 검증을 받지 못하고 있다(Meehl, 1997). 그 이유로는 검증 가능한 용어로 이론적 전제를 구체화하는 데 있어서의 어려움부터, 그 검사 결과를 처리하고 평가하는 데 있어서 다양한 유형의 실험적, 통계적 제한점들이 있다는 것에 이르기까지 다양하다. 그러나 이러한 제한점들에도 불구하고 주요 이론들은 흔히 특정 조망이나 이론 틀로부터 성격을 연구하고 그 결과들을 해석하기 위한 개괄적인 지침이나 방향제시와 같은 기능을 제공해 준다. 따라서 특정 이론을 경험적 연구에 근거하여 확고하게 거부하거나 지지하는 것은 어려운 일이다. 어떤 대가가 말한

바와 같이, 모든 과학영역의 대다수의 주요 이론들은 실제로는 결코 무효화되지 않는다. 이 이론들은 단지 더 효과적으로 보이는 접근에 의해 그리고 새로운 질문을 제기하고 새로운 — 항상 일시적인 — 답을 내놓을 수 있는 정보량이 더 많은 새로운 연구를 이끄는 접근에 의해 점차적으로 대체되어 가면서 쓸쓸히 사라져갈 뿐이다.

제2차 세계대전 후인 지난 세기의 후반부에 미국 성격심리학은 그 자체로 하나의 훌륭한 분야로 성장하였다. 미국 성격심리학은 유럽 심리학의 영향을 받았지만 또한 그보다 더 거대한 심리학이라는 과학 내에서 그 자체의 방향성을 가지고 성장하였다. 미국에서의 영향은 심리학을 철학에서 과학으로 돌려놓는 데 전념한 대학 심리학과에서 발생한 전통으로부터 시작되었다. 정상인과 장애가 있는 사람들을 대상으로 작업하는 연구자들은 성격심리학에서의 수많은 중심 쟁점들을 다루기 위해 점점 더 정교한 과학적 방법을 개발하고 응용하였다. 과학이 진보함에 따라 연구 결과물들이 급속하게 축적되고 그 결과물들이 흥미로운 새로운 방향을 제시해 주면서 성격에 대한 중요한 의문들을 검증할 수 있게 되었다.

1960년대부터 대략 1980년대까지 성격심리학 분야는 뚜렷하게 대립되는 이론적 접근들 간의 해결될 수 없을 것처럼 보이는 논쟁들로 가득 차 있었다. 그 결과 중요한 의문을 명료화시켜 주는 많은 논쟁들과 새로운 연구들이 이루어졌지만 또한 대안적인 관점 간에도 대립이 발생하였다.

이와 대조적으로, 현대에는 상이한 성격 측면을 연구하고 상이한 분석 수준(levels of analysis), 즉 다양한 관점에서 연구하는 이론가들과 연구자들로부터 나온 통찰을 통합하고 건설적으로 종합하려는 다양한 시도들이 이루어지고 있는데 이는 고무적인 징후라고 할 수 있다. 실제로 각 수준(이론적 접근)은 그 자체의 정당성과 유용성을 가지고 있으며, 각 수준은 뚜렷하게 구별되는 방법과 개념들을 필요로 한다는 시각이 늘어가고 있지만 상이한 수준에서 나온 결과들이 반드시 대립적인 것만은 아니다. 오히려, 결과들은 일반적으로 전체를 이해하고 명료화하는 데 부가적인 정보를 제공해 준다. 각 분석 수준은 — 새로운 질문을 제기할 뿐만 아니라 — 여러 가지 확고한 답들도 내놓고 있으며, 성격심리학에 대한 종합적이고 일관된 관점을 형성하는 데 기여하고 있다(손정락, 2006). 따라서 각 분석 수준에서의 성격에 대한 발견과 통찰들을 잘 통합하면 개인에 대한 종합적인 관점을 수립하여 개인의 성격과 행동에 대해 더 완전히 이해할 수 있을 것이다.

이러한 추세에 따라 본 교재의 Ⅱ부에서는 각 심리학자들의 이론을 서로 상이한 5가지 분석수준, 즉 정신역동적 관점(Freud, Adler, Jung, Murray, Erikson), 특성 — 성향적 관점(Allport, Cattell, 성격의 5요인 모델), 행동 및 사회적 학습 관점(Skinner, Bandura), 현상학적 관점(Rogers, Maslow) — 으로 나누어 살펴보되 결국엔 각 관점들을 통합하여 개인의 성격에 대한 종합적인 관점을 수립할 수 있도록 돕고자 한다.

3. 성격의 결정 요인

성격이 선천적으로 타고 나는 것이냐 아니면 후천적으로 학습에 의해 형성되느냐 하는 것은 오랫동안 논란의 대상이 되어 왔다. 따라서 이에 대해 명확한 결론을 내리기는 어렵지만 일반적으로 성격은 선천적으로 타고난 유전의 영향과 후천적인 환경 속에서의 경험과 학습의 영향, 이 두 가지의 상호작용 속에서 형성된다고 볼 수 있다.

1) 생물학적 · 유전적 요인

유전이란 생물의 형질이 유전자를 통해서 특정한 세대 간의 연결이라고 할 수 있다. 유전이란 생물의 형질이 유전자를 통해서 특정의 세대에서 다음의 세대에 전달되는 것이다.

환경과의 접촉이 거의 없었다고 할 수 있는 신생아를 대상으로 한 연구에서 어린 아기들도 각자 독특한 행동특징을 보이는 것이 밝혀지고 있는데, 신생아의 활동수준, 기분, 규칙성, 참을성 등의 여러 차원에서 뚜렷한 개인차를 나타내고 있으며 기질의 개인차가 성장과정 동안 비교적 안정되게 유지되는 경향이 있다. 이렇게 출생시부터 행동특징과 기질 등에서 개인차가 난다는 것은 성격이 유전적인 요인에 영향을 받는다는 것을 의미한다.

Mendel의 법칙을 대표로 하는 생물학적 유전의 연구에 입각해서 Darwin이나 Galton 이래 심리학적 입장에서도 인간의 성격형성에 있어서의 유전의 역할을 해명하려는 노력이 많이 이루어져 왔는데, 그 대표적인 방법은 주로 가계연구와 쌍생아 연구이다.

Jukes의 가계를 연구한 Dagdale의 보고에 의하면 이 가계의 6명의 범죄자의 자손 2,820명을 추적 조사한 결과 정확히 판명된 자만 보더라도 63%가 중범죄자 또는 알코올중독 등의 문제행동의 소유자였다고 한다. 이렇게 심리학자들은 범죄자 가계연구나 또는 우수 가계연구 등을 통해 동일 가계 내에 비슷한 행동특성의 소유자들이 많이 존재한다는 결과를 얻어 유전적 요인의 영향을 주장해 왔다.

쌍생아 연구는 서로 다른 환경에서 자란 쌍생아의 유사도를 검토하는 방법으로, 특히 일란성 쌍생아와 이란성 쌍생아의 비교연구가 많이 보고되고 있는데, 성격이나 행동 특성에 있어서 주로 일란성 쌍생아의 유사도가 이란성 쌍생아의 유사도보다 높게 보고되어 유전의 영향력을 지지해 주고 있다. 예를 들어, 쌍생아를 연구한 Gottschaldt의 보고에 의하면 지적인 상층구조의 심리적 특성에 있어서는 유전적인 소질의 작용력이 환경력에 비해서 2~3배 높고, 활동성, 계획성, 개방성, 무관심도, 활발성 등과 같이 내부감각적 기저에 속하는 능동성에 있어서는 유전력이 5~6배, 그리고 근본기준 같은 측면은 유전력이 12배

이상으로 거의 유전력에 의존하고 있다고 보고하고 있다. Newman과 Freeman이 쌍생아를 대상으로 성격적 특성을 비교한 연구결과에서도 일란성 쌍생아간의 상관이 이란성 쌍생아보다 더 높은 것으로 나타났다. 유전적으로 동일한 일란성 쌍생아들은 이란성 쌍생아나 형제들보다 기질적 특성에서 더욱 더 비슷한 양상을 보이고 있어서, 기질에서의 개인차는 유전적인 요인에 의해서 영향을 받고 있음을 시사하고 있다. 이같이 다양한 기질적 특성이 유전의 영향을 받는다는 것은 성격 또한 유전적인 영향에 의해서 형성된다는 것을 말한다.

2) 환경적 요인

사람은 사회적 동물이라고 한다. 이는 인간은 사회 속에서 환경과 타인의 영향을 서로 주고받으며 살아가는 존재임을 일컫는 말이다. 따라서 성격의 형성에 있어서도 환경적 요인이 중요한 영향을 미치게 된다. 환경은 개인이 살고 있는 곳이며 그 속에서 어떤 경험을 하느냐가 성격형성에 영향을 미치게 된다. 이러한 환경적 요인에는 가정환경, 학교환경, 사회문화적인 환경 등이 있는데, 이 중에서도 특히 가정환경은 개인의 성격형성에 중요한 영향을 미치는 요인이 된다. 사람은 대개 출생과 동시에 한 가정의 구성원이 된다. 따라서 개인의 성격발달은 좋은 방향으로든 나쁜 방향으로든 가정에서부터 시작된다고 할 수 있다. 특히 가정에서의 부모의 양육태도가 자녀의 성격형성에 많은 영향을 미치게 된다. Symonds, Baldwin, 그리고 Kallhorn 등의 연구에서 보면 익애형 또는 과보호적인 가정에서 자라난 아동은 신경질적이고 의존적인 성격 또는 자기중심성이나 비사회성이 나타나기 쉽고, 거부형과 방임형의 가정에서 자라난 아동은 반항적이고 공격적이며 불안정한 성격이, 전제적인 가정에서 자라난 아동은 수동적이고 순종적인 성격이 형성되기 쉽다고 하였다. 한편 Adler는 부모가 같고 거의 같은 가정환경에서 자라난 아이들일지라도 개인의 출생순위에 따라 생활양식이나 성격의 형성에 서로 다른 영향을 받는다고 하였다. 뿐만 아니라 개인은 자신이 속한 사회의 제도, 문화, 관습 등에도 중요한 영향을 받게 된다. 우리나라의 경우 근래에는 덜한 듯하지만, 예전에는 유교문화의 영향을 많이 받아 남녀 각각 요구되어지는 성격의 특성이 매우 달랐다.

많은 성격이론가들도 이러한 환경적인 요인의 중요성을 제시하고 있다. 예를 들어, Freud의 정신분석학적 입장에서는 어린 시절의 성장경험의 중요성을 강조하고 있다. 사람들은 태어나면서부터 다른 사람들에게 영향을 받는데 특히 어린 시절 부모와 자녀의 관계는 성격 형성에 중요한 영향을 준다는 것이다. 또한 학습 이론적 입장에서도 행동을 개인이 처하고 있는 환경이나 상황적 조건에 의해 형성되는 것이라고 본다. 즉 개인이 어떠한 환경 조건을 경험했는가의 차이에 따라 환경에 적응하는 방법이 다르게 나타난다는 것이다. 개개인의 독특한 행동 습관은 어린 시절의 가정 분위기의 영향을 받으며, 이는 환경과의 상호작용의 과정에서 획득된 것이며, 환경조건이 달라지면 변화가 가능하다고 본다. 따라서 학습 이론적 관점에서 살펴보면, 성격이란 환경 조건이 비슷하게 유지될 때에는 일관성 있는 경향이 나타나지만 환경이 달라지면 이에 따라 변화될 수 있다고 본다. 그렇기 때문에 적응에 문제를 일으키는 성격특성이 있으면 환경을 변화시킴으로써 이를 수정, 변화시킬 수 있다고 보는 경향이 있다. 현상학적 입장의 대표적인 인물인 Rogers는 개인은 자신이 주관적으로 경험하는 세계인 현실 속에서 자신의 발전을 지향하고 행동한다고 한다. 특히 Rogers는 개인의 부모들이 자신의 가치체계에 따라 자녀의 행동이나 생각을 평가하지 않고 무조건적인 긍정적 관심을 보여주는 것이 자녀가 있는 그대로의 자신의 경험을 받아들이게 된다고 하였다.

3) 생물학과 환경의 상호작용

동일한 유전자를 가지고 태어난 쌍둥이도, 동일한 가정환경에서 성장한 형제도 성격이 다르게 형성될 수 있다. 이는 성격이 생물학적인 요인이나 환경적 요인 중 어느 한 가지에 절대적인 영향을 받는 것이 아니라 두 가지 요인의 상호작용으로 형성된다는 것을 보여준다. 개인의 기질이나 신체적 특징과 같은 생물학적 요인들은 개인이 접하게 되는 환경, 즉 개인이 무엇을 경험하는지, 또 얼마나 경험하는지를 제한함으로써 성격형성에 간접적인 영향을 끼칠 가능성이 있다. 다시 말해서 생물학적이고 유전적인 요인에 의한 개인의 독특한 특성은 그 자체가 성격을 결정한다기보다는 성장과정에서 개인의 경험의 종류와 내용을 다르게 함으로써 개인의 독특한 성격 형성에 영향을 끼치게 된다는 것이다.

Eysenk(1916-1997)는 '개인 유기체의 행동은 생물학적인 요인과 사회적인 요인에 의해서 결정되며, 이 두 요인 가운데 한 측면만을 강조하는 것은 과학의 발달을 저해하는 것'이라고 하였다. 대부분의 성격이론가들에 의하면 성격은 선천적으로 타고난 개개인의 생물학적인 바탕과 성장과정에서의 경험이 복합적으로 작용하여 형성되는 것이라는 것에 의견의 일치를 보았다. 즉 개인의 성격은 타고난 유전적 조건들과 성장하면서 경험하게 되는 환경적 조건들의 상호작용을 통해 형성된다고 할 수 있다.

제2장

성격의 평가 및 연구방법

1. 성격의 평가방법
2. 성격의 연구방법

1. 성격의 평가방법

성격을 평가하는 방법으로는 관찰법, 면접법, 자기보고식 검사법, 투사적 검사법 등이 있다. 여기에서는 이러한 방법들에 대하여 살펴볼 것이며, 더하여 임상장면에서 진단을 위하여 실시하는 표준검사 배터리(test standard battery)에 대하여 살펴볼 것이다.

1) 관찰법

일반적으로 관찰법(observational methods)은 자연과학에서 이용되는 방법으로 자연 발생적인 행동이나 사태를 자연 상태 그대로 자세히 관찰(자연적 관찰과 실험적 관찰)해서 관찰한 내용을 기록하고 피험자의 내면의 상태나 경험을 추정하는 방법이다. 관찰을 통한 행동 분석은 행동의 변화를 나타내는 반응과 그것의 선행조건들을 확인함으로써 행동을 환경조건의 함수로 보는 것이다.

2) 면접법

면접법(interview)은 성격을 연구하는 가장 오래된 방법으로 정신역동적 연구 및 평가에서 가장 선호되는 연구방법이다(Watkins, Campbell, Niebergding, & Hallmark, 1995). 면접법은 신뢰도, 타당도에 있어서 많은 한계가 있으나 실용적이라는 장점이 있어 많이 사용되고 있다.

3) 자기보고식 검사법

개인의 성격에 대한 평가를 목적으로 할 때 사용되는 가장 용이하고 일반적인 검사방법이 자기보고식 검사이다. 검사를 받고자 하는 사람이 자신의 행동이나 마음의 상태를 스스로 진술하도록 하고 이를 토대로 해서 성격을 평가하는 방법이다. 즉 과제가 구조화되어 있고 채점과정이 표준화되어 있으며 해석의 규준이 제시되어 있는 검사를 말하는데, 이는 검사에서 평가하고자 하는 특정 영역에 대해 초점화하여 측정할 수 있도록 구성된 검사이다. 따라서 그 특성을 재기에 가장 적합하다고 생각되는 일정한 방식에 따라 응답되고 해석된다. 따라서 개인의 독특성을 끌어내려하기보다는 개인마다 공통적으로 지니고 있는 특성이나 차원을 기준으로 하여 개인의 상대적인 위치를 비교하거나 평가하려는 것이다.

이 검사는 신뢰도와 타당도가 비교적 높고 반복 측정이 가능하며 실시 및 채점, 해석이 용이하다는 장점으로 인해서 많이 사용되고 있다. 또한 자기보고식 검사는 자신이 자신에 대해서 가장 잘 알고 있다는 관점에서 보았을 때, 솔직하고 성실하게 응답을 한다면 무엇보다도 효과적인 성격평가방법이라고 할 수 있을 것이다. 그러나 자신의 행동이나 마음의 상태를 어느 정도 알고 있는지의 여부는 각 개인별로 한계를 가지고 있을 수 있다는 점을 유의해야 한다.

대표적인 자기보고식 성격검사에는 MMPI(다면적 인성검사, The Minnesota Multiphasic Personality Inventory)가 있다. MMPI는 정신과적 진단 분류를 위한 검사이지만 정상인의 행동 설명과 일반적인 성격특성에 대한 유추가 어느 정도 가능하다. 개인의 성격 특징의 비정상적인 혹은 징후를 평가하여 상담 및 정신치료에 기여함은 물론이고 비정상적이고 불건전한 방향으로 진전될 가능성을 미리 찾아내서 적절한 도움의 기회를 제공하기 위한 목적을 갖는 검사이다. 이 외에도 우리나라에서 성격의 평가를 위해 사용하는 자기보고식 검사에는 다요인 인성검사, 표준화성격진단검사(1969), 간편 MMPI(1970), MBTI(Myers Briggs Type Indicator) 등이 있다.

(1) MMPI(MMPI-Ⅱ, MMPI-A)

MMPI(다면적 인성검사, The Minnesota Multiphasic Personality Inventory)는 세계적으로 가장 널리 쓰이고 가장 많이 연구되어 있는 객관적 성격검사로서, 1940년대에 미국 미네소타대학의 심리학자인 S. R. Hathaway와 정신과 의사인 J. C. McKinley에 의해서 비정상적인 행동을 객관적으로 측정하기 위한 수단으로 만들어졌다. 이 검사는 정신과적 진단분류를 위한 측정을 하기 위한 것이며, 일반적인 성격특성을 측정하기 위한 것은 아니다. 하지만 병리적 분류의 개념이 정상인의 행동과 비교될 수 있다는 전제하에 MMPI를 통한 정상인의 행동 설명 및 일반적 성격특성에 관한 유추도 어느 정도 가능할 수 있다. 즉 MMPI는 개인의 인성특징의 비정상성 혹은 징후를 평가하여 상담 및 정신치료에 기여하기 위함은 물론 비정상적이고 불건전한 증상이 진전될 가능성을 미리 찾아내어 예방 및 지도책을 도모하기 위한 검사이다.

1990년대 초반에 개정 보완된 검사는 원래 규준집단에 비해서 전체적인 모집단을 더 적절하게 대표하고 있는 MMPI-Ⅱ와, 청소년을 대상으로 하는 MMPI-A로 나뉘어졌으며 수기식 혹은 컴퓨터방식으로 쉽게 실시하고 채점할 수 있게 되었다. 그러나 매우 복잡하고 정교한 심리검사이므로 자격을 갖춘 전문가만이 사용할 수 있도록 제한을 두고 있다.

그리고 MMPI는 질문지형 검사인데도 상당한 정도의 투사법적 함축성을 띠고 있으며, 검사태도를 평가할 수 있는 타당성 척도를 포함하고 있다는 것이 특징이다. 이는 자기보고형 검사가 가지는 한계점 중 피검자의 행동을 얼마나 정확히 반영할 수 있는가 하는 문제와 피검자가 검사문항에 반응할 때 얼마나 정직하고 솔직한 태도를 보이는가 하는 문제를 보완할 수 있는 중요한 척도이다.

여기서 각 척도들의 일반적인 해석 방향을 간략하게 살펴볼 것이다. 그러나 이것이 검사해석의 절대적인 기준이 된다기 보다는 전문가와 내담자 간의 검사 해석상담 시간을 통해 검사결과에 대해서 신중한 해석이 내려져야 한다.

① 타당도 척도

원판 MMPI에서 수검 태도의 평가를 위해서 네 개의 타당도 척도는 무응답(?)척도, 부인(L)척도, 비전형(F)척도, 교정(K)척도 이며 그리고 교정(K)척도는 MMPI-II에서도 그대로 적용되었으며, 여기에 무선반응 비일관성(VRIN)척도, 고정반응 비일관성(TRIN)척도, 비전형-후반부(FB)척도, 비전형-정신병리(FP)척도, 과장된 자기제시(S)척도가 더해졌다.

② 임상척도

1 Hs(Hypochondriasis)

높은 점수는 만성적인 경향이 있는 모호한 여러 신체증상을 나타낸다. 높은 점수의 피검자들은 일반적으로 불행감을 느끼고 자기중심적이며 애처롭게 호소하고 또한 적대적이고 타인의 주의집중을 바란다.

2 D(Depression)

우울한 기분, 자신에 대한 과소평가, 열등감을 반영한다. 높은 점수의 피검자들은 우울하고 풀이 죽어 있고 비관적이고 근심이 많고 과민하고 무기력하며 지나치게 억제적이며 죄의식을 쉽게 느낀다. 점수증가는 심한 심리적 고통, 변화나 증상완화에 대한 소망을 반영한다.

3 Hy(Hysteria)

높은 점수는 스트레스 처리에 있어서 부정, 억압, 방어와 같은 신경증적 방어의 사용을 나타낸다. 이들은 의존적이고 소박하고 외향적이며 유아적이며 자기도취적이다. 대인관계는 흔히 깨지기 쉽고 자신의 문제에 대한 통찰력이 부족하다. 높은 점수는 심리적 과정에 대한 관심이 부족함을 반영한다. 스트레스가 높을 때 신체증상이 나타난다.

4 Pd(Psychopathic Deviate)

반항, 가족관계 분열, 충동성, 학업이나 직업문제, 범법행위, 알코올이나 약물남용 등 반사회적 행동을 나타낸다. 높은 점수의 피검자들에게 있어서 반사회적 성격장애가 흔하다. 이들은 처음엔 외향적, 사교적이며 남에게 호감을 주기도 하지만 남을 속이고 조정하며 쾌락에 탐닉하며 자기과시적이며 신뢰할 수 없고 미성숙하며 적대적이다. 공격적인 행위와 판단장애를 쉽게 보인다. 높은 점수는 쉽게 변화되기 어려운 장기적인 성격장애를 나타낸다.

5 Mf(Masculinity Feminity)

높은 점수의 남성은 예민하고 탐미적이며 수동적이거나 여성적이다. 이들은 성적 정체감에 대한 갈등, 이성애적 욕구의 저하를 나타낸다. 낮은 점수의 남성은 남성적이고 공격적이며 거칠고 모험을 즐기고 무모하며 실질적이고 관심이 좁다. 높은 점수의 여성은 남성적이고 거칠며 공격적이고 자신감이 있고 감정적이지 않고 무디다. 낮은 점수의 여성은 수동적이고 복종적이며 호소를 쉽게 하고 흠을 잡는 잔소리꾼이고 과민하다.

6 Pa(Paranoia)

이 척도의 점수 상승은 의심 많고 사람들과 거리를 두고 약삭빠르고 경계하며 안달하고 지나치게 과민한 특징을 반영한다. 높은 점수의 피검자는 투사하고 남을 비난하며 원망한다. 이들은 일반적으로 적대적이거나 따지기를 좋아한다.

7 Pt(Psychasthenia)

높은 점수는 긴장되고 불안하고 생각에 집착하며 강박적이고 공포를 느끼고 융통성이 결여되어 있다. 이들은 흔히 자기 비난을 하며 쉽게 죄의식에 빠지며 열등감과 부족감을 느끼며 지나치게 주지화, 합리화하는 방어기제를 사용하며 심리적 해석에 저항한다.

8 Sc(Schizophrenia)

높은 점수는 전통적인 규범에서 벗어나는 정신분열성 생활방식을 반영한다. 이들은 위축되어 있고 수줍어하고 우울하고 열등감과 부족감을 느끼며 긴장되고 혼란되어 있다. 이들은 흔치 않는 이상한 생각을 품고 있다. 판단력 장애가 있고 적절하지 못한 정서반응을 한다. 매우 높은 점수는 현실검증장애, 기괴한 지각장애, 망상, 환각이 있다는 증거가 된다. 이들은 일반적으로 일반상식이 부족하고 문제해결 기술이 적절하지 못하다.

9 Ma(Hypomania)

높은 점수는 사교적이며 외향적, 충동적 성향과 힘이 넘쳐흐르고 낙관적인 상태를 반영한다. 이들은 자유분방한 도덕관념을 갖고 있다. 들떠있고 지나치게 술을 마시며 과장된 자기평가를 하며 정서가 불안정하다. 참지 못하고 그들의 계획을 완수하는 경우가 드물다. 이들은 타인을 조정하고 자기 가치를 극대화한다. 매우 높은 점수의 피검자는 정서장애, 기괴한 행동, 부적절한 기분, 충동적 행동, 망상을 보인다.

0 Si(Social Introversion)

높은 점수는 내향적이어서 수줍어하고 위축되어 있다. 사회적으로 보수적이고 순종적이며 지나치게 억제적이고 무기력하고 순응적이며 긴장되고 융통성이 없고 죄의식에 잘 빠지는 상태를 반영한다. 낮은 점수의 피검자들은 외향적이고 쾌활하며 자기표현을 잘하고 공격적이며 말이 많고 충동적이며 억제하지 않는다. 자발적이고 타인을 조정하며 기회주의적이고 사회관계에서 진지함이 결여되어 있을 수 있다.

(2) 다요인 인성검사

다요인 인성검사는 R. B. Cattell이 제작한 16성격요인검사(Sixteen Personality Factor Questionnaire)를 토대로 한국 실정에 맞게 재구성하여 제작한 것이다(4장 Cattell 참조). 자기보고식 검사인 16성격요인검사는 현재 세계에서 가장 널리 사용되고 있는 검사 가운데 하나이며, 거의 모든 성격범주를 포함하고 있어 일반인들의 성격이해에 매우 적합한 검사이다. 이 검사는 각 개인의 다양한 성격특징을 14가지 측면에서 다각도로 분석하여 일목요연하게 성격프로파일로 제시한다. 또한 개인의 성격적 측면을 기술함과 동시에 각 개인이 갖고 있는 정서적, 행동적 문제도 함께 진단하며 나아가서 각 개인의 성격에 맞는 직업적성도 찾아 주어 진로선택에도 도움을 준다. 이 검사에서 제시되는 구체적인 성격특성은 다음과 같다.

① 온전성

대인관계 선호 정도를 알아보는 척도이며 높은 점수일 경우 다정다감하며 사교성이 있고 타인과 잘 협력하고 친절하다. 낮은 점수일 때에는 사람보다는 사물에 관심이 많으며 비판적이고 내향적이어서 자신의 감정이나 생각을 잘 표현하지 못한다.

② 자아강도

개인의 자아가 얼마나 안정되어 있는지를 알아보며 높은 점수는 정서적으로 안정되고 자신감이 있으며 현실적인 어려움에도 당황하지 않고 침착하게 잘 대처한다. 낮은 점수는 이성보다는 감정에 의해 영향을 받고 인내심이 부족하여 쉽게 좌절할 수 있다.

③ 지배성

대인관계 방식을 파악하며 높은 점수는 우월감이 있으며 경쟁적이고 지배성이 강하며 자기주장을 잘한다. 낮은 점수는 일반적으로 순종적이고 온순하며 자기주장을 잘 하지 못한다.

④ 정열성

행동의 활발한 정도를 측정하며 높은 점수는 정열적이고 쾌활하며 낙천적이고 적극적이다. 지나치게 높으면 명상훈련이나 자기통제 훈련으로 활동성을 줄이도록 해야 한다. 낮은 점수는 신중하고 말이 적으며 내성적이다. 대인관계에서 조심스럽고 긴장하는 편이다.

⑤ 도덕성

양심의 발달 정도를 파악하며 높은 점수는 성실하며 정확성을 추구하고 책임감이 높다. 지나치게 높으면 좀더 여유를 가질 필요가 있고, 낮은 점수는 집단활동이나 규범을 잘 따르지 않으며 성실하지 못하고 자유분방하며 경솔하다. 이러한 경우에는 감수성 훈련 등을 통해서 사회규범에 적응하도록 하는 것이 필요하다.

⑥ 대담성

행동 면에서 대담한 정도를 측정하며 높은 점수는 모험적이고 매우 활기차며 위험 상황에서도 적극적으로 행동한다. 따라서 다른 사람의 입장을 생각할 수 있도록 해야 한다. 낮은 점수는 소심하고 감정표현을 억제하며, 사람들과 잘 어울리지 못하며 열등감이 있을 수 있다. 자기주장훈련 등에 참여하는 것을 권장한다.

⑦ 예민성

타고난 성향을 알아보는 척도이며 높은 점수는 정서적으로 민감하고 의존적이지만 대화를 좋아하고 여행이나 새로운 경험을 좋아한다. 아주 높으면 대인관계에서 상처받을 수 있으므로 체계적인 행동치료가 도움이 된다. 낮은 점수는 정서적으로 강인하며 논리적이고 사무적이다.

⑧ 공상성

사고경향성을 알아보는 척도로 높은 점수는 혼자 생각하기를 좋아하고 상상력과 창의력이 있으며 일상적인 문제보다는 상상적인 세계에 더 관심이 많다. 현실적이고 실제적인 일에 관심을 가져야 한다. 낮은 점수는 실제적이고 현실적이며 구체적이고 확실한 일을 좋아한다. 문학이나 예술 방면에 관심을 가질 필요가 있다.

⑨ 실리성

대인관계 행동경향성을 탐색하는 척도로 높은 점수는 계산적이고 실리적이며 세상 물정에 밝다. 하지만 타인의 감정이나 욕구에도 관심을 가질 필요가 있다. 낮은 점수는 순진하며 대인관계가 서투른 편이며 사람들을 좋아하고 다정하지만 단순하고 감상적일 수 있으므로 현실을 바로 볼 수 있도록 현실감각을 기를 필요가 있다.

⑩ 자책성

주로 죄책감의 정도를 측정하며 높은 점수는 확신감이 부족하고 불안을 많이 느낀다. 자신에 대해 매우 엄격한 기준을 세워 놓음으로써 자신에 대해 매우 비판적인 태도를 취할 수 있으므로 지나친 자책은 피하는 것이 좋다. 낮은 점수는 평온하며 쾌활하고 타인들의 비판에 그리 민감하지 않다. 이상적인 동일시 모델을 찾아야 한다.

⑪ 진보성

현실적인 태도를 알아보는 척도로 높은 점수는 진보적, 실험적이며 자유분방함을 좋아한다. 지나치게 높으면 자신의 주장이나 입장을 표현하는 연습을 할 필요가 있다. 낮은 점수는 전통을 중시하며 신중하게 생각하고 변화를 싫어하는 보수적인 경향을 보인다. 현실에 대한 건전한 비판정신을 가질 필요가 있다.

⑫ 자기결정성

의사결정방식을 알아보는 척도로써 높은 점수는 자기중심적이고 자기방식에 익숙하여 타인들에게 도움을 구하기보다는 혼자서 일을 처리한다. 매우 높으면 타인과 협력하는 일에 참여할 기회를 가지도록 해야 한다. 그리고 낮은 점수는 함께 생각하고 함께 일하기를 좋아한다. 긍정적인 지지를 요하며 자신의 책임하에 일을 할 기회를 갖도록 해야 한다.

⑬ 자기통제성

통제력을 알아보는 척도로써 높은 점수는 자신의 감정과 행동을 잘 통제하고 신중하며 세련되게 자신의 에너지를 효과적으로 사용할 수 있다. 지나치게 높으면 여유 있는 태도를 가질 필요가 있다. 낮은 점수는 자기갈등이나 감정에 영향을 많이 받고 의지력이 약하며 걱정이 많고 산만한 경향이 있다. 차근차근 일하는 습관을 길러야 한다.

⑭ 불안성

정서의 불안 정도를 측정하며 높은 점수는 일반적으로 긴장되어 있고 불안하다. 어떤 일에 좌절되면 쉽게 감정적이 되고 좌절감을 빨리 해소하지 못할 수 있으므로 명상훈련, 음악감상 등으로 여유를 갖도록 해야 한다. 낮은 점수는 편안하고 안정감이 있으며 침착하고 자신에 만족한다.

(3) MBTI

MBTI(Myers-Briggs Type Indicator)는 Carl G. Jung의 심리학적 유형이론에 근거

한 것으로 우리나라에서 현재 매우 널리 쓰여지고 있는 성격유형 검사라고 할 수 있다(3장 Jung 참조). 이 검사는 Isabel Briggs Myers(1897-1979)와 그의 어머니 Katharine Cook Briggs에 의해서 개발되었다. 이들 모녀는 Jung의 심리유형 이론을 일상생활에서 유용하게 사용되어질 수 있도록 하는 목적으로 이 검사를 연구 개발하였다.

MBTI의 바탕이 되는 Jung의 성격이론의 요점은 각 개인이 외부로부터 정보를 수집하고, 자신이 수집한 정보에 근거해서 행동을 선택하는데 있어서 각 개인이 선호하는 방법이 근본적으로 다르다는 것을 말한다. Jung(1976)은 인간의 행동이 겉으로 보기에는 제멋대로이고 예측이 불가능할 정도로 변화무쌍하지만, 사실은 매우 질서정연하고 일관성을 가지고 있으며 몇 가지 특징적인 경향으로 나누어짐을 강조하였다. 심리학적 유형론의 특징은 심리적 경향성 간의 역동적인 관계를 중시하는데 있다. 그는 이 경향성을 일반적인 태도에서 보이는 '내향적 태도와 외향적 태도', 정신기능을 중심으로 하는 '감각과 직관' 및 '사고와 감정'의 기능으로 분류하였다.

Jung은 인간의 심리적 에너지가 그 사람의 내부에서 연유되는가 또는 외부에서 연유하는가에 따라서 어떤 사람은 내향성, 어떤 사람은 외향성이 된다고 보았으며, 인간이 외부환경을 대하는 방법에도 각기 개인차가 있으며 이러한 개인차는 독특한 마음의 기능에서 연유된다고 말한다. 내향적, 외향적 태도의 구별에 대해서 Jung은 개체의 주체(subject)와 객체(object)에 대한 태도에 따라서 구분을 할 수 있다고 보았다. 개인의 태도가 객체를 주체보다 중요시하면 그는 외향적 태도를 취한다고 말할 수 있다. 반대로 객체보다도 주체를 중요시하면 그는 내향적 태도를 취한다고 말할 수 있다.

한편 인간의 정신기능을 인식기능인 '감각과 직관', 판단기능인 '사고와 감정' 기능으로 분류하였다. 그리고 인식기능을 비합리적인 정신기능, 판단기능을 합리적인 정신기능으로 보았는데 이유는 인식기능은 옳고 그름의 판단과정을 거치지 않고 직접적으로 무엇을 감지하는 기능이므로 비합리적인 기능이라는 것이다. 그리고 판단기능은 규준에 따라 판단하고 결정하는 과정이므로 합리적인 기능으로 여겼다.

이러한 기능들은 인간이 태어날 때부터 타고나는 것이며, 이러한 근본적인 선호성도 각기 다른 심리유형을 지닌 인간의 개인차에 의해 잘 설명될 수 있는 것으로 보았다. 또한 이러한 선호성향은 어떤 민족이나 문화를 막론하고 모든 인간에게 본질적인 것으로 믿었다.

Myers와 Briggs는 MBTI를 개발하면서 앞서 설명한 Jung의 이론에 '판단과 인식' 기능을 넣어서 4가지 선호지표에 의해 성격을 구분했는데, 즉 외향성－내향성(주의집중과 에너지 방향), 감각－직관(정보수집의 방법), 사고－감정(의사결정 기능), 판단－인식(행동이행과 생활양식)의 4가지 선호지표로 표시된다. 그리고 각 지표에 대한 상호 경향이 조합되어 16가지의 성격유형이 만들어지며 개인은 이 중 한 가지의 유형을 갖게 된다(Tip 참조).

Tip»»»

MBTI

(1) 각 지표에 대한 이해

4가지 다른 선호성의 영역을 세부적으로 소개하면 다음과 같다.

① 외향성(Extraversion)-내향성(Introversion): 주의집중과 에너지 방향, 원천

E-I 지표는 개인이 외향적인가, 내향적인가를 나타내는 지표이며, 둘은 상호보완적일 수 있다. 외향형(E)의 사람들은 주로 외부 세계를 지향하고, 인식과 판단에 있어서도 외부의 사람이나 사물에 초점을 맞춘다. 반면, 내향형(I)은 내부세계를 지향하며, 자기 마음 속의 개념이나 이념에 맞춘다.

외향형(E)은 행동 지향적이고 때로는 충동적으로 사람들을 만나며, 솔직하고 사교성이 많고 대화를 즐긴다. 말하기를 좋아하여 말을 할수록 힘이 나며, 말을 꺼냈다하면 한두 시간은 예사이다. 한 마디 물으면, 백 마디로 답한다.

내향형(I)의 사람들은 주로 내적 세계를 지향하므로 내면세계의 개념이나 생각, 또는 이념에 다 관심을 둔다. 바깥에 나가 사람들을 만나고 뛰어다니는 것은 피곤하다. 혼자 앉아 생각에 잠기는 것이 편안하고 활력이 난다. 사려 깊고 명상적이며 고독과 프라이버시를 즐긴다. 말이 많으면 피곤해 한다.

② 감각(Sensing)-직관(Intuition): 정보수집의 방법

S-N 지표는 인식, 또는 지각과정을 말하는데, 유형에 따라 인식, 또는 지각하는 특징이 다르다.

감각(S) 경향은 오관(시각, 청각, 촉각 등) 중의 하나, 또는 그 이상의 감각을 통하여 관찰 가능한 사실이나 사건을 잘 받아들인다. 현실적이고 관찰능력이 뛰어나고 세세한 것까지 기억을 잘하며, 구체적이다. 성실근면형이나 구체적인 사실 중시로 전체를 보지 못할 위험이 있다.

직관(N) 기능을 선호하는 사람들은 소위 육감이나 영감에 의존하여 구체적인 사실이나 사건보다는 이면에 감추어져 있는 의미, 관계 가능성, 또는 비전을 보고자 한다. 전체를 파악하고 본질적인 패턴을 이해하고 새로운 가능성과 일처리 방식을 추구하며, 미래의 성취와 변화, 다양성을 즐기기 위해 세부사항을 간과하는 편이다.

③ 사고(Thinking)-감정(Feeling): 의사결정 기능

일단 인식과정을 통해 정보를 얻고 나면, 이제 그 정보를 가지고 판단, 결정, 선택을 하게 된다.

사고(T)형의 사람은 어떤 특별한 선택이나 행동에 대한 논리적인 결과들을 예측하여 의사를 결정한다. 즉 객관적인 판단기준에 근거하여 정보를 분석, 비교하고 일관성과 타당성을 중시하여 원리원칙에 입각한 결정을 선호한다. 정의와 공정성, 무엇이 옳고 그른가에 따라 판단한다.

감정(F)형은 인간중심의 가치에 기초를 두는 결정을 내리는 사람들로서 객관적인 기준보다는 느껴지는 가치와 미치는 영향을 중시한다. 가치는 주관적이요, 인간적인 것이기 때문에 친화적이고 따뜻하고 조화로운 인간관계를 좋아하고 동정심이 많고 남을 인정할 줄 알고 재치가 있는 편이다.

④ 판단(Judging)-인식(Perceiving): 행동이행과 생활양식

J-P 지표는 개인이 외부세계를 다루는 데 있어 우선적으로 사용하는 과정을 묘사한다.

판단(J) 태도를 선호하는 사람들은 생활을 조절하고 통제하기를 원하면서 계획을 세우고 그것도 정한 시간 내에 마무리해야 직성이 풀린다. 질서 있게 살고, 결정하고, 일에 종결을 짓고 어떤 일을 수행하는 것과 구조되고 조직화되는 것을 좋아하며 일이 정착되는 것을 더욱 선호한다. 외부행동을 보아도 빈틈없고, 단호하고 목적의식이 뚜렷하다.

인식(P) 태도를 선호하는 사람들은 상황에 맞추어 적응하고, 자율적으로 살아가기를 원한다. 그들은 사람을 통제하기 보다는 이해하려고 노력하는 편이다. 다양한 기회를 좋아하고 조직되어 있지 않은 애매한 상황에도 잘 적응해 나간다. 외부행동을 보면 자발적이고 호기심이 많고 적응력이 높으며 새로운 사건이나 변화를 추구한다. 한 번에 많은 일을 벌이지만, 마무리는 약하다.

(2) MBTI 16가지 성격유형

네 가지 선호지표를 조합하면 16가지의 성격유형으로 분류가 될 수 있으며 이를 다음과 같은 도표로 표현할 수 있다.

이 유형 도표는 사람들 간의 상호작용을 쉽게 이해할 수 있도록 해줌으로 서로가 서로를 더 잘 알 수 있는 세상을 만드는데 도움을 준다.

<16가지 성격유형 도표>

ISTJ **세상의 소금형** 신중, 조용, 매사에 철저하며 사리분별력이 뛰어남	ISFJ **임금뒷편의 권력형** 조용하고 차분, 성실하며 책임감 있고, 헌신적	INFJ **예언자형** 인내심이 많고 통찰력과 직관력이 뛰어나며 화합추구	INTJ **과학자형** 사고가 독창적이며 창의력과 비판분석 뛰어나고, 내적 신념 강함
ISTP **백과사전형** 상황을 파악하는 민감성과 도구를 다루는 능력 있음	ISFP **성인군자형** 다정하고 온화하며 친절, 겸손함	INFP **잔다르크형** 정열적이고 낭만적이며 이상적인 세상을 만들어가려 함	INTP **아이디어 뱅크형** 조용하고 과묵하며 논리와 분석으로 문제해결, 지적 호기심
ESTP **수완좋은 활동가형** 현실적인 문제해결에 능하고 적응력이 강하며, 관용적	ESFP **사교적인 유형** 사교적, 활동적, 수용적, 친절하고 낙천적 분위기 조성역할	ENFP **스파크형** 정열적이고 활기에 넘치며 재능이 많고 상상력 풍부	ENTP **발명가형** 독창적이며 다방면에 관심과 재능이 많아 새로운 것에 도전
ESTJ **사업가형** 구체적, 현실적, 실용적으로 일을 조직화하여 주도함	ESFJ **친선도모형** 마음이 따뜻하고 친절과 현실감을 바탕으로 인화를 잘 이룸	ENFJ **언변능숙형** 따뜻하고 적극적, 책임감, 사교성 풍부, 동정심 많음	ENTJ **지도자형** 활동적이고 솔직하고 단호하며 지도력과 통솔력이 있음

출처 : 한국MBTI연구소 (www.mbti.co.kr)

4) 투사적 검사법

투사적 성격검사는 개인의 욕구, 특수한 지각, 해석 등이 밖으로 표출될 수 있도록 고안된 자극을 피검자에게 제시함으로써 성격을 측정하는 방법이다. 투사(projection)는 정신분석학적인 입장에서 설명하는 용어로 개인이 의식적으로 수용이 어려운, 즉 무의식적으로 받아들여질 수 없는 충동이나 욕망을 자기 자신에게 끌어 내어 다른 사람이나 사물에 되돌려 버리려는 심리적인 현상을 말한다. 그래서 개인의 가치, 태도, 욕구, 희망, 동기, 대인관계의 역동, 욕망 등 모든 것을 그 개인 밖에 존재하는 환경 속에서 사람이나 사물에 배출시키거나 투입시키는 현상을 지칭한다.

그렇기 때문에 투사검사는 우리가 의식하고 있는 행동이나 생각보다는 스스로가 인식하지 못하는 내면의 경험, 즉 욕구나 갈등 등을 알아내기 위해서 애매한 자극을 제기하고 검사를 받는 사람으로 하여금 자기 나름대로 해석하고 반응하도록 해서 개인의 성격을 평가하는 방법이다. 대표적인 투사적 검사방법에는 로샤 잉크반점검사(Rorschach Ink-Blot Test)와 주제통각검사(The- matic Apperception Test : TAT), 집－나무－사람검사(House-Tree-Person : HTP), 문장완성검사(Sentence Completion Test : SCT) 등이 있다.

이러한 투사적 성격검사는 자기보고식 성격검사와 달리 객관적인 해석이 어려우며, 객관도와 신뢰도에 있어서 측정하기가 다소 어려운 점이 있음에도 불구하고 개인의 내면의 갈등이나 잠재된 소원 등을 알아볼 수 있다는 점에서 성격의 측정이나 평가에 중요한 부분을 차지하고 있다.

(1) 로샤 잉크반점검사

로샤 잉크반점검사는 형태가 불분명한 잉크 반점을 보여주고 검사받는 사람으로 하여금 나름대로의 반응을 도출해 내서 그 사람의 심리상태나 성격특성을 추정하는 것이다. 즉 무엇을 어떻게 지각하는가에 관한 지각적 접근의 검사방법이다. 로샤 잉크반점검사는 개인성격의 차원들, 즉 인지, 정서, 자기상, 대인관계 등에 대한 종합적이고 다각적인 정보를 준다는 강점을 가지고 있다. 이 검사는 잉크반점을 이용하여 개인의 반응을 보는 검사방식으로 개발되었는데 여러 노력에 의해서 만들어진 로샤 종합체계(The Rorschach : A Comprehensive System,

1974, 1978, 1986, 1990)는 현재 임상가들 사이에서 가장 표준화된 체계로 받아들여지며 널리 사용되고 있는 추세이다.

총 10장의 카드로 구성되어 있는데 어떠한 카드도 특정한 대상이나 사물로 명명할 수 있을 만큼 명확한 형태를 가지고 있지 않다는 것이 특징이다. 이 때문에 보는 사람에 따라서 다양한 내용의 보고를 하게 되는데 이 과정에 피검자의 다양한 성격 특징들이 영향을 미치게 된다.

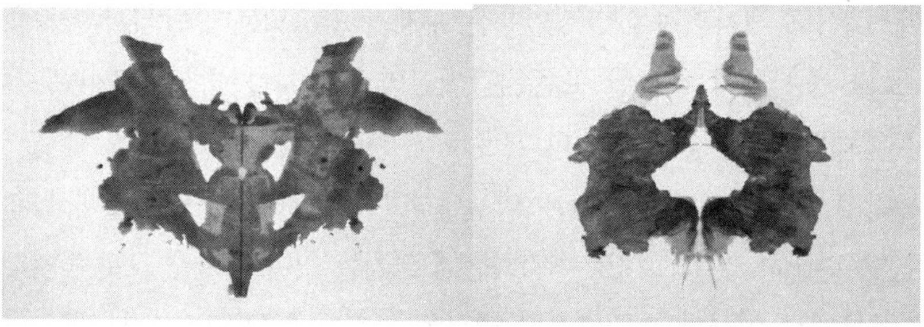

〈로샤 카드의 예〉

(2) 주제통각검사(TAT)

주제통각검사(TAT, Thematic Apperception Test)는 Murray의 욕구이론을 바탕으로 개발하여 사용되는 검사로서, 로샤검사와 함께 전 세계적으로 널리 사용되고 있는 대표적인 투사적 검사이다(3장 Murray 참조). 모호한 대상을 지각하는 과정에서 개인 특유의 심리적인 과정이 포함되어 독특한 해석을 도출하게 된다는 이론적 입장에서 출발하였으며 다양한 대인관계상의 역동적 측면을 파악하는 데 보다 유용한 특징을 가지고 있다. 그리고 인물이 등장하는 모호한 내용의 그림자극을 제시하고 그에 대한 이야기를 구성해 보도록 하는 방법을 사용하는데, 이 과정에서 개인의 과거경험, 상상, 욕구, 갈등 등이 투사되면서 성격의 특징적인 면과 발달적인 배경 그리고 환경과의 상호관계 방식 등에 대한 정보를 제공해 주게 된다.

주제통각검사 도판들에는 성인용(남녀 공용, 남자용, 여자용) 도판들과 함께 아동용 도판 3개가 포함되어 있다. 그런데 주로 성인용으로 쓰였기 때문에 후에 아동용에 대한 필요에 의해서 아동용 주제통각검사(CAT : Children's Apperception Test)를 제작하였고 1952년 수정판이 나왔다. 아동용 주제통각검사에서는 아동은 사람보다는 동물에 대해서 보다 쉽게 동일시하는 경향을 반영하여 도판에 등장하는 인물들은 모두 동물로 그려져 있다는 것이 주제통각검사와 다른 큰 차이이다. 그리고 해석과정에서 성인용은 주제가 강조되는데 반해서 아동용은 통각을 보다 중시하여 일정한 표준지각에서의 개인차를 밝힘으로써 동기와 의미를 분석하는 접근방식을 취한다.

주제통각검사에서의 기본 가설은 외부대상을 인지하는 과정에는 대상의 자극 내용만을 단순히 있는 그대로 지각하는데 그치는 것이 아니라 그것을 지각하는 사람 나름대로 이해하고 주관적인 해석을 하거나 또는 그것에 대해서 어떤 상상을 하면서 받아들이게 된다는 것이다. 즉 자극의 객관적인 내용이나 조건과는 어느 정도 이탈된 개인적이고 주관적인 과정이 개입되면서 지각, 이해, 추측, 상상의 과정을 거쳐 대상에 대한 결론을 내리게 되는데, 이것이 바로 통각(apperception)의 작용이다. 또한 개인의 공상내용으로 개인의 내적 욕구와 환경적 압력의 결합이며 개인과 환경의 통일이고 실생활에서 생기는 일에 대한 역동적 구조이다. 즉 피검자의 이야기는 욕구와 압력의 관계, 생활체와 환경과의 상호의존적 관계에 의해서 생긴 것이라고 본다. TAT는 개인에게 주체적인 욕구와 환경이 갖는 객관적인 압력에 대한 공상적인 주제의 이야기를 만들도록 함으로써, 반응하는 개인의 역동적인 심리구조에 대한 분석을 가능하게 한다. 즉 피검자는 그림을 생활의 일화로 통일시킨다는 것이다.

〈 TAT 카드의 예 〉

(3) 집, 나무, 사람 그림검사(HTP)

그림은 인간의 기본적인 언어라고 할 수 있으며 그림을 통해서 심리치료를 하는 방법도 있다. 문자가 생기기 이전부터 그림을 통해서 자신의 내적인 표현, 즉 감정, 생각, 태도 등을 표현하는 방식으로 적절한 도구가 되어 왔다. 그림을 그릴 때 자신도 모르게 스스로 생각하고 있는 자기의 모습, 또는 자기가 되고 싶은 모습을 드러내는 경향이 있다. 우리의 주변에서 친숙하기도 하고 상징성이 강한 특성을 나타내는 것이 집, 나무, 사람이라고 할 수 있다. 이러한 대상은 그 대상을 인지하여 개념화하는 사람의 성격발달과 연합되어 있는 독특한 정서적, 표상적 경험이 쉽게 녹아들면서 하나의 상징체를 형성한다. 그러한 상들을 그려보게 함으로써 피검자의 경험을 '투사'라는 형태를 통해서 접촉할 수 있는 것이다.

그림검사의 이론적 가정은 사람은 세계를 자신에게 형성되어 있는 심상과 같은 것으로 보는 경향이 있으며, 이는 투사를 통해 나타나게 된다는 것이다. 따라서 자아심상에 왜곡이 있는 경우에는 투사적 그림을 통해 드러나게 된다. 그래서 이 검사가 개인의 성격특성을 파악하고 이해하는 데 도움이 된다고 할 수 있다. 이 검사의 이점은 실시가 쉬우며, 검사 시간이 짧으며 채점 절차 없이 직접 해석할 수 있으며 피검사의 투사를 직접 목격할 수 있다는 것이다. 또한 언어표현이 어려운 사람이나 연령의 제한이 없으며 때로는 그 자체로 치료적인 효과가 있다는 것이다.

성격검사 도구로서의 인물화검사는 지능검사의 하위특성으로 탄생되었는데 인물화검사가 개발된 후에 집과 나무가 부가됨으로써 현재의 HTP(house, tree, person)검사로 체계화되었다. 인물화검사는 Karen Machover(1949)가 아동의 지능측정을 목적으로 Goodenough의 도구를 사용하다가 투사적 성격검사로서의 인물화검사의 체계를 발전시켰다. 그 과정에서 상징적인 언어를 해석하기 위한 노력이 요구되었으며 그 결실로 신체심상의 투사라는 가정을 확립하였다. 즉 인간의 성격은 발달 초기에 신체의 운동, 느낌, 생각을 통해서 발달되며 투사된 신체심상은 피검자의 충동, 불안, 갈등, 보상 등을 반영한다는 것이다. 그래서 그림으로 표현된 인물은 바로 그 사람이며 그려진 종이는 환경을 의미한다고 한다.

집 그림은 가정생활과 가족 간의 관계에 관한 인상을 반영하는데 예를 들면, 집안의 거친 정서적 분위기 같은 갈등 상황을 표현하는 것으로 굴뚝에서 짙은 연기가 뿜어져 나오는 그림으로 반영되기도 한다. 그리고 나무나 사람은 주로 성격의 핵심적인 갈등 및 방어에 대한 정보를 제공해 준다. 사람 그림이 보다 의식적인 측면을 반영하는데 반해서 나무 그림은 더 깊고 무의식적인 감정을 반영한다. 나무 그림은 자기 노출을 하는데 대한 불편감이 덜해서 방어의 필요성이 줄어들기 때문에 보다 심층적인 금지된 감정을 투사하기 쉽게 된다. 반면에 사람은 기본적으로 자기개념(self concept)이나 신체심상(body image)을 나타낸다고 볼 수 있는데 때로는 상황에 따른 태도나 정서가 나타나기도 한다. 무엇보다도 중요한 것은 해석과정인데 이 해석에서는 구조적 요소와 내용적 요소를 모두 고려해야 한다. 그리고 피검자의 함축적인 정보를 제공하기는 하지만 결과만을 가지고 해석하는 것은 매우 조심스러운 일이다.

(4) 문장완성검사(SCT)

문장완성검사(Sentence Completion Test)는 다수의 미완성 문장을 피검자가 자기 생각대로 완성하도록 하는 검사로 단어연상 검사의 변형으로 발전되었다. 초기에는 지능검사를 하기 위해서 문장완성검사가 사용되었으나 점차로 성격검사를 하는 상황에서 활용하게 되었다. Rohde(1946)은 청소년기의 문제를 다루거나 내담자의 욕구, 내적 갈등, 환상, 감정, 태도, 야망, 적응상의 어려움 등에 대해 파악하고자 할 때 적절하게 사용될 수 있다고 하였으며, 직접적인 대화를 통한 질문은 보다 방어적일 수 있는데 질문에 의해서 대답할 수 있는 반응 영역이 통제되기 때문에 표현의 자유가 제한된다. 하지만 문장완성검사는 인식하거나 표현할 수 없는 내용, 그리고 표현하기 꺼려지는 잠재된 욕구, 감정, 태도, 야망 등이 보다 잘 드러날 수 있게 한다고 하였다. 한편 본질적으로 자유연상을 이용한 투사법 검사로 피검자는 자기의 대답이 갖는 의미를 예상할 수 없기 때문에 의식하지 않고 진짜 자기 모습을 드러내게 된다고 하였다.

문장완성검사는 성인용과 아동용으로 나뉘어졌으며, 총 50문항으로 되어 있다. 문장에 나타난 감정적 색채 및 문장의 맥락 등을 통해서 피검자의 태도나 피검자가 주의를 쏟고 있는 특정 대상이나 영역이 보다 잘 제시될 수 있으며 피검자에게 반응의 자유와 가변성도 허용할 수 있는 강점이 있다는 주장이 받아들여지고 있다. 문장완성검사를 통해서는 크게 4가지 영역, 즉 가족, 성, 대인관계, 자기개념 등을 탐색하게 된다.

가족의 영역에서는 아버지, 어머니, 가족에 대한 태도를 측정하며 피검자가 경계적이고 회피적인 경향이 있다 하더라도 네 개의 문항들 중 최소 한 개에서라도 유의미한 정보가 드러나게 된다. 성적 영역에서는 이성 관계에 대한 태도를 포함하며 사회적인 개인으로서의 여성과 남성, 결혼, 성적관계에 대해서 자신을 나타내도록 한다. 대인관계 영역에서는 친구와 지인, 권위자에 대한 태도를 포함하며, 자기개념 영역에서는 자신의 능력, 과거, 미래, 두려움, 죄책감, 목표 등에 대한 태도를 포함하고 있다.

5) 표준화검사 배터리

심리검사는 한 가지 검사만을 실시하거나 또는 몇 가지 검사를 상황에 따라 선택하여 실시하는 경우도 있다. 그러나 임상적 장면에서 진단을 위하여 검사를 실시하는 경우에는 표준화검사 배터리(test standard battery)를 함께 실시하는 경우가 대부분이다.

검사 배터리에는 때로는 2~3개 정도의 심리검사가 포함되기도 하나 일반적으로는 3개 이상 흔히는 5개 이상의 심리검사가 포함된다. 일반적으로 표준화검사 배터리로 사용되는 검사는 웩슬러 성인용지능검사(WASI), 다면적 인성검사(MMPI), 로샤 잉크반점검사(Rorschach Ink-Blot Test), 주제통각검사(TAT), 집－나무－사람 검사(HTP), 벤다－게슈탈트검사(BGT), 문장완성검사(SCT) 등이 있다.

앞에서 살펴보았듯이 각 검사들은 검사의 체계화 수준이나 그 종류와 내용에 따라 다른 수준의 성격 측면과 여러 기능들을 측정하기 때문에 이렇게 배터리로 심리검사를 실시할 경우 결과의 신뢰도가 증가하고 개인에 대한 넓고 깊은 이해가 가능해지는 것이다. 예를 들어, 객관적 심리검사와 투사적 검사가 측정하는 성격의 차원이 다르며 투사적 검사들 간에도 측정되는 무의식의 수준의 깊이가 다르다. 따라서 배터리를 실시하게 되면 개인의 성격과 능력, 임상적 증상을 종합적으로 평가할 수 있다.

그러나 몇몇 연구자들은 이러한 검사 배터리의 실시를 반대하는 근거를 제시하기도 한다(Kelly & Fiske, 1950; Gage, 1953; Kostlan, 1954; Giedt, 1955). 이들의 연구결과를 보면 검사 배터리를 시행하는 임상가들이 유용한 자료를 모두 사용하는 것은 아니며 검사 배터리 가운데 일부 검사를 선택적으로 중요시한다는 것이다. 또한 이들은 심리검사의 예견적 능력은 검사 배터리의 자료를 합친다고 증가하는 것은 아니므로, 시간과 노력의 투자에 비해 검사 배터리의 실질적인 효용성은 떨어진다는 것이다.

Exner(1986)도 심리검사 배터리 사용이 모든 경우에 적절한 것은 아니며 또한 배터리 검사가 사용되더라도 항상 동일한 심리검사로 구성될 필요는 없다는 주장을 한다. 그는 평가 과정에서 가장 중요한 것은 어떤 심리검사를 시행하느냐는 것이며 심리평가의 목적에 따라 사용될 심리검사를 변경할 수 있다고 주장한다. 특히 그는 환자나 내담자에 관한 전체적 평가를 목표로 하는 경우, 웩슬러 지능검사, 다면적 인성검사, 로샤 검사 이렇게 3가지 심리검사가 평가의 핵심요소가 될 수 있다고 권유하고 있다. 이 검사들은 경험적으로 타당성이 있음이 증명되었을 뿐만 아니라 숙련된 임상가라면 이를 통해 환자나 내담자에 관한 의미있는 가설을 제기할 만한 풍부한 정보를 제공받을 수 있다. 이러한 심리검사 배터리를 실시하는 경우 개인차가 있기는 하지만 대략 3시간 정도가 소요된다(임승권, 김정희, 김병석, 1996).

종합해 보면, 심리검사 배터리 사용 여부는 자문받은 문제의 성질에 따라 결정되어야 하며, 일단 검사 배터리가 실시된다면 어떤 종류의 검사를 사용할 것인가가 충분히 검토되어야 할 것이다.

2. 성격의 연구방법

성격의 연구에서 사용되는 주요한 세 가지 방법으로는 사례연구(case study), 상관연구(correlational research), 실험연구(experimental research)가 있다. 사례연구는 통합된 전체로서의 한 인간을 이해하고 그에 대한 심도 깊은 고찰을 가능하게 하며, 상관연구는 여러 변인들 간의 관계를 규정함으로써 소수의 사람들보다는 많은 사람들에게 적용할 수 있는 일반화된 결론을 유도할 수 있다. 또한 실험연구는 변인들 간의 원인과 결과를 검증하게 해 준다.

성격심리학자가 성격에 대하여 연구하기 위해 사용하는 방법은 그의 이론적 입장, 성격 평가방법, 그리고 밝히고자 하는 성격의 측면이 무엇인가에 따라 달라진다. 즉 자신의 이론적인 접근법에 따라 연구방법도 달라지는 것이다. 예를 들면, 정신분석학적 입장을 취하는 성격심리학자는 개인의 무의식에 근거한 욕구, 동기 등을 밝히기 위해 개인을 대상으로 사례연구(case study)를 할 것이며 이 때 성격을 평가하기 위해서 주제통각검사나 로샤 잉크반점검사 등의 투사검사를 사용할 것이다. 행동주의 입장을 취하는 성격심리학자는 주어진 상황에서 개인이 어떻게 반응하는가에 관심을 두고 행동을 평가하기 위해 엄격히 통제된 상황에서 나타나는 반응을 측정하는 실험연구(experimental research)를 할 것이다. 성향적 관점을 취하는 성격심리학자는 사람들이 갖는 성격 특질이 다른 심리적 변인과 어떻게 관련되는가를 밝히기 위해 많은 사람들을 대상으로 자기보고식 검사를 사용하여 상관연구(correlational research)를 할 것이다. 그럼 여기서 이 세 가지 성격 연구방법에 대해 간략하게 알아보고자 한다.

1) 사례연구

성격에 관심을 갖는 일부 심리학자들은 단지 한 사람의 일부분에 대해서만 이해하기보다는 전체적인 개인을 이해하려고 노력한다. 응집성이 있는 전체로서의 인간을 연구해야 한다고 강조해 온 Murray는 이런 노력을 표현하는 말로 인간학(personology)이라는 용어를 만들었다. 이 같은 견해는 사례연구(case study)라는 기법을 사용하도록 만들었는데, 사례연구에서는 한 개인에 대한 반복적이고 심층적인 검토가 포함된다. 사례연구는 보통 장기간에 걸친 관찰, 표준화된 절차와 함께 비구조화된 면접을 사용한다. 때로 사례연구에서는 하루나 이틀 통안 그 사람과 직접적으로 상호작용해 보거나, 그 사람이 다른 사람과 어떻게 상호작용하는가를 알아보기 위해 그 사람의 주변에 머물러 있어야 할 수도 있다. 한 번의 짧은 관찰로는 어떤 인상을 확증하거나 반증하기는 어려우므로 이러한 반복 관찰을 통해 관찰자는 처음의 인상을 확증하거나 오해했던 인상들을 수정할 수 있다. 이 방법은 한 사례에 대해 깊이 있게 조사할 수 있기 때문에 그렇게 하지 않으면 분명하게 드러나지 않을 수도 있는 그 사람 삶의 자세한 모습을 파악할 수 있으며, 이를 통해 중요한 통찰을 얻을 수 있다.

사례연구를 통해서 관심 있는 사람에 대한 세부적인 정보를 얻을 수 있고 생생한 묘사를 할 수 있다. 특히 강한 흥미를 끄는 사건이나 일화들이 종종 그 사람의 보다 광범위한 삶의 주제들을 잘 나타내 주는 것으로 간주된다. 또한 사례연구는 연구자가 상황을 만들어 내는 실험과는 달리 실제 상황에서 그 사람을 관찰하기 때문에, 그 정보는 그 사람의 정상 생활과 직접적으로 관련된다. 아울러 사전에 미리 선택된 질문만을 하기보다는 흥미로운 것이면 무엇이든 물어 볼 수 있는 개방성이 있다.

많은 사례연구는 또한 임상연구이다. 즉 사례연구를 하는 사람들은 어떤 문제를 가진 사람들에 대해 관심을 갖는다. 사례연구자들은 흔히 자신들이 치료하는 사람들을 연구하는 치료자이다. 임상사례연구는 한 개인의 정상적인 활동에 관한 정보 뿐만 아니라, 성격이 삐뚤어지는 방식에 관한 정보를 제공해 준다. 시간상의 길이에 상관없이 일련의 관찰은 관찰자로 하여금 중요한 인생사에 성격이 어떻게 관여되는가에 대한 결론을 이끌어 내도록 한다.

사례연구는 인간경험에 대한 통찰을 제공할 수 있는데 특히 연구자들에게 유용한 정보를 제공하기도 하고 종종 중요한 아이디어의 출처가 되기도 한다. 그러나 최근에는 사례연구가 성격에 대해 정보를 얻는 주요 정보원은 아니다. 그 이유는 사례연구가 아무리 완벽하다고 하더라도 거기에는 부족한 점이 있기 때문이다. 사례연구에서 분석의 자료로 사용하는 정보들에 대한 타당성과 신뢰성을 객관적으로 검증하기가 어려우며 또한 사례연구에서는 단지 한 사람만을 다루기 때문에 그 결과를 많은 사람들에게 일반화하여 적용할 수 없다는 한계가 있다.

2) 상관연구

심리학자들은 하나의 성격 특성이 다른 성격 특성과 어떤 관련이 있는지에 대하여 관심이 많은데 이에 대한 해답을 얻을 수 있는 것이 상관연구(correlational research)이다.

상관연구는 어떤 한 변인의 값이 다른 한 변인의 값과 함께 존재하는 경향이 있는지를, 즉 상관관계가 있는지를 밝히는 방법이다. 상관연구에서는 성격검사와 질문지 등의 방법을 사용하여 자료를 수집하는데 이는 한 번에 많은 피험자들로부터 많은 양의 정보를 얻을 수 있다는 장점이 있다. 또한 실험실에서 조작할 수 없는 변인을 연구할 수 있는 기회를 제공하여 줌으로 인해 실험 조작과 통제를 할 수 없는 두 개 또는 그 이상의 변인들 간의 관계를 확립할 수 있다. 상관연구는 대개 통계적 절차를 통해 변인들 간의 관계를 파악하는데 상관값은 −1에서 +1의 범위를 갖는다. 0일 경우 두 변인 간에는 상관이 전혀 없는 것이며, 절대값 1에 가까울수록 상관이 높은 것이다. 상관은 두 변인들이 함께 작용하는지 혹은 그렇지 않은지를 말해 주지만 왜 두 변인이 함께 작용하는지 그 이유를 알려 주지는 않는다.

'왜'라는 질문은 상관의 영역을 넘어선 인과성(causality, 원인과 결과의 관계)의 문제이다. 즉 상관과 인과관계는 다르다. 인과관계가 있다는 것은 분명히 상관이 있는 것이지만, 상관이 있다고 해서 반드시 인과 관계가 성립되지는 않는다. 종종 상관연구가 사람들에게 인과관계에 대한 강한 직관을 주기는 하지만, 그것이 정확할 수는 없다. 변인들 간의 인과관계를 밝혀낼 수 있는 것은 다음에 설명할 실험연구이다.

3) 실험연구

실험연구(experimental research)란 변인들 간의 인과관계를 밝히는데 사용되는 연구방법이다. 실험연구는 기본적으로 통제 상황에서 실시되며, 다른 조건들을 일정하게 통제하고 어떤 원인을 조작했을 때 결과에 어떻게 영향을 미치는지 알아보는 연구 방법이다. 실험자에 의해 조작되는 변인을 독립변인이라고 하며 그러한 조작에 따른 피험자의 행동 혹은 반응을 종속변인이라고 한다. 이 때 다른 조건들을 일정하게 고정시키는 것을 통제(control)라고 하며, 실험처치가 주어지는 피험자들을 실험집단이라 하며, 독립변인인 실험처치가 전혀 가해지지 않는 피험자들을 통제집단이라고 한다. 실험연구에서 유의해야 할 사항은 실험조건(독립변인을 조작하는 것) 이외의 다른 조건이 결과(종속변인)에 영향을 미칠 가능성을 최대한으로 배제해야 한다는 것이다. 그리고 실험연구의 결과를 검토할 때는 투입하는 변인(독립변인) 이외의 변인(결과에 영향을 미칠 것으로 예상되는)이 잘 통제되었는가의 여부를 따져 보아야 할 것이다.

II

성격이론의 이해 및 적용

제3장 정신역동적 관점

제4장 특성-성향적 관점

제5장 행동 및 사회적 학습 관점

제6장 현상학적 관점

제3장

정신역동적 관점

1. Freud의 정신분석학적 이론
2. Adler의 개인심리학
3. Jung의 분석심리학
4. Murray의 욕구이론
5. Erikson의 심리사회적 이론

정신역동적 관점은 Freud의 정신분석적 접근 및 후기 정신분석적 접근에 속하는 이론가들의 성격이론을 말한다. Freud는 19세기 말에서 20세기에 걸쳐 인간의 성격과 마음에 대한 이해에 가장 큰 영향을 끼쳤던 인물이며, 성격의 체계적 연구는 Freud가 체계화한 정신분석의 발달과 함께 시작되었다고 볼 수 있다. 이후 Freud의 영향을 받아 Freud 이론의 많은 부분을 유지하면서도 Freud의 이론을 수정, 보완, 변형시킨 이론가들의 사상들이 제시되는데 이들은 '신 Freud 학파' 혹은 '후기 Freud 학파' 등으로 불린다. 본 장에서는 Freud와 함께 Jung, Adler, Murray, Erikson 등 후기 Freud 학파의 이론을 함께 묶어 정신역동적 관점으로 살펴볼 것이다.

정신역동적 관점의 기본 가정은 성격이 사람 안에 있는 힘들에 의해 유도된다는 것이다. 따라서 이 관점에서는 '모든 행동을 동기화하고 움직이는 힘'이라는 아이디어에 초점을 맞추고 이 힘을 밝혀내는 것에 중점을 두고 있다.

♠ 들어가기 전에 생각해 봅시다.

- 어렸을 때 일어난 사건 중 현재 나의 성격형성에 영향을 미친 것이 있는가?
- 내가 하는 어떤 행동을 유발하거나 그 행동에 기저하는 진정한 동기는 무엇인가?
- 가끔 나의 행동 중에서 나 스스로를 당황하게 하는 것은 무엇인가?
- 무의식적으로 나의 행동에 영향을 미치는 것은 무엇인가?
- 감정이 상하거나 스트레스가 느껴지는 상황에서 나 자신을 심리적으로 어떻게 보호하려고 하는가?
- 왠지 모르게 불편한 상황 혹은 사람이 있다면 그 근본 이유는 무엇일까?

 1. Freud의 정신분석학적 이론

Sigmund Freud

프로이트(Sigmund Freud, 1856-1939)는 1856년 오스트리아에서 태어났다. 칠남매 중 장남인 프로이트의 아버지는 프로이트가 태어났을 때는 첫 부인과의 사이에서 두 아들을 두고 있었으며 이미 할아버지가 되어 있었다. 4세 때 비엔나로 이사했다가 1938년에 영국으로 옮겨갔다. 프로이트는 매우 우수한 학생이었으며 특히 독일어에 뛰어난 소질을 보였으며 문학적인 재능으로 상을 받기도 했다.

프로이트는 유대인이었기 때문에 의학과 법학을 제외한 다른 직업을 가질 수 없었기 때문에 1873년 비엔나 대학에서 의학을 전공하게 되었고 1881년 의학박사 학위를 받았다. 1885년은 인생의 전환기를 맞게 되었는데 신경의학자인 쟝 샤르코(Jean Charcot)와 함께 공부하게 되었기 때문이다. 왜냐하면 샤르코는 최면적 암시에 의해서 히스테리 신경증의 증상을 유발시키거나 제거할 수 있다는 주장을 펼쳤기 때문이다. 1886년 결혼 후에는 세 딸과 두 아들을 두게 되었으며 딸인 안나 프로이트는 후에 유명한 아동분석학자가 된다. 한편 프로이트는 비엔나의 유명한 외과의사인 요셉 브로이어와 공동연구를 하게 되었으며, 브로이어는 환자가 불안과 그 증상을 이야기함으로써 증상을 제거하는 방법으로 카타르시스(Katharsis, 정화법)을 발견하였다. 이들은 1895년 「히스테리에 관한 연구」라는 책을 공동 집필하기도 하였다. 프로이트는 샤르코나 브로이어와 오랫동안 함께 하지 못하였다. 서로의 의견차로 인해서 결국 1896년 비엔나 의사회에서 사퇴를 하게 되었다.

1890년부터 1900년까지 프로이트는 혼자서 많은 연구업적을 낳았다. 정신분석학이론의 기초를 닦았으며 「꿈의 분석(1900)」으로 빛을 내게 되었다. 1901년 정신분석학회를 창립함으로써 많은 정신분석학자들이 탄생하게 되었다. 이 학회를 거쳐 자신의 독립된 학파를 이룬 대표적인 사람으로는 칼 융(Carl Jung), 알프레드 아들러(Alfred Adler), 오토 랭크(Otto Rank) 등이다.

1900년 이후 그는 꿈·착각·해학과 같은 정상심리에도 연구를 확대하여 심층심리학을 확립하였고, 또 1905년에는 소아성욕론(小兒性慾論)을 수립하였다. 그의 학설은 처음에는 무시되었으나, 1902년경부터 점차 공명하는 사람들(Adler, Jung 등)이 나타났으며, 1908년에는 제1회 국제정신분석학회가 개최되어 잡지 ≪정신병리학·정신분석학연구연보≫(1908~1914) ≪국제정신분석학잡지≫ 등이 간행되었다. 또 1909년 클라크대학 20주년 기념식에 초청되어 강연한 일은 정신분석을 미국에 보급시키는 큰 계기가 되었다. 제1차 세계대전 후

사변적 경향을 강화하여 원초아(id)·자아(ego)·초자아(superego)와 같은 생각과 생의 본능과 죽음의 본능이라는 설을 내세웠다. 1938년 오스트리아가 독일에 합병되자 나치스에 쫓겨 런던으로 망명하고, 이듬해 암으로 타계하였다.

20세기의 사상가로 그만큼 큰 영향을 끼친 인물은 없으며, 심리학·정신의학에서 뿐만 아니라 사회학·사회심리학·문화인류학·교육학·범죄학·문예비평에도 큰 영향을 끼쳐 20세기를 마감하는 타임(Time)지의 표지인물로 선정되기도 하였다. 주요 저서에는 「히스테리의 연구」(1895), 「꿈의 해석」(1900), 「일상생활의 정신병리」(1904), 「성(性) 이론에 관한 세 가지 논문」(1905), 「토템과 터부」(1913), 「정신분석입문」(1917), 「쾌감원칙의 피안(彼岸)」(1920), 「자아와 이드」(1923) 등이 있다.

1) 주요개념

(1) 인간의 의식수준

Freud는 인간의 정신을 의식과 무의식으로 분류하였다. 의식과 무의식을 빙산에 비유하여 물 위에 떠있는 작은 부분을 의식(conscious), 물 속에 잠겨 있는 부분을 무의식(unconscious), 그리고 파도에 의하여 물 표면에 나타났다 잠겼다하는 부분을 전의식(preconscious)으로 보았으며, 이렇게 우리가 일상을 살면서 의식하고 있는 내용은 극히 작은 부분이고 우리를 지배하고 있는 정신은 무의식에 의해 지배를 받게 된다는 것을 설명하고 있다.

의식이란 우리가 알거나 느낄 수 있는 모든 경험과 감각을 포함하며, 자신이 주의를 기울이는 순간 곧 알아차릴 수 있는 정신생활의 부분이다. 그런데 이 경험은 단지 잠시 동안 의식될 뿐 우리가 주의를 다른 곳으로 바꾸면 재빠르게 전의식이나 무의식으로 사라지게 된다. 따라서 무의식은 성격의 아주 크고 넓은 부분을 나타내며, 의식은 성격의 아주 작고 제한된 부분만을 나타낸다.

전의식이란 어느 순간에 있어서는 의식되지 않는 그러나 조금만 자극을 받거나 노력하면 곧 의식될 수 있는 경험을 말하는데, 흔히 '이용 가능한 기억'이라고 불린다.

무의식이란 정신의 가장 깊고 중요한 부분으로, Freud는 인간행동 이해에 있어서 무의식을 강조하였다. 이 무의식은 의식밖에 있기 때문에 전혀 자각하지 못하는 상태에서 은연중에 말과 행동에 영향을 미치는 정신영역이다. Freud는 이 무의식의 영역에서 인간의 본질적인 추진력, 정열, 억압된 관념 및 감정 등을 찾으려고 시도했다. 무의식은 주로 원초아(id)와 초자아(superego)로 구성되어 있으며, 방어기제(defense mechanism)와 신경증을 유발하는 원인이 된다.

(2) 성격의 구조

Freud는 성격이 세 가지의 기본적 구조인 원초아(id), 자아(ego), 초자아(superego)로 구성되어 있다고 보았다. 이 세 가지의 성격구조들은 각기 서로 다른 원리에 따라 작동한다. 즉 서로 추구하는 바가 다르다는 것이다. 정신분석학적 관점에서의 성격이란 원초아(id, Es), 자아(ego, Ich), 초자아(superego, Uberich)의 3기능이 상호작용함으로써 얻어지는 행동의 패턴이다. 이들 세 가지 기능은 서로 긴밀한 상호작용을 하고 있기 때문에 실제의 행동에 있어서 어느 기능이 주된 역할을 하는지를 결정하기란 쉬운 일이 아니다.

원초아는 태어날 때부터 있으며 자아는 현실의 요구에 대한 대응으로 발달하게 된다. 또한 초자아는 사회적 표상으로 출현한다. 세 측면 모두가 발달하게 되면 원초아에게만 있는 정신에너지가 원초아, 자아, 초자아로 나누어지며, 이들 사이를 흘러 다니게 된다. 자아는 원초아의 욕구, 현실욕구, 초자아가 강요하는 제약 간의 중재역할을 한다. 따라서 자아는 본능적 욕구가 현실적으로 또는 사회적으로 승인된 방식으로 만족될 것을 추구한다.

이러한 성격의 세 측면은 모두 서로 갈등관계에 있을 수 있다(Rangell, 1988).

내적 갈등(intrapsychic conflict)은 성격의 한 측면의 목표가 다른 측면의 목표와 충돌할 때 일어난다. 대부분의 내적 갈등은 원초아가 즉각적 만족에 대한 압력을 행사하기 때문에 일어난다. 이러한 내적 갈등의 해결방법을 세 가지 측면에서 살펴볼 수 있다.

첫째는 충동을 제거하는 것이다.

둘째는 욕구를 직접적으로 표현하는 것이다.

셋째는 욕구의 방향을 바꾸는 것이다.

욕구는 완전히 제거할 수 없는 것으로 가정하며, 충동은 의식에서 쫓아 낼 수는 있으나 전체 성격에서 쫓아 낼 수는 없으므로 충동을 제거할 수는 없다. 또한 욕구가 직접적으로 표현되는 경우도 매우 드문데, 원초아의 욕구가 완전하게 표현되는 경우에는 자아가 강하게 압도당할 것이며 이에 따라 강한 불안을 경험할 것이다. 그러므로 대부분의 내적 갈등은 욕구의 방향을 바꾸는 것으로 처리되는데 이렇게 되기 위해서는 성격구조간의 타협이 있어야 한다. 정상적인 성격 기능에서도 내적 갈등은 있는데 갈등의 해결은 자아가 수행하는 방어 과정이며, 이 과정에는 정신 에너지가 있어야 한다. 자아가 내적 갈등을 성공적으로 경감시킬수록 자아는 고도의 정신적 기능(문제해결과 창조적 추구)에 에너지가 더 많이 배당된다(Libert & Libert, 1988). 성격구조의 구체적인 특성에 대해서 살펴보면 다음과 같다.

① 원초아

원초아는 인간의 본능적인 욕구들이 자리잡고 있는 곳으로서 사람이 태어나는 순간부터 존재한다. 즉 생득적으로 갖추어진 모든 생리 · 심리적인 에너지(원시적인 충동 · 욕구 · 본능의 총체적인 힘)의 원천이다. 먹고, 마시고, 자고 하는 본능들은 모두 원초아에 의한 것이다. 이러한 본능적 욕구들은 삶의 본능이라 불린다. 삶의 본능 중 Freud가 특히 중요하게 생각한 것은 성적 본능이다. 즉, Freud는 성적인 쾌감을 얻고자 하는 것이 인간을 움직이게 하는 가장 중요한 원동력이라고 보았던 것이다. 또한 원초아에는 이러한 삶의 본능들과 더불어 파괴적인 본능, 즉 죽음의 본능이 있다. 사람들이 전쟁을 하고 서로 공격하는 이유는 바로 죽음의 본능 때문이다. 원초아에 자리잡은 본능적 욕구들은 한 가지 독특한 원리에 따라 작동하는데 그것이 바로 '쾌락의 원리'이다. 본능적 욕구들을 지체 없이, 직접적으로, 그리고 무조건적으로 충족시키려 하는 것이 바로 쾌락의 원리인 것이다.

원초아는 본능적 욕구의 즉각적이며 자기중심적인 만족을 추구할 뿐만 아니라, 현실을 고려하지 않고 정신적 긴장(psychic tension)의 감소만을 바라는 쾌락원리(pleasure principle)에 쫓아서 행동하며, 현실과 환상(fantasy)의 구별이 없고, 비언어적이며 비논리적이고 체계가 없는 사고를 하며, 본능적 자극(instinctual stimulus)에 대한 1차적 과정의 사고(primary process thinking)를 통하여 욕구를 충족시키는 특징적 기능을 수행한다. 그러나 어떤 현실이건 현실적인 여건 때문에 원초아의 본래기능을 수행할 수 없을 경우에는 건강한 사람은 꿈(dream)을 통해서 정신병환자는 환각(hallucination)의 힘을 빌려 해결을 시도한다.

어린이는 성장함에 따라 부모나 현실적 상황에 의해 다양한 방식으로 욕구충족이 억제되어진다. 즉 어린이는 항상 그의 분노를 발산할 수는 없으며 젖을 떼야 하고 배변훈련을 받아야만 한다. 또한 그는 그가 흥미를 느끼는 모든 대상을 가지고 놀 수는 없다. 결과적으로 충족되어지지 못한 이러한 욕구들은 무의식 속으로 억압될 수밖에 없고, 무의식화된 욕구들은 숨겨진 채로 사람들의 의식적인 삶에 영향을 미치게 된다.

② 자아

자아란 원초아의 욕구를 현실에 적응시키고 성격을 집행하는 부분으로서 성격의 의식에 해당되는 의식기능의 주체이며, 원초아의 요구를 외계의 현실적 요청과 초자아의 감시를 받으면서 이들 세 압력의 관계를 조절하는 기능을 가지고 있다. 즉 자아는 현실세계와 접촉하는 성격의 한 부분으로, 원초아에 자리 잡은 본능적 욕구들과 외적인 현실 세계를 중재하는 역할을 하는데, '현실의 원리'에 따라 욕구의 충족을 지연시키거나 다른 것으로 대치하게 한다. 현실원리의 목적은 욕구를 만족시키는 적당한 대상이나 환경 조건이 성숙될 수 있을 때까지 본능적 만족을 지연시켜 개체의 안전을 보장하는 것이다. 현실의 원리에 따라 행동함에 있어서 중요한 것은 현실을 판단하고 평가하는 현실감별(reality testing)이다. 현실감별에 의해서 경우에 따라서는 만족할 만한 대상이나 방법이 발견될 때까지 욕구의 충족을 연기하기도 한다. 이와 같이 간접적이며 지연된 방법으로 자아의 기능을 수행할 때는 언어적·논리적이며 객관성을 갖는 성숙된 사고, 즉 2차적 과정의 사고(secondary process thinking)를 사용하게 된다. 예를 들어, 성적인 욕구는 자아에 의해 적당한 대상과 적절한 조건이 성숙될 때까지 지연된다.

③ 초자아

초자아란 개체가 무엇이 옳고 그른 것인가를 판단하는 데 관여하는 성격의 도덕적 부분(moral branch of personality)을 말한다. 초기에는 부모의 도덕적 권위에 동화(assimilation)함으로써 발달하기 시작하지만, 점차로 다양하게 학습된 사회적 규범이나 가치관의 내면화(internalization)를 통해서 원초아와 대립하고 때로는 자아와도 대결하면서 더욱 분명하게 형성 및 발달된다. 특히 초자아는 자아보다 무의식적이며 융통성이 없는 강력한 제동기능을 가지고 있으며, 사회의 안정을 무너뜨리려는 여러 충동적인 행동을 억제하는 특징을 가지고 있다.

초자아는 성장하면서 부모나 선생님들과의 상호작용을 통해 영향을 받은 정통적인 가치관과 사회적인 규칙들 그리고 도덕과 양심이 자리잡은 곳이다. 즉, 무엇이 옳고 그른지, 어떤 일을 해야 할지 어떤 일은 하지 말아야 할지 등을 판단하는 것이 초자아의 임무이다. 초자아는 도덕적 원리를 추구하여, 도덕이나 가치에 위배되는 원초아의 충동들을 견제하고, 자아의 현실적 목표들을 도덕적이며 이상적인 목표로 유도하려 한다. 이러한 초자아는 두 가지 측면, 즉 양심(conscience)과 자아이상(ego-ideal)이 있다. 양심은 잘못된 행위에 대하여 처벌이나 비난을 받은 경험에서 가치체계가 내면화된 것이다. 즉, 부모나 그 밖의 동기를 가진 사람들에 의해서 받는 언행에 대한 가치평가나 벌이 기초가 되어 형성되며, 어른들이 금지했던 것과는 정반대의 언행과 사고를 할 때 느끼는 죄책감(guilty feeling)에 의해서 발달한다. 즉, 어른들에 의해서 강화되고 제시되는 도덕적 기준이 내면화된 것이라고 할 수 있다. 자아이상은 잘한 행위에 대하여 칭찬이나 보상을 받은 경험을 기초로 이상적인 자아상을 형성하게 되어 이를 추구하게 되는 것이다. 즉, 아동이 부모나 그 밖에 다른 사람들로부터 인정과 칭찬을 받았던 일들이 기초가 되어 형성된 자기만이 갖고 있는 도덕적 자아에 대한 자아상이다.

초자아를 형성시켜 주는 상벌에는 물리적인 것과 심리적인 것, 두 가지가 있는데 물리적인 상이란 아이들이 바라는 먹을 것을 주고, 원하는 장난감을 주며, 어머니나 아버지가 어루만져 주는 애무(caress) 등을 말하며, 물리적인 벌은 종아리를 때리거나 갖고 싶어하는 것을 빼앗는 것을 말한다. 심리적인 상은 말이나 얼굴표정으로 아이를 칭찬해 주고 인정해 주는 것이며 심리적인 벌은 아이에게 주의를 주거나 불만스러운 표정을 하는 것이다. 초자아가 지나치게 강한 사람은 도덕적으로 흠잡을 데가 없을 정도로 착실한 사람으로 보이지만, 자신은 행동의 자유를 누릴 수 없게 되므로, 내면에서는 항상 우울하고 기쁨을 못 느끼게 된다.

이러한 세 가지 성격 구조들은 서로 담고 있는 내용과 추구하는 바가 다르다. 따라서 자연히 이들 간에는 마찰과 갈등이 일어나게 된다. 원초아는 본능적 욕구를 직접적으로 충족시키려 하고 자아는 현실에 비추어 이를 저지하려 한다. 초자아는 원초아와 자아가 이상과 도덕에 위배되는 행위를 하는지 항상 감시한다. 이러한 갈등이 심리적 문제의 근원이 된다. 즉 자아와 원초아, 그리고 초자아 간에 서로 균형을 이루지 못하는 것이 심리적 증상형성의 출발점이 되며, 건강한 성격의 형성에 문제가 생기게 되는 것이다. 무엇보다도 자아가 원초아와 초자아, 외계의 압력이나 요구의 조화를 이루면서 적당하게 초자아로부터 자유롭게 되는 것이 건전한 성격의 형성과 적응을 위해서 필요하다. 즉, 건강한 성격은 자아와 원초아, 초자아 간에 균형을 잘 이루었을 때, 특히 자아가 성격 구조들 간의 갈등을 중재하고 조정하는 역할을 잘 수행할 때 형성될 수 있다.

(3) 불안

불안은 우리가 경험하는 것들 중의 매우 익숙하고 친근한 정서이다. Freud는 불안을 닥쳐올 위험에 대한 신호라고 했는데, 위험의 원천은 외재적일 수도 있고, 내재적일 수도 있지만 Freud는 불안은 내적인 것의 결과라고 인식하였다. 즉 원초아의 충동 추구의 표현이라고 이해했다.

불안의 유형은 크게 3가지로 신경증적 불안(neurotic anxiety), 도덕적 불안(moral anxiety), 현실적 불안(objective anxiety)으로 분류되는데 좀 더 자세히 살펴보면 다음과 같다.

신경증적 불안(neurotic anxiety)은 원초아와 자아와의 갈등으로 발생한다. 원초아는 충동을 발산하려고 하며, 자아는 충동에 대한 현실적인 제약을 가하고자 한다. 예를 들어, 교수가 수업에서 학생들을 야단쳤을 때 화를 내고 싶은 충동을 참는 것이다. 도덕적 불안(moral anxiety)은 원초아와 초자아의 갈등으로 일어난다. 원초아의 충동이 사회의 도덕적이고 이상적인 규준과 대립되므로 죄책감이나 부끄러움을 느끼게 되며 발생되는 불안이다. 현실적 불안(objective anxiety)은 화재가 나거나 거리의 불량배를 만날 때와 같은 현실적이며 외재적인 위협이 있을 때 생기는 불안을 말한다.

각각의 경우에서 불안은 닥쳐올 위험에 대한 신호이다. 앞서 살펴보았듯이 현실 불안에서 위험은 외재적이므로 실제적 위협을 없애거나 줄이기 위한 현실적인 단계를 취하게 되므로 이 불안을 처리할 수 있다. 반면 신경증적 불안과 도덕적 불안은 닥쳐올 내적 위험의 탓이다. 이러한 경우에는 내적인 방법, 즉 방어기제로 대처할 수 있게 된다.

(4) 방어기제

방어기제(defense mechanism)는 자아(ego)가 본능적 욕구인 원초아(id)와 초자아(superego)의 압력 뿐만 아니라 과거의 기억과 외계의 요구도 처리해야 할 때, 욕구불만, 갈등, 정서불안, 죄악감 등으로 인하여 발생하는 공포, 불안, 분노 등의 긴장상태에 대해서, 논리적이고 합리적으로 처리할 수 없게 되었을 때 예상되는 성격 구조의 위기와 적응행동의 파국(破局)으로부터 회피하는 기능을 말한다. 즉 긴장상태가 지속되고 이를 극복할 수가 없기 때문에 본래의 목표를 다른 방법이나 목표로 치환시켜 이를 달성함으로써 자아의 심리적 균형을 도모하는 적응기제라고 할 수 있다. 그러나 방어기제는 자아가 자아기능을 정상적으로 발휘하여 욕구불만의 요인을 합리적으로 제거하여 욕구의 직접적인 만족을 얻는 것이 아니라, 자신의 심리적 내면에 있는 욕구불만의 해소만을 목적으로 하기 때문에 비합리적인 해소반응에 불과하다.

따라서 방어기제는 욕구불만의 해소라고 하는 점에서는 일종의 적응기제이지만 다음의 몇 가지 점에서 비효율적인 적응기제라고 할 수 있다. 첫째, 무의식적으로 작동하는 경우가 많기 때문에 합리적 해결을 할 수 없다는 점이다. 둘째, 해결이 심적 내면에서만 그치기 때문에 근본적인 해결은 할 수가 없고, 현실로부터의 도피에 머무르게 된다는 점이다. 셋째, 결과적으로 합리성이 결여된 부적응행동을 만들게 된다는 점에서 객관적이고도 합리적이며 자유로운 자아의 기능에 의한 정상적 적응기제에 비해서 바람직하지 못하다. 방어기제의 예에는 다음과 같은 것들이 있다.

① 억압(repression)

억압은 모든 방어기제의 기초가 되는 보편적이고 일차적인 방어기제라고 할 수 있으며, 위협을 주는 충동이나 사상을 무의식적으로(자각을 넘어서) 대량 억제하는 것이다. 억압으로 인해서 자아는 위협적인 충동, 감정, 소원, 환상, 기억 등이 의식되는 것을 막아 준다. 즉 억압은 무의식적인 성적, 공격적 충동의 표현을 완전히 차단하여 개인에게 충동이 불쾌한 것으로 남아있는 한 이를 의식하지 못하도록 한다. 그렇기 때문에 긴장이 감소되지는 않으며 결과적으로 개인은 불안을 유발하는 갈등을 스스로 의식하지 못하며, 정서적으로 충격을 준 과거 사건도 잘 기억하지 못한다. 예를 들면, 무서운 실패를 경험한 사람은 억압 때문에 그 때의 경험을 기억하지 않을 수가 있다. 또한 아침에 지각한 학생은 자명종을 맞춰 놓고 잤는데 소리를 전혀 듣지 못했다고 하는 경우 등이 그 예이다. 그렇지만 외부로 표출되고자 하는 억압된 충동은 꿈이나 농담 또는 말의 실수 등으로 나타난다. 특히 억압은 모든 신경증적 행동, 정신신체장애(예 : 위궤양), 성 장애(예 : 불감증)의 근본 원인이 된다.

② 투사(projection)

투사는 방어기제의 중요성으로 볼 때 억압 다음이다. 투사는 사람들이 스스로 받아들일 수 없는 충동, 태도, 행동을 무의식적으로 타인이나 환경 탓으로 돌리는 과정을 말한다. 투사는 자신의 수용할 수 없는 측면을 다른 누군가에게로 귀인시키는 것으로 자아가 받아들일 수 없는 원초아의 충동을 인정하지 않고 다른 사람 때문이라고 남에게 전가시키는 기제이다. 즉 받아들일 수 없는 감정이나 욕구를 자기 자신의 것으로 의식하기에는 마음이 괴로우므로, 주관을 객관화하여 자기감정을 남에게 뒤집어씌움으로써 불안을 해소하려는 기제를 말한다. 투사는 자기의 결점을 어떤 사람이나 사물을 통해 비난하는 것으로 나타난다. 예를 들면, 시험 준비를 충분히 하지 못하여 만족할 만한 성적을 받지 못한 학생은 시험문제가 분명하지 못하다거나, 다른 학생들이 컨닝을 했다거나, 교수가 핵심을 찌르는 강의를 하지 못했다는 등의 이유를 들어 자기실패의 원인을 전가한다. 또한 계모가 전처의 자식에 대한 증오감을 투사하여 그들이 자기를 증오하고 있다고 생각함으로써 그들에 대한 증오감을 정당화하려는 경우도 여기에 해당된다. 이와 같은 기제는 초자아가 열등감이나 증오의 감정 표출을 도덕적으로 부정하고 금지하기 때문에 그것을 다른 사람에게 전가시키는 데서 볼 수 있는 현상이다. 그러나 다른 사람에 대한 책임의 전가가 지나칠 때는 급기야 공격적 행동을 유발시킬 수도 있다.

③ 반동형성(reaction formation)

반동형성이란 무의식의 밑바닥에 흐르고 있는 생각, 욕구, 충동 등이 너무도 받아들여질 수 없는 것일 때, 정반대의 행동이나 태도를 강조함으로써 불안이나 공포로부터 벗어나려는 기제이다. 자아는 때때로 반대행동을 함으로써 오히려 금지된 충동이 표출되는 것에서 자신을 조절하거나 방어하게 된다. 반동형성은 불안을 유발하는 충동이 의식에서 그 반대로 대치된다. 반동형성은 두 단계를 거치게 된다. 첫째, 받아들여질 수 없는 충동을 억압하는 것이다. 둘째, 그 충동과는 반대적 행동이 의식적 차원에서 표현되는 것이다. 반동형성은 사회적으로 허용된 것이나 강박적이고 과장된 엄격한 특징을 가진 행동 중에서 잘 나타낸다. 반동형성은 자신의 욕구충동을 다른 사람에게 노출시키고 싶지 않기 때문에 이를 감추려고 한 나머지 너무나도 극단적인 반대쪽으로 기울어진 방어기제이다.

④ 합리화(rationalization)

자기 행동을 자아가 의식에서 용납할 수 있는 그럴 듯한 이유, 즉 가장 이치에 맞고 지적으로 합당하며 윤리에 어긋나지 않는 이유로 정당화하고 변호하는 방어기제를 말한다. 보다 수용될 수 있는 원인으로 귀인시킴으로써 어떤 것을 보다 더 수용될 수 있게 하는 것이다. 예를 들면, 친구를 이기고자 하는 욕망을 가지고 있던 사람이 친구의 컨닝 행위를 교수에게 보고함으로써 자신은 친구가 바른 길로 나아가도록 할 의무에 의한 행동을 했을 뿐이라고 말한다. 즉 그럴듯한 이유, 즉 가장 이치에 맞고 지적으로 합당하며, 윤리에 어긋나지 않는 이유로 정당화하고 변호하는 방어기제를 말한다. 방어기제를 설명할 수 있는 대표적인 사례는 이솝우화 신포도와 여우의 이야기이다. 포도가 먹고 싶은 여우가 포도밭을 들어갔는데 포도가 높은 곳에 달려 있자 따먹을 수가 없었다. 그러자 다른 여우가 왜 따먹지 않느냐고 하자 포도가 너무 시어서 먹기 싫다고 하였다. 사실은 키가 작아서 따먹을 수 없다고 이야기를 하면 너무 초라해 보일 것 같아서 둘러댄 대답이다. 그래서 합리화는 '신포도기제(sour grape mechanism)'라고도 불린다. 사람들이 합리화를 사용하는 이유는 자존심이 손상 받을 위협에 처하면 무의식적으로 자신의 자존심을 보호하려 하기 때문이다. 따라서 합리화는 자아의 자존심을 보호하기 위해서 사용하는 방패막이다.

⑤ 승화(sublimation)

승화는 방어기제 중 가장 효율적이고 창조적인 기제이다. 사회적으로 수용할 수 없는 충동을 사회적으로 수용할 수 있는 방식으로 표현하는 것이다. 본능적인 힘(성적, 공격적 본능)을 개인적으로나 사회적으로 유용하고도 승인될 수 있도록 변형을 이루어 만족시키는 일종의 전위(displacement)라고 할 수 있다. 즉 성적, 본능적 에너지의 지적, 인간적, 문화적, 예술적 추구의 기제라고 할 수 있다. 예를 들면, 다른 사람들을 해치기보다는 군인이 되는 것, 항문기 욕망에 탐닉하기보다는 배관공이 되는 것이다. 또한 공격성을 스포츠의 형식으로, 성적 욕구를 문학과 예술의 형식으로 변형시키는 비성화(desexualization)의 기제와 같은 것이라고 볼 수 있다.

⑥ 동일시(identification)

동일시(동일화)란 상대방이나 타인의 어떤 행동이나 성격 및 태도 등을 자기 것으로 만들기 위해서 감정적, 정서적 일체감을 갖는 심리적 기제를 의미한다. 따라서 동일시는 타인에 대한 공감이나 동정과 밀접한 관련을 맺고 있음을 알 수 있다. 이 기제는 투사와 반대인 내사(introjection) 또는 합일화(incorporation)

의 영향을 받기도 한다. 내사 및 합일화는 자기 이외의 사람이나 집단이 자기에게 바라고 있는 태도를 자기의 태도로 만들기 위해서 거기에 일치된 행동을 취하는 기제이다. 이들은 동일시의 원시적인 형태이다. 예를 들어, 양심(conscience)의 발달에 있어서 유아기에서는 주로 꾸지람을 들으면 무섭기 때문이라고 하는 단순한 공포감이나 타산적인 동기에 의해서 부모의 언행을 모방함으로써 양심의 싹이 트이지만, 소년기가 되면 유아기에서 섭취된 것 외에도 양심의 가책이 수반한 윤리감에 의해서 더욱 뚜렷한 양심이 형성된다.

⑦ 대치(displacement)

대치는 어떤 대상의 전체가 부분에 의해서 표현되거나, 반대로 부분이 전체에 의해서 표현되는 과정을 말한다. 또한 어떤 생각이나 이미지가 그것과 감정적으로 관련이 있는 다른 것으로 치환되는 것이다. 예를 들면, 한 여자가 곱슬머리를 가진 남자와 불유쾌한 경험을 하고 나서, 모든 곱슬머리의 남자에게 강렬한 반응을 보이는 경우이다. 이 경우는 부분이 전체를 상징적으로 치환한 경우이다. 또는 증오의 대상이 되고 있는 사람을 직접적으로 매도할 수 없기 때문에, 그 사람 집의 개를 놀려 줌으로써 어떤 만족을 얻고 증오의 감정을 해소시키려는 기제도 대치에 해당된다. 이와 같은 현상은 현실에서 억압된 욕구가 잠자고 있는 사이에 상징적으로 가장(disguise)되어 표출된다고 보는 꿈의 해석에서도 중요한 의미를 갖게 된다.

⑧ 퇴행(regression)

현실적인 상황에 비추어 해결이 어렵고, 이로 인하여 욕구불만이나 스트레스를 받게 될 때, 그 해결을 피하기 위해서 현재의 성장시기보다 어린 시절의 행동으로 되돌아가는 것을 퇴행이라고 한다. 예를 들면, 대소변 가리기가 끝난 5살된 아이가 동생이 태어나자 오줌을 가리지 못하고 바지를 적시거나 손가락을 빠는 행위 등은 항문기나 구강기로 퇴행한 경우이다. 이 기제는 현실생활에서 만족을 얻지 못할 때, 쾌락원리 하에서 행동했던 어린 시절로 되돌아가는 심리이다.

Freud는 인간의 심적 에너지가 어떻게 운용되는가를 다음과 같이 설명하고 있다. 퇴행을 진격하고 있는 군대에 비유했다. 즉 많은 부대(심적 에너지)가 진격을 시작하여 마음을 점령할 때마다 필요한 만큼의 소부대를 주둔시켜 지배를 하게 한다. 이 때 얼마의 병력을 주둔시킬 것이냐는 그 곳에 얼마나 저항세력이 있느냐에 따라서 결정된다. 따라서 저항세력이 강할수록 주둔시킬 병력수(고착)도 많아지게 된다. 그러다가 사태가 불리해서 후퇴(퇴행)하게 될 때는 가장 많은 병력을 남겨둔 곳(고착점)으로 후퇴하게 된다는 것이다.

⑨ 부정(denial)

부정은 현실에서 일어났던 위협적이거나 외상적인 사건을 받아들이지 않고 거절하는 것이다. 예를 들면, 부모가 사랑하는 자녀의 죽음을 계속해서 믿지 않으려 하는 것이다.

2) 성격발달

Freud는 성격발달의 세 가지 기본원칙으로 정신적 결정론, 무의식의 중요성, 성적 에너지(리비도)를 제시하였다.

첫째, 정신적 결정론은 인간의 정신적 활동이 이전의 행동이나 사건에 의해 결정된다고 보는 것이다.

둘째, 인간의 행동이 의식적 과정보다는 인식할 수 없는 무의식에 의해 동기가 유발된다고 보았다.

셋째, 본능적인 성적 에너지가 행동과 사고의 동기가 된다고 간주하였다.

특히, Freud는 모든 본능이 근본적으로 성적인 것이라 믿었기 때문에 인간의 성격발달이 성적인 욕구와 밀접한 관련이 있다고 주장했다. 이 성격발달을 심리성적 발달이라 일컬었으며 다섯 단계로 발달단계를 제시하였다. 그리고 각 단계마다 그 단계에서의 욕구가 충족되어져야 한다고 하였다. 그렇지 않고 욕구가 충족되지 못하면 나이에 따라 다음 단계로의 계속적인 발달이 진전되어야 함에도 불구하고 그 단계에 그냥 머물러 있으려는 경향이 나타나는데 이를 고착현상(fixation)이라 한다. 반면 발달이 진행되어진 경우, 어떤 어려움이나 좌절이 경험되어질 때 욕구충족이 쉬웠던 앞 단계로 되돌아가려는 경향이 생기기도 하는데 이를 앞 단계로의 퇴행(regression)이라고 한다. 한편 Freud의 주장에 따르면 각 단계마다 인간의 욕구는 충족되어져야 하지만 과도한 욕구충족의 경우도 바람직하지 않다고 한다. 따라서 각 단계에서의 욕구를 적절히 충족시켜야 적응에 문제가 생기지 않는다.

(1) 구순기(oral stage)

구강기라고도 하며 유아기에 해당된다. 출생 후 대략 1년 동안에 해당되는 시기로서 리비도가 입에 있기 때문에 주로 빠는 행위를 통해 쾌감을 충족시킨다. 유아가 젖을 먹고 싶을 때, 먹고 싶을 만큼 충분히 먹은 유아는 그만큼 애정체험으로 충만되어 있기 때문에 정서적으로도 안정감을 누릴 수가 있고, 각종 행동에 있어서도 유순함을 볼 수가 있다는 것이다. 이와 같은 경우에는 유아의 대상에 대해서 긍정적인 체험을 하게 된다.

그러나 인공수유나 이유 등으로 구순 욕구 충족이 좌절되거나 반대로 과도하게 충족되는 경험을 하게 되면 구순 고착 성격을 갖게 된다. 이것은 후에 과식이나 과음, 과흡연 등과 같은 행동 특성으로 나타나기도 하고 때로는 타인에 대한 의존 혹은 분노 등으로 표현되기도 한다. 수다스러운 성격, 이야기 중 항상 남의 아픈 부분을 꼬집어 내어 상대방의 감정을 상하게 하는 성격, 기분이 언짢은 경우 무엇이든 먹고 싶어하는 성격 등도 구강기 성격의 예이다.

(2) 항문기(anal stage)

이 시기는 대략 2, 3세에 해당되는 시기로서 리비도 에너지가 항문괄약근의 조정에 집중하게 된다. 따라서 주로 배설 행위를 통해 쾌감을 얻는다. 이 시기에는 보통 대소변 가리기 훈련이 시작되는데 이 때 유아는 처음으로 본능적으로 욕구 충족을 통제받는 경험을 하게 된다. 구순기에서처럼 이 시기에도 대소변 훈련과 관련하여 너무 엄격하고 강압적인 경험을 하거나 반대로 너무 느슨한 경험을 하게 되면 항문 고착 성격을 갖게 된다. 항문 고착 성격은 항문 폭발적 성격과 항문 강박적 성격으로 구분된다. 전자의 경우는 보통 지저분하며 정돈되지 않으며 낭비벽이 있는 행동 특성을 나타내고, 후자의 경우는 고집이 세고 완고하며 검소한 반면에 인색한 특성으로 나타난다.

(3) 남근기(phallic stage)

4, 5세경에는 리비도가 항문에서 성기로 옮아간다. 따라서 성기를 통한 리비도의 만족을 추구하게 된다. 남아의 경우 이성의 부모인 어머니에 대해 성적인 욕망과 애착을 느끼며 아버지를 경쟁자로 생각하는 소위 외디푸스 콤플렉스(Oedipus complex)를 나타낸다. 이러한 과정에서 남아에게 거세불안이 유발되는데 이 불안을 감소시키기 위해 어머니에 대한 성적인 욕망과 아버지에 대한 적대감을 억압하게 되며 아울러 아버지에 대한 동일시를 통하여 남성다움을 발달시켜 간다. 외디푸스 콤플렉스는 이성의 부모에 대한 애착으로 인하여 동성의 부모를 미워하고 적대시함으로써 조성되는 억압된 불안과 공포의 복합적 상태를 말한다. 이와 같은 콤플렉스는 유아기의 대인관계에서 형성된다고 보고 있다. Freud는 정신분석에서 외디푸스 콤플렉스를 가장 중요시하였으며, 특히 신경증적 장애(neurotic disorder), 성격장애(personality disorder) 같은 정신질환도 외디푸스 콤플렉스가 해소되지 못한 상태에 기인한 무의식적 갈등 때문이라고

보았다.

남성의 외디푸스 콤플렉스에 대해서 먼저 이야기를 하자면 다음과 같다. 소년의 첫사랑은 어머니이다. 리비도가 성기 근처에 집중되면 어머니에 대한 사랑은 성적이고 근친상간적인 색채를 띠게 된다. 어머니를 성의 대상으로 대하는 데에 아버지가 버티고 있는 것은 당연한 일이다. 소년은 아버지를 없애고 싶은 경쟁자로 본다. 이 공격 욕구로 소년은 아버지가 보복할 거라는 두려움을 느끼게 된다. 여자는 성기가 없다는 것을 관찰로 알고 있어 아버지가 자신을 거세할(여자로 만들어 버릴) 것이라는 생각을 하게 된다. 거세불안이 어머니에 대한 소년의 사랑보다 강하기 때문에 결국에는 소년이 어머니를 소유하고자 하는 바람을 포기한다. 외디푸스 콤플렉스의 해결에는 근친상간 성격을 띤 바람의 억압과 아버지와의 방어적 동일시라는 두 과정이 있다. 억압은 생각이나 감정을 완전히 의식 밖으로 밀어 내는 것을 말한다. 방어적 동일시는 위협적인 사람을 좋아하는 것(이길 수 없으면 하나가 되라)을 말한다. 공격자와의 동일시라는 말도 있다(Porder, 1987). 소년은 아버지의 행동과 태도 및 가치를 동일시함으로써 갈등을 해결한다. 방어적 동일시로 남아는 엄마를 간접적으로 소유하고, 자신의 거세불안에서 벗어날 수 있으며, 적절한 성역할에 동화된다. 이러한 동일시는 양심의 기초가 된다.

한편, 여아의 경우 이성의 부모인 아버지에 대해 성적인 애착을 느끼게 되는데 이를 엘렉트라 콤플렉스(Electra complex)라 부른다. 엘렉트라 콤플렉스는 그리스 신화에 나오는 미케니아(Mykenai)의 왕 아가멤논(Agamemnon)의 딸 엘렉트라(Electra)에서 유래한다. 엘렉트라는 남동생 오레스테스(Orestes)와 힘을 합하여 아버지를 욕조에서 살해한 어머니의 정부이자 현재의 남편인 에기스타스(Aegisthus)와 어머니 클리테네스트라(Clytennestra)에 복수한다. 그리하여 엘렉트라는 그가 동경하던 영웅적인 아버지의 어두웠던 운명에 대한 회상 때문에 죽을 때까지 결혼하지 못하였다. 이렇듯 여아와 아버지와의 애정적 결합과 여아의 어머니에 대한 적대, 증오의 감정으로 복합된 관념 상태를 엘렉트라 콤플렉스라고 불렀다. 이러한 과정에서 여아에게 남근선망이 나타난다. 여아의 첫사랑도 어머니이다. 남근기가 되면서 여아는 아버지와 다른 남자들은 남근을 가지고 있으나 자신과 어머니는 없다는 사실을 알게 된다. 여아는 전에는 남근을 가지고 있었는데, 어머니 때문에 없어졌다고 엄마를 비난한다. 엄마에 대한 다른 숙명적 실망과 함께 이 감정은 엄마를 사랑하지 않고, 아버지를 더욱 사랑하게 만든다. 아버지에 대한 사랑은 아버지가 남근을 가지고 있기 때문에 선망에 덧붙여 성적인 색채도 띤다. 따라서 여아는 남근선망을 가지게 된다. 그러나 여아도 어머니의 사랑을 잃을까봐 두려워하는데 이는 엘렉트라 콤플렉스를 해결하도록 여아를 동기화한다. Freud는 여아는 남아에 비해서 엘렉트라 콤플렉스가 더 늦게 해결되고 덜 완전하게 해결된다고 하였다. 외디푸스적 소망은 이룰 수가 없다는 것을 알게 된 여아는 아버지에 대한 바람을 억압하고, 방어적으로 어머니와 동일시를 하게 된다. 이렇게 해서 여아는 어머니와의 사랑을 계속 유지할 수 있게 된다. 즉, 여아는 아버지를 간접적으로 소유하게 된다(Wilkinson, 1991).

무엇보다도 중요한 것은 남근기에 콤플렉스를 해결하는 것은 성격발달에 매우 중요하며, 성공적으로 해결되어야 정상적인 성인의 성격이 형성될 수 있다는 점이다. 그렇지 않으면 정신병리를 야기한다. 아동의 도덕원리(양심)가 남근기에서 부모와의 동일시를 통해서 발달하기 때문이다.

남근기 고착은 남근기 성격으로 드러나는데 남근기 성격은 무모하고 단호하고 자기 확신적이다. 지나친 자부심이나 지나친 자기 만족 등 자기도취적인 요소가 나타나게 되는 것으로 외디푸스 콤플렉스를 정상적으로 해결하지 못한 경우이다. 또한 거세불안이 남아 있어서 친밀과 사랑을 두려워한다.

(4) 잠복기(latency stage)

6세부터 11, 12세 무렵까지를 말하며 초등학교 재학 시기와 대략 일치한다.

이 시기는 외디푸스 콤플렉스를 극복하고서 성적 욕구나 갈등이 억압되는 평온한 시기라고 볼 수 있다. 이 시기에 아동은 지적 활동이나 운동 등 집 밖에서의 사회적 활동에 많은 에너지를 투입하며, 특히 지적인 탐색이나 주위 환경에 대한 탐색이 활발하게 나타난다. 따라서 성적인 에너지는 잠시 잠복해 있게 되는 시기인 것이다. 즉 개인의 욕구를 억압하거나 억제하여 사회의 규범에 맞추어 나아가는 훈련이 필요한 시기이다. 다시 말해서 현실원칙을 착실하게 학습해 놓아야 하는 시기이다. 이 단계에서 찾아볼 수 있는 중요한 점은 아버지의 권위상과 금지의 기제(양심)를 받아들여 쾌락원칙(pleasure principle)을 버리고 현실원칙(reality principle)을 따르게 됨으로써 사회적, 도덕적 자아를 형성하게 된다는 점이다.

이 같은 극복을 원만하게 하지 못하거나 실패하게 되면, 극단적인 경우에는 신경증이나 정신병질에 걸릴 수가 있으며 사회에 대해서 공격적인 행동을 취하게 된다고 한다. 또한 범죄에 있어서도 살인과 폭행은 구강기 후기에, 총기강도는 항문기에, 강간은 남근기에 고착된 성격특징의 산물로 해석하는 경우도 있다.

(5) 생식기(genital stage)

사춘기(puberty) 이후 전 생애에 걸쳐 계속되는 시기로서 리비도가 다시 성기로 돌아오고 성행위를 통한 성적인 만족을 추구한다. 사춘기와 더불어 나타나는 제2차 성특징으로 인하여 생식선(genital gland)의 기능이 성숙됨에 따라서 성이 전신에 퍼져 있지 않고 성기에 집중됨과 동시에 이성에 대한 관심이 커지고 성적 발달이 급진적으로 진행된다는 점에서 붙인 용어이다. 이 시기는 또한 정서적 해방과 독립을 추구하는 심리적 이유(psychological weaning)의 시기와 겹치는 시기이기도 하다.

이 시기에 이르면 이성에 대해 진정한 관심을 가지고 성숙한 사랑을 할 수 있다. 이 단계에 이르기까지 순조롭게 발달한 사람은 이타적이고 원숙한 성격을 지니게 된다. 이상적인 생식기적 성격발달을 위해서는 근면을 배워야 하고, 즉각적인 만족을 지연시켜야 하며, 책임감이 있어야 한다.

그런데 갑자기 진행되는 성적 성숙이나 신체적 발달로 인하여 지금까지의 아동기의 동일성이나 연속성이 흔들리게 됨으로써, 새롭게 탄생하는 자기가 누구이며, 자신의 사회적 역할이 무엇인가에 대해서 탐구하지 않으면 안 되는 문제에 직면하게 된다. 이는 청년기에서 풀어야 할 중요한 발달과업(developmental tasks)의 하나인 자아정체감(ego identity)의 확립을 의미한다. 즉, 제2의 탄생을 맞이하는 자기를 새롭게 정의하고, 새롭게 통합하여 연속성(continuity), 동일성(sameness), 귀속성(belongingness)에 대한 감각과 의식을 흔들리지 않게 뒷받침해 줄 수 있는 자아정체성의 확립이 필요하다.

그럼에도 불구하고 새로운 동일시의 획득을 주체성을 가지고 취사선택하지 못하거나 이를 통합하지 못할 때는 정체감 확산(identity diffusion)에 떨어지며, 진정한 주체적인 자립성도 발휘할 수 없을 뿐더러 자아해체를 초래하며, 급기야 자아의 위기(부적응, 불안)에 이르게 된다. 혹시 아동기 초기에 경험한 심각한 외상으로 인해 성적 에너지의 고착이 있으면 생식기에서의 적응이 어렵다.

이상 Freud의 심리 · 성욕적 발달(psychosexual development) 이론에 대하여 살펴보았다. 인간의 성장이란 결국 발달단계를 원만하게 거쳐감으로써 이루어진다고 볼 수 있다. 그리고 개인의 내적인 욕구와 사회, 문화적인 요청 사이에 발생하는 갈등이 원만하게 극복될 때 새로운 자아가 형성되고 건전한 성격이 발달한다고 볼 수 있다. 그러나 정상적인 발달과정을 거치지 못하고 성기기 이전의 어느 발달 단계에 고착되어 버리게 되면 각종 적응장애(adjustment disorder), 정신적 성적 장애(psychosexual disorder), 정동적 장애(affective disorder), 행동장애(conduct disorder) 등에 떨어지게 된다.

고착은 성장과정 중 많은 갈등과 난관을 만나게 될 때, 발달의 한 시점에 머물러 버리는 상태이다. 이렇게 되면 심적 에너지가 그 시기의 문제해결에만 투입되고 머물러 버리기 때문에 다음 발달에 사용될 에너지양이 부족하게 된다. 그렇기 때문에 고착이 있었던 사람은 성인이 된 후에도 무슨 일로 갈등상태에 떨어지게 되면 쉽게 과거의 고착단계로 돌아가서 반응하게 된다.

대개 고착은 다음과 같은 이유에서 발생한다. 발달의 어느 단계에 있어서 첫째는 지나친 좌절을 경험하게 될 때(예를 들면, 구강기에서 지나치게 이유를 일찍할 때), 둘째는 지나친 만족을 얻을 때(예를 들면, 오랜 기간 동안의 수유), 셋째는 아이에 대한 부모의 태도가 일정하지 못한 경우(예를 들면, 항문기에서 한동안 엄격한 배설훈련을 실시하다고 한동안 무관심할 때)에 발생한다. 정신분석적 상담이란 바로 이 고착상태(fixation)로부터 내담자를 해방시켜 주는 것이 그 임무 중의 하나라고 볼 수 있다(정인석, 1991).

Tip»»»

외디푸스 왕 이야기

옛날에 테베라는 나라가 있었는데, 그 나라 왕이 결혼하여 사내아이를 낳았다. 왕은 그 아이의 미래가 어떻게 될 것인가를 알아보기 위해 점을 쳐보았다. 그런데 점괘는 아이가 장차 아버지를 죽이고 어머니와 결혼한다는 것이었다. 왕은 그런 비극을 막기 위해 부하를 시켜 아이를 나무에 매달아 죽여 버리라고 명령하였다. 왕은 아들을 죽였다는 죄책감으로 국정을 돌보지 않고 부하들과 방랑의 길을 떠났다. 그런데 아이를 죽이라는 명령을 받았던 부하는 차마 자기 손으로 그 아이를 죽일 수 없어, 아이를 나무에 매달아 죽이라 했지 목을 매달아 죽이라는 구체적인 언급은 없었던 점에 착안하여 다리를 매달아 놓고 돌아와 시키는 대로 하였다고 보고하였다. 그리고 마침 지나가던 이웃 나라 양치기가 나무에 매달려 죽어가는 아이를 발견하여 구했고, 아이의 이름을 외디푸스라고 지었다. 그 양치기는 코린토스라는 나라 사람으로서 그 아이를 데리고 자기 나라로 돌아왔다. 그런데 코린토스의 왕은 아이가 없던지라 그 아이를 양자로 삼았다. 그리하여 외디푸스는 코린토스의 왕자로 잘 자랐다. 청년이 된 외디푸스는 자신의 운명에 대한 호기심으로 점을 쳤는데, 점괘가 아버지를 죽이고 어머니와 결혼한다는 것이었다. 코린토스의 왕과 왕비를 친부모로 알고 있던 외디푸스는 그런 비극을 막기 위해 영원히 왕국을 떠날 결심으로 방랑길에 오른다. 좁다란 산길을 가고 있던 외디푸스는 마침 사냥을 하고 있던 남자들과 시비가 붙어 그 중 우두머리를 포함한 3명을 죽였고, 한 사람은 도망갔다. 외디푸스는 테베왕국으로 들어갔고, 거기서 사람들을 괴롭히는 스핑크스라는 괴물을 지혜로 물리쳤다. 그 공으로 우여곡절 끝에 왕이 사냥길에서 죽어 혼자된 왕비와 결혼을 하여 테베왕국의 왕이 되어 행복하게 살았다. 그러나 결국 자기가 원래 테베왕국의 왕자였고, 코린토스의 왕과 왕비는 양부모라는 사실을 알게 된다. 그리고 산에서 시비가 붙어 죽인 사람이 바로 자기 친아버지고 현재의 부인이 자기 어머니라는 사실을 알게 된다. 이 사실을 알게 된 외디푸스의 아내 겸 어머니는 자살하고, 외디푸스는 스스로 눈을 파내어 장님이 되어 방랑생활을 하였다.

3) 성격평가 및 연구방법

성격을 이해하기 위해 Freud는 사례연구 방법을 사용하였다. 사례연구 방법은 환자들의 증상이나 호소하는 문제 이면에서 심층적으로 작동하는 무의식의 내용을 밝히는 작업에 집중적으로 사용되었다. 이 때 Freud는 객관적 과학을 특징짓는 방법이나 장치를 가지고서 주제를 탐구하지 않았고, 환자들의 말을 경청하는 것과 면접실에서의 자신의 민감성을 실험도구로 사용하였다. 즉, 환자들의 모순점과 일관성을 탐색하고 표면적인 차이에서 나타나는 유사점들을 추상해 낼 수 있는 그의 능력이 실험도구였으며, 환자들이 보고하는 자신들을 무력하게 만든다는 행동이나 공포가 없어지는 빈도가 유의도 검증의 도구가 되었다는 것이다. Freud가 성격을 이해하기 위해 사용한 주요한 성격 평가방법은 자유연상과 꿈의 분석이다.

(1) 자유연상

자유연상은 환자가 마음에 떠오르는 모든 생각이나 기억들을 치료자에게 보고하는 기법이다. 이 때 환자는 자기의 마음속에 떠오르는 생각이 아무리 사소하고 중요하지 않고 당황스럽고 수치스럽고 비논리적이라 하더라도 자기 검열의 과정 없이 그대로 치료자에게 보고한다. 자유연상은 연상의 방향을 결정하는 무의식적인 힘들에서 나오는 것으로 흔히 이 연상들은 과거의 아동기 기억들로 끌고 가서 오래 전에 잊혀진 경험들을 기억하게 함으로써 치료자에게 성격의 구조와 발달에 대한 단서를 제공해 준다. 정신분석학자들은 자유연상을 이용하여 환자의 과거의 중요 요소들을 재구성할 수 있게 된다.

(2) 꿈의 분석

꿈의 분석은 환자의 무의식을 탐색할 수 있는 주요한 기법이다. 꿈은 상징적 형태로 무의식적인 바람을 많이 싣고 있다고 가정되므로 무의식을 매우 잘 드러내 준다고 보여지기 때문이다. Freud는 꿈을 소망충족을 위한 위장된 시도라고 보았으며 이러한 소망은 개인에게 수용될 수 없는 무의식적인 동기로 위장되거나 상징적인 형태로 인간의 억압된 욕망, 공포, 갈등을 나타낸다. 이런 점에서 "꿈은 무의식에 이르는 왕도이다"라고 했다. 꿈은 꿈에서의 실제 사건(현재몽)과 그런 사건들의 숨겨진 상징적 의미(잠재몽)로 나눌 수 있으며, Freud는 꿈에서 나타난 상징적 의미를 성적 충동과 관련하여 찾으려 했다. 예를 들어, 계단, 사다리는 성관계를 나타내고 양초, 뱀, 나무 밑 등은 음경을 나타내며 상자, 문은 여성의 몸을, 이빨 빼기는 거세를 상징한다는 것이다.

나와 타인의 이해를 위한 성격심리 연습과제 1

초기기억(Early Memories)

Freud는 삶의 초기기억들이 현재 개인이 지니고 있는 문제와 연관되어 있다고 한다. 당신의 초기기억들을 떠올려 봄으로써 그것이 당신의 성격에 어떻게 영향을 미쳤는지에 대해 생각해 볼 수 있을 것이다.

1. 최대한 편안한 자세로 앉아 조용히 눈을 감는다. 자신의 어린 시절로 여행을 떠난다는 생각으로 기억을 더듬으며 가장 초기의 기억들을 떠올려 본다. 되도록 초등학교 입학 전의 기억들을 4가지 정도 떠올려 본다. 분명하고 생생하게 기억을 떠올릴수록 많은 정보를 얻을 수 있다. 기억이 떠올랐으면 눈을 뜨고 기억들에 대해 적는다. 기억들을 적을 때에는 무슨 일이 있었는지에 관해서 뿐만 아니라 그것에 관해 내가 느낀 감정이나 생각에 대해서도 적는다.

나의 초기기억들은 다음과 같다.

2. 앞에 적은 가장 초기의 기억들의 내용을 살펴보면서 당신은 기억의 어떤 측면을 중요시하는지에 대하여 생각해 보라. 그리고 가능하다면 이에 대해 Freud의 주요 개념들을 사용하여 설명해 보자.

3. Freud의 심리성적 성격발달단계를 떠올려 보면서 당신의 초기 기억들이 심리성적 발달단계(구강기, 항문기, 남근기)와 관계가 있는지, 심리성적 단계들과 관련된 특별한 갈등과 경험들이 있는지에 대하여 생각해 적어 보자.

4. 초기기억들 사이에 되풀이되거나 통합되는 주제가 있는지 생각해 보자.

5. 당신의 현재 삶 속에서 일어나고 있는 사건들과 과거의 기억들에 비슷한 면이 있는지에 대하여 생각해 보면서, 과거 경험이 당신의 현재 성격에 시사하는 바는 무엇인지에 대하여 적어 보자.

꿈의 기록(Dream Journal)

Freud는 꿈을 소망충족을 위한 위장된 시도라고 보았으며 따라서 꿈에는 상징적 형태로 무의식적인 바람이 나타난다고 하였다. 즉 꿈을 통해 우리는 상상의 방식으로 욕구나 소망을 충족시킬 수 있다는 것이다. 따라서 당신의 꿈을 기록해보고 분석해 보는 과정을 통해 당신이 충족하고자 하는 욕구나 소망을 발견할 수 있다.

1. 일주일간 꾼 당신의 꿈에 대해 매일매일 기록해 본다. 꿈을 잘 기록하기 위해서는 노트를 머리맡에 두고 꿈에서 깨자마자 즉시 꿈의 내용을 적거나 아침에 일어나자마자 다른 일을 하기 전에 간밤에 꾸었던 꿈을 기억하여 적는 것이 좋다. 처음에는 꿈을 기억하는 것이 쉽지 않을지 모르지만 꿈을 기억하려고 노력하다 보면 점차 꿈을 기억하는 일이 쉬워질 것이다. 혹시 일주일간 꿈을 별로 기억하지 못한 사람은 근래에 꾸었던 꿈들을 기억하여 적어 보는 차선의 방법을 사용해도 좋다. 꿈을 기록할 때에는 꿈의 사실적인 내용뿐만 아니라 꿈을 꿀 때의 혹은 꾸고 나서의 감정과 느낌 등에 대해서도 함께 적는 것이 좋다.

내가 꾼 꿈들은 다음과 같다.

2. 기록한 꿈의 내용들을 읽어 보면서 꿈의 주요 내용을 분석해 보자.

* 꿈에 어떤 상징이 표현되고 있는가, 그 상징은 무엇을 의미하는가?

* 꿈들 간의 공통된 주제가 있는가?

* 꿈 속에 나타나는 특별한 인물이나 장소들이 있는가, 그 인물과 장소들은 당신에게 어떤 의미가 있는가?

* 꿈을 당신의 과거–현재–미래와 연관하여 해석해 보자.

꿈에서의 사건이나 인물들은 예전에 일어났거나 혹은 최근 일어난 어떤 것을 떠올리게 하는가? 즉 과거나 근래에 있었던 어떤 일들이 이러한 꿈을 꾸게 되었다고 생각하는가? 또한 꿈은 당신의 미래에 대해 어떤 것을 암시한다고 생각하는가?

3. 지금까지 한 작업을 통해 당신이 충족하고자 하는 어떠한 욕구나 소망을 발견했다면 적어 보자.

방어기제(Defence Mechanism)

우리는 불안하거나 심리적으로 위협을 느끼는 상황에 닥치게 되면 나 자신을 보호하기 위해 심리적 방어전략을 사용하는데 이를 Freud는 방어기제라고 했다. 방어기제는 일시적으로는 자아를 보호해 주는 역할을 하지만 무의식적으로 작동하는 경우가 많기 때문에 합리적 해결책은 아니므로 결국은 현실로부터의 도피에 불과한 것이다. 따라서 방어기제보다는 근본적인 해결을 할 수 있는 합리적 해결책을 모색해야 할 것이다. 그러기 위해 우선 자신이 주로 사용하는 방어기제에 대하여 살펴볼 필요가 있다(일단 본문에서 설명된 Freud의 방어기제에 관한 내용을 다시 한 번 숙지한 후 다음 과제를 시작한다).

1. 심리적으로 고통스러웠던 시간이나 사건을 떠올려 적어 보자.

2. 위의 상황에서 당신이 자신을 보호하기 위해 취했던 방략에 대해 생각해 보고 그 방략들은 각각 어떠한 방어기제에 해당하는지 생각하여 적어 보자.

3. 자아가 위협을 받을 때 당신이 주로 사용하는 방어기제는 무엇인가? 이 방어기제들이 불안을 감소시키는데 어느 정도의 효과가 있었는가? 만약 효과가 없었다면 그 이유는 무엇일까?

4. 다시 그런 상황이 반복된다면 방어기제 대신 취할 수 있는 합리적인 해결책에는 어떤 것이 있을지에 대하여 생각해 보자.

전이(transference)

전이란 어렸을 때 의미 있는 타인과의 관계에서 경험되었던 태도, 환상, 사랑, 증오, 분노 등의 감정들이 현재의 다양한 인간관계와 상황에서 무의식적으로 반복되는 것을 말한다. 예를 들어, 지금 내가 어떤 사람에게 지나치게 분노감정이 있는 경우 이것이 실은 온전히 그 사람에 대한 감정은 아닐 수도 있는 것이다. 따라서 우리가 이런 전이 현상을 잘 탐색하고 인식할 수 있다면 부적절하게 표현되는 감정이나 반응을 잘 조절할 수가 있을 것이다.

1. 분명한 이유 없이 어떤 사람이나 상황에 대해 지나치게 민감하게 또는 강하게 정서를 경험한 일이 있었는가? 이 정서들은 매우 긍정적일수도 있고 혹은 매우 부정적일 수도 있다(예를 들어, 왠지 특별한 매력을 느꼈던 사람, 이유도 없이 너무 싫고 불편한 사람 등이 있었을 것이다).

2. 당신보다 윗사람, 연장자 혹은 권위적인 어떤 인물들에 대해 느끼는 공통적인 감정을 적어 보자. 또 이 감정을 당신의 아버지 혹은 어머니에 대해 느끼는 감정과 비교하여 어떠한 공통점이 있는지 혹은 차이점이 있는지에 대하여 살펴보자.

3. 전이라는 것을 고려했을 때 이 과제를 통해 떠올렸던 사람들에 대한 감정이 어떻게 달라질 수 있겠는가?(즉 당신이 그 사람들에게 전이를 하지 않는다면 너무나 싫었던 어떤 사람이 실제로는 그렇게 싫은 사람이 아닐 수도 있다)

저항(resistance)

저항이란 자신에게 위협이 되는 그 어떤 것을 의식에 떠오르지 않게 하려는 것이다. 따라서 저항을 분석하고 해석해 보면 우리가 무의식적으로 숨기고자 하는 것, 불안해하거나 두려워하는 것 등에 대한 정보를 얻을 수 있다.

* 지금까지의 과제를 수행했던 당신의 태도를 돌아보자. 어떤 어려움이 있지는 않았는가? 기억하는 데에 어려움이 있었는가? 솔직하게 응답하기가 어려웠는가? 아니면 의식적으로든 무의식적으로든 숨기고 싶은 것들이 있었는가? 만약 이런 질문에 '예'라고 대답했다면 당신에게는 지금의 이 과제가 당신을 이해하는데 가장 중요할지도 모른다. 당신이 과제를 수행하며 이러한 저항을 보이는 무의식적인 동기에 대하여 충분히 고민해 볼 필요가 있다. 당신이 저항을 보이는 이유는 무엇인가? 무엇이 두렵고 무엇이 걱정되는가? 분명히 말하지만, 이에 대한 답을 찾고 이를 해결할 수 있어야 다음 장들에서 이어지는 작업들도 솔직하고 진솔하게 마칠 수 있으며 그렇게 해야만 당신 자신에 대한 깊은 통찰이 가능할 것이다.

요약

지금까지 Freud의 이론을 바탕으로 한 과제를 하고 나서 스스로에 대해 새롭게 알게 된 것이나 깨달은 것이 있다면 적어 보자. 또한 이것은 당신에게 앞으로 어떠한 영향을 미칠 수 있을 것인지 적어 보자.

※ 지금까지 했던 과제를 현재 당신에게 의미 있는 타인과 함께 해 보고 서로 나누는 시간을 가진다면 서로에 대해 더욱 깊이 이해할 수 있을 것이다.

2. Adler의 개인심리학

Alfred Adler

알프레드 아들러(Alfred Adler, 1870-1937)는 1870년에 비엔나에서 태어났다. 프로이트와 마찬가지로 그는 유태인의 아들로 태어났으나 프로이트와는 달리 자신의 민족적인 배경을 거의 의식하지 않았으며, 유태인과의 접촉이 거의 없이 지냈기에 오히려 자연스럽게 비엔나인처럼 자랐다. 아들러는 육남매의 둘째로 태어났으며 질투심이 강한 형으로 인해서 어린시절을 불행하게 경험하였다. 출생 후의 경험을 통해서 살펴보면 아들러는 생후 2년까지는 어머니에게 따뜻한 사랑을 독차지했으나 동생이 태어나자 응석을 부리던 위치를 자연스럽게 잃게 되었다. 그 때부터 아들러는 아동기까지 아버지의 총애를 받았다.

한편 아들러는 어린 시절에 죽음과 병고가 빈번하게 찾아왔었다. 세살 때에는 어린 동생이 죽었고, 거리에서 두 번씩이나 우연히 죽을 고비를 넘기기도 하였다. 다섯 살 때에는 심한 폐렴에 걸려 죽을 뻔 하였는데 죽음과의 투쟁으로 인한 끊임없는 공포를 경험하였다. 후에 아들러는 "나의 병이 나은 것을 기뻐하며, 하마터면 죽을 뻔 했던 것을 오랫동안 얘기했다. 그 때부터 나는 항상 미래에 내가 의사가 되어야겠다고 생각했던 것이 생각난다. 나는 고통, 죽음에 대한 공포에 대해 종말을 고하려는 목표를 세웠다. 즉 나는 죽음과 죽음에 대한 공포를 극복하기 위해 의사란 직업을 택했다"고백했다.

아들러는 어린 시절 죽음에 대한 경험뿐만 아니라 만성적으로 병들고 약한 아이였다. 구루병으로 고생을 하였기에 또래나 형제들과 경쟁적인 놀이를 하기가 어려웠다. 18세에 비엔나대학에 들어갔고, 사회주의에 흥미를 가졌고, 많은 정치적인 모임에도 참석했으며 거기에서 아내도 만났다.

아들러는 1895년 의학학위를 받았고 1902년에서 1911년까지 Freud의 정신분석학을 공부하는 주요 인물이었다. 그 후에 프로이트의 이론이나 기타 정신분석학 이론과는 상이한 생각들을 갖기 시작하였고, 결과적으로 1911년 비엔나 정신분석학회(Vienna Psychoanalytic Society)의 회장을 사직하고 자유정신분석학회(Society for Free Psychoanalysis)를 형성하여 Freud를 비롯한 그의 동료들의 많은 분노를 샀다. 1912년 학회 명칭을 개인심리학회(Society for Individual Psychology)로 바꾸었다.

그 이후로 아들러는 오스트리아 정부로부터 공립학교에서 신경증 학생들과 학부모들이 상담을 받을 수 있도록 아동상담소의 프로그램을 짜줄 것을 요청했다. 대부분 자원봉사자이며 비전문가로 이루어진 아들러의 상담소는 지역사회 정신치료의 선구적인 역할을 하게 되었다. 1920년대 중반 이후부터 아들러는 미국 및 유럽을 다니면서 많은 시간 강연을 하였으며, 1934년에는 온 가족이 뉴욕으로 옮겼으며, 아일랜드 의과대학에서 의학심리학 교수로 봉직했으며 정신과 의사로서 치료를 계속하였고 1937년에 사망하였다.

아들러의 사상은 현대 임상이나 성격심리학의 발달에 많은 영향을 끼쳤으며, 특히 그는 사회적 관심을 정신건강의 지표로서 삼을 것을 강조하였는데 이는 오늘날 정신요법에서 가치관의 중요성을 인식시켰다고 할 수 있다. 아들러는 의식적이고 합리적인 정신과정에 대해 관심을 가져서 자아심리학(ego psychology)의 발달을 촉진시켰으며, 후에 아들러학파인 에리히 프롬, 카렌 호니, 하리스탁 설리반 등의 연구에 영향을 주었다. 그리고 고든 올포트, 아브라함 매슬로우, 롤로 메이, 빅터 프랭클, 알버트 엘리스 등과 같은 유명한 심리학자나 정신치료가에게 직접·간접으로 영향을 주었다.

1) 주요개념

Adler는 성격이론의 주요 목적은 정신치료자들에게 경제적이고 효과적인 원리를 제공하고 궁극적으로는 모든 사람이 심리적으로 보다 건전한 행동의 변화를 가져올 수 있도록 하는 것이라고 보았다. Adler는 사회적 및 가족적 요인에 의해 개인이 형성된다고 보았으며, 기본적으로 Freud의 본능에너지에 반영된 생물학적 결정론을 받아들였다. 반대로 Adler는 사회적 결정론의 신봉자였으며, Freud가 자아방어기제의 중요성을 너무 제한적으로 강조한다고 보았다.

Adler의 성격이론의 주요개념은 생활양식, 허구적 최종목적론, 열등감과 보상, 우월에의 추구, 가족구도 및 출생순위 등이다.

(1) 생활양식(life style)

인간은 우월성이나 완전성과 같은 한 가지 궁극적인 목표를 가지고 있기는 하지만 개인이 자신의 목표를 향해서 수행하게 되는 행동은 매우 다양하다. 사람들은 자신에게 삶의 의미가 될 수 있는 다양한 방식, 즉 독특한 생활양식을 발달시키게 된다. 생활양식은 한 개인이 어떻게 그 사람의 인생에서 경험되어진 장애물을 극복하고 문제해결 방법을 찾아내고 어떠한 방법으로 목표를 추구하는지에 대한 방식을 결정해 주는 것이다(Sharf, 2000). 즉 개인은 열등감을 극복하기 위해서 생활양식을 발달시킨다. 이 생활양식의 원칙이 각각의 성격에 독특한 기여를 하게 되는데, 개인은 유아 때의 무력감을 극복하려고 투쟁하며 모두 같은 기본적 목표를 추구하지만 아무도 똑같은 길을 가지는 않는다는 것이다. Adler는 5세경에 개인의 생활양식이 본질적으로 결정된다고 보았으며, 가족관계 및 다른 중요한 경험들이 그 무렵에 우리의 일생 동안에 나타나는 생활상의 특징이 될 기본적인 태도를 부여하는 것이라고 하였다. 이러한 생활양식은 사회적 관심(socail interest)과 활동수준(degree of activity)으로 구분되는 이차원적인 모형으로 설명할 수 있다.

사회적 관심이란 타인들을 향한 감정으로써 인간 각 개인에 대한 공감을 말하며, 이는 개인의 이익보다는 사회 발전을 위해 다른 사람과 협력하는 것을 뜻한다. Adler이론에 있어서 사회적 관심은 심리적 성숙의 주요 기준이 되며 이기적인 것과 상반된다. 사회적 관심은 가족관계 및 다른 아동기 경험들의 맥락에서 발달하며, 실제로 신경질적인 사람이란 우월을 향한 보상적 노력을 다른 사람들에 대한 관심으로 대치시키는 것을 아직 학습하지 못한 사람이다.

활동수준이란 인생문제를 다루는데 있어서 개인이 보여주는 에너지의 양을 말한다. 이 활동수준 역시 어릴 때 형성되는데 아주 무기력하고 우유부단한 사람에서부터 끊임없이 왕성하게 활동하는 사람까지 다양하다. 그러나 활동수준이 건설적으로 되는지 파괴적으로 되는지의 여부는 그것이 사회적 관심과 결합될 때 결정된다.

Adler는 사회적 관심과 활동수준에 따른 생활양식을 네 가지, 즉 지배형(the ruling type), 기생형(the getting type), 회피형(the avoiding type), 사회적 유용형(the socially type)으로 설명하였다. 지배형, 기생형, 회피형은 바람직하지 않은 유형으로 사회적 관심이 부족하다는 공통점이 있으나 활동수준에는 차이가 있다. 사회적 유용형은 바람직한 형으로 사회적 관심과 아울러 활동수준도 높다. Adler는 이러한 생활유형은 가정에서 어린 시절에 부모의 영향 아래서 주로 형성된다고 보았다(노안영, 1998). 이러한 내용을 표 〈3－1〉로 제시하면 다음과 같다(노안영, 2003).

표 3-1 **사회적 관심과 활동수준에 따른 생활양식**

		사회적 관심	
		고	저
활동수준	고	사회적 유용형	지배형
	저	없음	기생형 회피형

① 지배형

지배형은 활동수준은 높으면서 사회적 관심은 낮은 유형으로, 부모가 지배하고 통제하는 독재형으로 자녀를 양육할 때 나타나는 생활양식이다. 민주사회에서 요구하는 바람직한 시민상을 고려할 때 상대방에게 지배와 복종을 강요하는 생활양식이 적절하지 않다는 것을 쉽게 알 수 있다. 부모가 막무가내로 힘을 통해 자녀를 지배하고 통제할 때 자녀의 생활양식은 지배형으로 형성된다.

② 기생형

기생형은 활동수준과 사회적 관심이 모두 낮은 유형으로 기생형 생활양식의 주요한 특징은 의존성이다. 이러한 생활양식은 부모가 자녀를 지나치게 과잉보호할 때 나타나는 태도이다. 부모가 자식사랑이란 미명 아래 자녀를 지나치게 보호하여 독립심을 길러 주지 못할 때 생기는 생활태도이다.

③ 회피형

회피형은 기생형과 마찬가지로 활동수준과 사회적 관심이 모두 낮은 유형으로, 이러한 생활양식을 가진 사람은 매사에 소극적이며 부정적인 태도를 가진다. 이들은 자신감이 없기 때문에 적극적으로 직면하는 것을 피한다. 그리고 어느 것도 시도하지 않고 불평만 하기 때문에 사회적 관심이 떨어져 고립되게 된다.

④ 사회적 유용형

사회적 유용형은 높은 사회적 관심과 높은 활동성을 가지고 있으며, 이러한 유형의 사람은 긍정적인 태도를 가진 성숙한 사람으로서 심리적으로 건강한 사람의 표본이 된다. 이들은 사회적 관심이 많아서 자신과 타인의 욕구를 동시에 충족시키는 한편 인생과제를 완수하기 위해 기꺼이 다른 사람들과 협동한다. 이들은 사회문제를 해결하기 위해서는 협동, 개인적인 용기 그리고 타인의 안녕에 공헌하려는 의지가 필수적임을 인식하고 있다.

(2) 허구적 최종목적론

개인심리학에서는 모든 인간 행동은 목적을 갖는다고 가정하며 Freud의 결정론적인 설명을 목적론으로 대신하였다. 즉 Adler는 인간을 현재를 바탕으로 미래지향적인 삶의 목적을 향해 노력하는 존재로 보았으며, 이러한 삶의 목적은 최소한 사회에 기여할 수 있는 유용한 생활양식을 바탕으로 설정되는 것이 필요하다고 주장하였다. 그리고 이렇게 인간의 행동을 유도하는 상상된, 즉 만들어진 주요목표를 설명하기 위해 허구적 최종목적론(fictional finalism)이란 용어를 사용하였다. 허구적 최종목적론이란 허구 또는 이상이 현실을 보다 더 효과적으로 움직인다는 Hans Vaihinger의 말에서 영향을 받은 개념으로, 우리의 주요 인생의 목표는 주관적으로 결정되고 스스로에 의해 창조되며 주로 무의식적인 것이므로 '허구적'이라는 용어를 사용하는 것이다.

Adler는 인간의 행동이 과거 경험에 의해 좌우되기보다는 미래에 대한 기대에 의해서 좌우되기 때문에 허구적 최종목적론은 미래에 실재하는 것이기 보다 주관적으로 또는 정신적으로 현재의 행동에 영향을 주는 이상으로 여기－현재에 존재하는 것을 의미한다. Adler는 개인의 모든 심리적 현상을 허구적 최종목적론으로 이해하고자 하였는데, 이는 인간의 최종목적이 인간의 행동을 설명할 수 있다는 것이다.

Adler는 우리가 일생을 통해서 하는 일은 우월성과 완전성을 위한 노력이라고 생각했으며, 우월성의 추구는 일반 동기로서 주관적으로 생각하는 최상의 목표를 추구할 때 구체적인 형태로 나타난다고 생각했다. 예를 들면, 어떤 사람은 열심히 일하고 조그만 운이 따르면 못할 일이 없다는 신념으로 이 세상을 살아갈 수 있다. Adler는 이런 신념은 허구(fiction)라고 본다. 왜냐하면 열심히 일하지만 아무것도 이룩하지 못한 사람들이 수없이 많기 때문이다. 수많은 사람들의 삶에 지대한 영향을 미치는 또 다른 예는 이 세상에서 선하게 살면 하늘에서 복을 받을 것이라는 믿음이다. Adler는 각 개인의 우월성의 추구는 그들이 채택하는 가상의 목표에 의해 결정된다고 보았으며, 각 개인의 가상의 목표는 자기 결정적인(self-determined) 것이므로, 그 자신의 창조력에 의해 형성되고 각 개인에게 독특한 것으로 생각했다.

그러므로 주관적인 이상과 같이 우월성에 대한 가상의 목표는 큰 의미를 갖는다. 한 개인의 가상의 목표가 알려지면, 그의 부수적인 행동들이 의미를 갖게 되고, 그의 생활양식은 부가된 의미를 나타내게 된다. 따라서 Adler의 허구적 최종목적론이란 개념을 통해 그가 인간 동기의 목적론적이고 목표지향적인 측면을 얼마나 강조했는가를 알 수 있다. 즉 그에 의하면 성격은 과거의 경험보다는 가상적인 또는 미래의 기대로부터 영향을 받아 형성되며, 우리의 행동은 허구적 목적(가상적 목표)에 대한 지각에 의해 결정된다. 이런 목표는 미래에 있는 것이 아니라 미래에 대한 현재의 지각에 있는 것으로, 우리의 가상적 목표는 객관적인 실체가 아님에도 불구하고 삶의 방향에 많은 영향을 준다.

(3) 열등감과 보상(Inferiority and Compensation)

Adler의 최초의 이론적 업적들은 기관열등과 그에 따른 보상의 개념이었다. 그는 왜 어떤 사람이 다른 병이 아닌 바로 어느 한 가지 병에 걸리며, 왜 신체의 다른 부분이 아닌 바로 어느 한 특수한 영역이 영향 받는지에 관심을 가졌다. 처음에 그는 어느 한 부분이 기본적으로 열등하거나 약하기 때문에, 아마도 유전된 발달 이상 때문에 병에 걸린다고 느꼈다. Adler는 또한 한 가지 열등한 특징을 가진 많은 사람들이 종국에는 약점을 보상하기 시작한다는 것에 주목하며, 결함 자체보다는 그 결함에 대한 개인의 태도에 더 관심을 가졌다. 모든 사람들은 자기완성을 위해 자신이 느끼는 열등감을 극복해야 하는데 이는 보상을 통해 가능해지며 따라서 보상은 잠재력을 성취하도록 우리를 움직여 주는 건강한 반응이다.

후에 Adler는 기관 혹은 신체적 결함들에서 유래하는 열등상태뿐 아니라 심리적 혹은 사회적 열등상태들도 구체적으로 포괄시켰다. 인간은 현재보다 더 나은 상태인 완전성을 실현하기 위해서 노력하는 존재이기 때문에, 모든 인간은 나름대로 어떤 측면의 열등감을 가지고 있다. 또한 사회적인 존재이므로 다른 사람들과의 관계에서의 비교를 통해서 자신을 평가하게 된다. 따라서 심리적 혹은 사회적 열등감을 경험하게 되는 것이다. 그리고 우리는 각자가 자기완성을 위해서 자신이 느끼는 열등감을 극복해야만 한다는 것을 강조하고 있다. 즉 개인의 열등감을 극복하고 완성에 도달하기 위한 우월성 추구를 하게 되면 건설적인 생활양식을 갖게 되어 심리적 건강을 달성한다. 이러한 사람은 자신의 부족한 점을 스스로 인정함으로써 열등감을 극복하고자 하는 의지와 노력을 통해서 자기완성에 이르는 과정을 게을리하지 않는다. 그러나 개인이 열등감을 개인적인 우월성 추구에만 집착하게 되면 파괴적인 생활양식을 갖게 되어서 신경증에 빠지게 된다(Ryckman, 2000). 열등감에 사로잡혀 열등감의 노예가 된다면 열등감이 우리를 지배하게 되며 이렇게 된다면 우리의 삶은 열등감 콤플렉스에 빠져 버리게 된다. Adler는 열등감 콤플렉스는 주어진 문제를 사회에 유용한 방식으로 해결하기에 충분히 강하지 않는 사람이 갖는 특성으로, 성인이 되었을 때 신경증을 일으키게 되는 주요 원인이 될 수 있다고 하였다. Adler는 열등감 콤플렉스는 아동기 때 어른들의 양육방식에 의해서 나타나는 것이라고 하였으며, 기관열등감(organ inferiority), 과잉보호(spoiling), 양육태만(neglect)의 세 가지에서 그 원천을 찾을 수 있다고 하였다.

① 기관열등감(organ inferiority)

기관열등감의 원천은 개인의 신체와 관련되었는데 이는 부모에게 물려받은 자신의 신체에 대해서 어떻게 생각하는가와 관련된 것이다. 외모, 신체적인 건강, 병약한 정도 등에 대한 부분과 관련이 있으며 신체적으로 불완전하거나 만성적으로 아픈 아이들은 다른 아이들과 정상적으로 경쟁하기가 어렵기 때문에 열등감을 지니게 된다.

② 과잉보호(spoiling)

과잉보호의 원천은 부모의 자녀교육과 관련된 것으로, 자녀를 얼마나 독립적으로 키우는가, 의존적으로 키우는가 등의 양육방식에 의한 것이다. 과잉보호에 의해 양육된 자녀는 자신은 다른 사람들이 언제나 자신을 위해 모든 것을 해주기 때문에 자신감이 부족하게 되며, 결과적으로는 자신이 인생의 어려운 고비에 부딪쳤을 경우 해결할 능력이 없다고 믿고 깊은 열등감에 빠져들게 된다.

③ 양육태만(neglect)

부모가 자녀에 대한 기본적인 의무를 다하지 않는다는 데서부터 출발하게 된다. 부모가 자녀와의 정서적인 안정의 교류를 통해서 자신의 존재 가치감을 갖게 되는데 양육태만에 의해 성장한 자녀는 근본적으로 자신이 필요하지 않다고 느끼고 있기 때문에 열등감을 극복하기 보다는 오히려 당면한 스스로의 문제를 해결하기 위해서 능동적으로 참여하는 대신에 회피하는 경우가 일반적이다. 이렇게 성장한 아이들은 자신의 존재감은 물론 삶 속에서 자신 스스로가 필요로 하는 것을 얻고, 나누고 협력하기보다는 혼자서 폐쇄적인 생활을 하게 될 가능성이 매우 높다.

(4) 우월성의 추구

Adler는 결국 우리 모두의 내면에 지닌 기본적인 동기는 우월을 향한 노력이라고 하였으며, 우월성(superiority)이란 개념은 자기완성 혹은 자아실현이란 의미로 사용하였다. 이는 완벽을 향한 우리의 선천적 추동으로 열등감의 보상에 대한 욕구에서 나오며, 우리가 환경을 보다 잘 통제할 수 있도록 권력 혹은 힘을 성취하려는 노력을 말한다. 우월성의 추구는 삶의 기초적인 사실로 모든 인간이 문제에 직면하였을 때 부족한 것은 보충하고 낮은 것은 높이고 미완성의 것은 완성하고 무능한 것은 유능한 것으로 만드는 경향이 있다. 즉 우월성의 추구는 모든 사람의 선천적 경향성을 일생을 통해 환경을 적절히 통제하며 동기의 지침이 되어 심리적인 활동은 물론 행동을 안내한다. Adler는 우월성 추구는 그 자체가 수천 가지 방법으로 나타날 수 있으며, 모든 사람들은 자신의 성취나 성숙을 추구하는 일정한 노력의 형태를 가지고 있다고 말했다. 즉 Adler는 우월성의 추구를 모든 인생의 문제해결의 기초에서 볼 수 있으며 사람들이 인생의 문제에 부딪치는 양식에서 나타난다고 하였다. 출생에서 사망에 이르기까지 우월성 추구의 노력은 인간을 현 단계에서 더 넓은 단계의 발달로 이끌어 준다. 모든 욕구는 완성(perfection)을 위한 노력에서 비롯되기 때문에 분리된 욕구란 존재하지 않는다.

(5) 출생순위

사람은 대개 출생과 동시에 한 가정의 구성원이 된다. 따라서 개인의 성격발달은 좋은 방향으로든 나쁜 방향으로든 가정에서부터 시작된다고 할 수 있다. 특히 가정에서의 부모의 양육태도는 자녀의 성격형성에 많은 영향을 미치게 된다. Symonds, Baldwin, 그리고 Kallhorn 등의 연구에서 보면 익애형 또는 과보호적인 가정에서 자라난 아동은 신경질적이고 의존적인 성격 또는 자기중심성이나 비사회성이 나타나기 쉽고, 거부형과 방임형의 가정에서 자라난 아동은 반항적이고 공격적이며 불안정한 성격이, 전제적인 가정에서 자라난 아동은 수동적이고 순종적인 성격이 형성되기 쉽다고 하였다.

한편 Adler는 부모가 같고 거의 같은 가정환경에서 자라난 아이들일지라도 개인의 출생순위에 따라 생활양식이나 성격의 형성에 서로 다른 영향을 받는다고 하였다. 또한 Adler는 출생순위 자체뿐만 아니라 가족 내에서의 자신의 위치에 대한 지각과 해석도 성격형성에 중요한 영향을 준다고 하였다. 또한 가정에서 부모를 중심으로 자녀와의 가족관계가 어떠한 가족구도를 형성하고 있는가도 자녀의 생활양식을 형성하는 데 중요하다. 즉 부모를 중심으로 한 가족구도 속에서 부모가 민주적으로 모든 자녀에게 대등한 관계에서 자녀를 양육하지 못할 경우 어떤 자녀는 심리적 상처를 받을 수도 있다. Adler가 제시한 출생순위에 따른 성격의 특징은 다음과 같다.

① 첫째

첫째는 처음 태어나서 '독자'의 시기까지는 부모의 끊임없는 사랑과 관심을 한 몸에 받으며 응석받이로 행동한다. 그러다가 동생이 태어나면서부터는 그의 즐거웠던 자리를 빼앗기게 되는데 때로는 이것이 마음의 상처가 될 수도 있어 이를 가리켜 Adler는 맏이를 '폐위된 왕'에 비유했다. 대개 첫째는 책임감이 강하고 의젓하며 열심히 일하고 앞에 나서기를 좋아하며 때로는 이기적인 경향이 있기도 하다. 따라서 첫째는 가족의 법과 표준의 지지자가 된다. 부모에게 성숙과 책임감의 자리를 수여받기 때문에 권위적인 인물들에 대하여 동조하는 생활양식을 발달시키는 것은 당연한 일이 된다.

② 둘째

둘째는 태어날 때부터 형이나 누나라는 경쟁자가 있으므로 그들을 능가하기 위한 자극과 도전을 받는다. 따라서 둘째는 형의 약점을 찾는 요령을 발달시키게 되고 형이 실패한 것을 달성함으로써 부모나 선생님으로부터 칭찬을 받기 위해 노력한다. 따라서 대부분 둘째는 첫째와 반대되는 양상을 보이며, 대부분 적응력과 경쟁심이 아주 강하고 대단한 야망을 가진 성격이 된다. 둘째는 한 번도 관심의 큰 중심인 적이 없었으므로 동생의 침략에 대해서 덜 예민하다. 하나 이상의 형제가 있기 때문에 협동 및 타협의 기술들이 보다 쉽게 나타난다. 하지만 어떤 경우에는 둘째는 우월한 형제의 권리 및 특권들에 신경을 쓰게 되는데 이는 열등감을 낳고 노력하고 경쟁하는 행동들로 표현될 수 있다.

③ 막내

막내는 언제나 가족의 귀염둥이로 부모나 형제들에 의해 응석받이로 자라나게 된다. 그러나 가정이 경제적으로 넉넉지 못할 경우에 막내는 자기 것은 아무것도 없고 다른 가족들로부터 물려받아야 하는 '늘 귀찮게 붙어 다니는 아이'의 위치로 전락할 수도 있다. 또한 막내는 모두가 자기보다 크고 힘세고 특권이 있는 형으로 둘러싸여 독립심의 부족과 함께 강한 열등감을 경험하기 쉽다. 그럼에도 불구하고 막내는 한 가지 이점을 가지고 있는데, 그것은 위의 형들을 능가하고자 하는 강한 동기유발이다. 막내는 경쟁할 남매들로 인해서 경쟁심과 자기도 다른 남매들만큼 훌륭하다는 것을 보여 주겠다는 욕망이 강해질 수 있다. 그래서 막내는 정말로 싸움꾼이 되기도 하며 이러한 경우에는 동기가 부족한 경우가 없다. 이 때문에 막내 중에는 가끔 뛰어난 운동선수, 훌륭한 음악가, 재능 있는 예술가 또는 가족 중에 가장 야망이 있는 아이가 된다. 이를 가리켜 Adler는 '도전적인 막내는 혁명가로 될 가능성이 많다'고 했다.

④ 독자

Adler에 의하면 독자는 경쟁할 상대가 없는 독특한 위치에 있다. 그러므로 어머니가 응석받이로 기를 가능성이 많고 아버지와는 강한 라이벌 의식을 가지게 된다. 독자는 엄마 치맛자락에 매달려 응석을 부리고 다른 사람들로부터도 보호받기를 원하며, 의존성과 자기중심성이 현저하게 나타날 수 있다.

2) 성격발달

Adler는 양친과 아동 간의 관계뿐만 아니라 가족의 크기(식구의 수), 형제들 간의 관계, 가족 내에서 아동의 순위 등의 변인들도 강조했다. 이 요인들이 모두 산다는 것의 의미와 목표들을 어떻게 추구해야 하는지를 왜곡시킬 수가 있다. 잘못된 생활양식은 신경증의 원인이 될 수 있다고 하였으며 성격발달은 과잉보호받는 아이, 거부당하는 아이, 출생순위에 의해서 이루어진다고 하였다 (홍숙기 역, 1992; Phares, 1984).

(1) 과잉보호 받는 아이

Adler는 과잉보호가 부적응의 주된 결정요인이라고 보았으며 과잉보호 받는 아동은 요구하기만 배우고 좌절에 맞서는 능력은 결코 습득하지 못한다. 그러한 아동은 언제나 무엇을 기대하는 생활양식을 발달시킨다. 거의 언제나 그렇듯이 결국에는 일이 틀어지며 아동은 문제와 장애물에 접할 때 후퇴함으로써 반응하게 된다. 극복하기를 배운 적이 없으므로 열등감을 회피하기 위해 후퇴하는 것이며, 이러한 사람들은 협동하거나, 계획하거나, 책임지기를 배우지 않는다. 그리고 종종 자아중심적이 되며, 미성숙함은 또한 신경증적 양식으로 나타난다.

(2) 거부당하는 아이

거부당하는 아이도 잘못된 훈련을 받는데, 세상을 적대적이고 위협적인 장소로 지각하게 된다. 권리를 위해 싸우는 것이 생활양식으로서 선호되며 종종 반항적이고 같이 지내기가 힘들다. 적대적이거나 비협조적이기 때문에 자신의 목적을 그르치는 수가 많다. 거부당하는 이유는 신체적 결함, 불행한 결혼, 가족의 재정문제 등으로 다양하다. 거부는 외현적인 것일 수도 있고 미묘한 것일 수도 있다. 즉 물리적 폭력일 수도 있고 심리적 학대일 수도 있다. 그렇게 되었을 경우에 불신감이 일생동안 아동을 괴롭힌다. 그래서 종종 범죄자가 되기도 한다.

(3) 출생순위

Adler는 앞서 살펴보았듯이 출생순위가 생활양식에 큰 영향을 미친다고 보았으며, 외동아들일 경우에는 특히 과잉보호 받기가 매우 쉽다고 하였다. 외동아들은 많은 관심과 걱정의 대상이 되기도 하며, 경쟁할 남매가 없고 양친의 관심을 독차지하므로 자기중심적이 된다. 이러한 경향은 성인이 되었을 때 더 이상 모든 사람의 귀염둥이가 아닐 때 현실적인 문제가 될 수 있다.

3) 성격평가 및 연구방법

Adler의 주요 연구방법론도 사례연구이며, 성격평가는 개인의 생활양식을 파악하는 것이다. 생활양식을 파악하기 위해서 초기회상, 꿈, 출생순위 등에 대한 자료를 사용한다. 초기 회상은 그것이 실제적인 사건이든 아니면 상상의 사건이든 간에 그 사람의 생활양식을 드러내기 때문에 중요하며 꿈은 현재 문제에 대한 느낌들을 보여주고 우리가 그것을 어떻게 처리하는지에 대해 보여주므로 의미가 있는 자료이다.

나와 타인의 이해를 위한 성격심리 연습과제 2

열등감과 우월성 추구

Adler는 인간은 누구나 열등감을 가지고 있으며 이 열등감이 모든 인간 동기와 노력의 기초를 형성한다고 생각하였다. 즉 열등감을 보상하고자 하는 노력으로 우월을 추구하게 되고 그러면서 성격의 강점과 기술이 발달하게 된다는 것이다.

1. 당신이 어렸을 때에 자신에 대하여 느꼈던 열등감은 무엇이었는지 적어 보자. 이 열등감에 기여하였거나 강화하였던 특정 사건들과 경험들을 함께 기억하여 적어 보자.

2. 이 열등감을 어떤 방법으로 극복하였는지 혹은 극복하지 못하고 지금까지도 지니고 있는지 적어 보자.

3. 지금 현재 당신이 느끼는 열등감이 있는가? 이 열등감을 극복할 수 있기 위해 열등감－우월성 역동을 앞으로 어떻게 당신의 삶에 적용할 수 있는가?

출생순위

Adler는 출생순위가 아동의 성격 형성에 영향을 미친다고 하였다. 또한 출생순위 자체뿐만 아니라 가족 내에서의 자신의 위치에 대한 지각과 해석도 성격형성에 중요한 영향을 준다고 하였다. 예를 들어, 아버지의 역할을 하는 맏이도 있을 수 있으며 막내임에도 불구하고 맏이처럼 지각하고 행동했던 사람들도 있을 수 있다.

1. 출생순위가 당신의 성격형성에 어떠한 영향을 미쳤다고 생각하는가? 당신뿐만 아니라 당신의 다른 형제들 혹은 주위 사람들의 출생순위와 그들의 성격에 대하여 생각해 보면서 Adler의 주장에 대한 당신의 입장을 정리해 보자.

2. 어렸을 때 당신은 가족 내에서의 자신의 위치나 역할에 대해 어떻게 지각하고 있었는가? 이것이 당신의 성격이나 행동에 어떠한 영향을 미쳤는가? 마찬가지로 당신의 다른 형제들의 경우는 어떠한가?

삶의 목표(허구적 최종목적)

아들러는 인간은 현실적으로 실현 불가능한 가공적인 목표를 가지고 있으며, 이 목표들은 자신이나 세계에 대한 주관적이고 허구적인 오류들로 이루어져 있다고 주장한다. 이러한 허구적 최종목적은 가상적 목표이며 객관적인 실체가 아님에도 불구하고 삶의 방향에 많은 영향을 준다. 여기서 허구적 최종목적과 구체적인 목표들은 구별해야 하는데, 구체적인 목표들은 허구적 최종목적을 실현하도록 당신을 향상시키는데 이바지하는 것이다.

1. 당신 인생의 목표는 무엇인가? (당신의 마음 속에 떠오르는 것은 무엇이든지 적을 수 있다. 일반적이건, 추상적이건, 사소하고 하찮은 것이건 상관없다)

2. 당신은 앞으로 3년간을 어떻게 보내고 싶은가? (1번 보다는 구체적으로 적어야 한다)

3. 만약 당신이 6개월 후에 생을 마감해야 한다면 그 때까지 어떻게 살겠는가? (이 질문에 답할 때에는 당신이 현재 하고 있지 않거나 고려하고 있지 않은 중요한 것들을 발견할 수 있다면 더욱 좋을 것이다)

4. 당신이 지금까지 기술한 목표 중에서 가장 중요하다고 여기는 세 가지 목표를 선택하여 적어 보자. 어떤 공통된 주제가 발견되는가?

5. 평소 당신의 가치관이나 당신을 지탱해 주는 중요한 신념, 당신이 기대하는 미래 등과 4번의 결과를 함께 고려하고 종합하여 당신에게 있어 가장 기본적이고 보편적인 허구적 최종목표가 무엇인지에 대하여 정리해 보자. 그리고 이것이 당신의 행동과 동기를 어떻게 유도하는지를 예를 들어 설명하여 보자.

생활양식

Adler는 개인은 열등감을 극복하기 위해서 생활양식을 발달시키며 이 생활양식의 원칙이 각각의 성격에 독특한 기여를 하게 된다고 했으며, 가족관계 및 다른 중요한 경험들의 영향을 받아 5세경에 개인의 생활양식이 본질적으로 결정된다고 보았다. 그리고 Adler는 사회적 관심과 활동수준에 따른 생활양식을 네 가지, 즉 지배형(the ruling type), 기생형(the getting type), 회피형(the avoiding type), 사회적 유용형(the socially type)으로 설명하였다.

1. 당신의 기본적인 생활양식(기본적인 태도, 생활에의 접근법, 세계에 대한 지각 등)에 대하여 자유롭게 적어 보자. 생활에서 경험한 위기나 곤란한 상황에서 당신이 어떠한 식으로 대처하고 반응하였는지에 대해 떠올려 보는 것도 당신의 생활양식을 파악하는데 도움이 될 수 있을 것이다.

2. Adler는 생후 5세경에 생활양식이 형성된다고 하였는데, 당신의 생활양식이나 성격 중에서 아동기 이전부터 지금까지 지속되고 있는 것이 있다면 적어 보자. 그리고 어떠한 영향을 받아 이러한 생활양식이 형성되었다고 생각하는지 적어 보자.

3. 당신의 생활양식은 Adler가 제시한 4가지 생활양식 중 어느 것과 가장 가깝다고 생각되는가? 그 이유는 무엇인가?

사회적 관심

Adler는 성숙한 성격의 지표로서 사회적 관심을 강조하였다. 사회적 감각, 지역사회에 대한 관심, 이상적인 지역사회를 이룩하기 위한 조력은 사회적 관심의 중요한 측면들이다.

1. 당신이 다른 사람들의 복지를 위하여, 다른 사람들의 행복과 안녕을 위하여, 지역사회를 위하여 기여했거나 혹은 현재 기여하고 있는 것들에 대해 적어 보자.

2. 1에 적은 것을 토대로 평가해 볼 때 당신의 사회적 관심 수준은 어떠한가? 당신의 사회적 관심의 수준은 어떠한 영향을 받아 형성되었는지 생각해 보자. Adler는 사회적 관심은 가정에서 촉진되거나 억제된다고 하였는데 당신의 경우도 그러한가?

요약

지금까지 Adler의 이론을 바탕으로 한 과제를 하고 나서 스스로에 대해 새롭게 알게 된 것이나 깨달은 것이 있다면 적어 보자. 또한 이것은 당신에게 앞으로 어떠한 영향을 미칠 수 있을 것인지 적어 보자.

※ 지금까지 했던 과제를 현재 당신에게 의미 있는 타인과 함께 해 보고 서로 나누는 시간을 가진다면 서로에 대해 더욱 깊이 이해할 수 있을 것이다.

3. Jung의 분석심리학

Carl Gustav Jung

융(Carl Gustav Jung, 1875-1961)은 스위스의 정신분석학자였으며 분석심리학의 창시자였다. 융은 1875년 스위스의 작은 마을인 케스빌에서 목사의 아들로 태어났다. 그는 내적 경험과 그가 몰두하게 된 생각을 아무도 이해할 수 없다고 느꼈기 때문에 주로 혼자서 지내는 상당히 내성적인 아이였다. 스위스의 행복하지 못한 가정에서 태어나 자랐고 자신의 내부적 자원에 의지하는 법을 일찍부터 배웠다. 융은 아동기의 많은 시간을 꿈의 의미와 그가 경험했던 초자연적인 환상에 깊이 빠져서 보냈다. 그가 10살이 되었을 때 나무로 2인치 정도 되는 인간의 형상을 조각했다. 그는 그 형상을 숨겨 놓고 혼자 있을 때 그 형상과 이야기하고 때로는 얘기한 내용을 비밀스런 부호로 기록했다.

자신을 이해하려는 융의 열망은 그를 정신의학의 새로운 분야로 이끌었다. 그는 1900년에 바젤대학에서 의학학위를 받았다. 쮜리히 대학의 정신병 진료소에 임명되어 정신분열증 연구로 유명한 Eugen Bleuler 밑에서 일했다. 융은 역시 히스테리아와 다중성격으로 잘 알려진 프랑스 심리학자인 Pierre Janet과 함께 공부했다. 1905년에 융은 바젤대학에서 정신병리학을 강연했다.

인간의 마음에 대한 융의 호기심은 곧 Freud의 연구와 연관되었다. 융은 1900년에 Freud의 「꿈의 해석」(The interpretation of dream)을 읽은 후에 Freud와 서신왕래를 시작했다. 1907년에 Freud를 따라 미국에 갔으며 클라크대학에서 강연을 하였다. 1911년에 융은 Freud의 후원을 받아 국제정신분석학회장이 되었다. 그러나 정신분석, 무의식, 리비도에 대한 융의 해석과 이론은 Freud의 입장과 달랐다. 융이 「무의식의 심리학」(Psychology of Unconscious)을 발간한 후에 그와 Freud 사이에 서로 의견차가 생겨나게 되었고, 1914년에 결별했다. 그런 후에 융의 이론과 실제는 분석심리학으로 알려지게 되었다.

1913년 38세가 된 융은 내적 혼란으로 고통을 받았으며 그것은 약 3년 동안 지속되었다. Freud처럼, 그는 자신의 정서적 혼란을 해결하기 위해 꿈 해석을 통한 자기분석을 하였다. 이 기간은 융으로 하여금 성격이론에 대한 독특한 접근으로 이끈 창조력과 성장의 시간이었다. 융은 역사를 통해 전해 내려온 인류의 상징과 신화를 평가했다.

융의 분석심리학과 프로이트의 정신분석의 기본적인 차이는 리비도와 연관된다. Freud는 리비도를 성적 에너지라고 주장했고 반면에 융은 일반적인 생활에너지로 간주했다. 두 번째 차이는 성격에 있어서 어린 시절의 영향에 대한 프로이트의 결정론적 견해에 있다. 융은 성격이란 생활 속에서 후천적으로 변할 수 있고 미래의 목표와 열망에 의해 형성된다고 믿었다.

집단적 무의식의 요소를 융은 원형(archetypes)이라고 불렀으며, 원형에는 영웅, 부모, 죽음, 탄생과 부활, 일관성, 아이들, 신, 악마 등을 포함한다. 어떤 원형은 성격과 분리된 체계로 확인되었다. 잘 알려진 대표적 원형으로 페르조나(persona) 혹은 외부로 드러난 적응 성격, 아니마(anima)와 아니무스(animus) 혹은 양성적 성격, 그림자(shadow) 혹은 인간본성의 동물적인 부분, 무의식의 모든 부분으로 구성된 자기(self) 등이 있다. 자기는 만다라라는 원의 상징으로 표현되며 일관성과 평정을 위해 노력한다. 자기는 성격의 통합, 자기실현, 조화를 위한 노력을 한다.

융은 「심리적 유형」(Psychological Type, 1921)이라는 책에서 보여준 내향성과 외향성이라는 성격지향성에 대한 설명으로 잘 알려졌다. 그는 또한 네 가지 심리적 기능으로 사고와 감정, 감각과 직관을 제안하였다. 과학적인 심리학이 융의 이론에서는 무시되었을지라도 융의 연구는 이러한 성격특징의 일반화에 기여하였다.

융은 생애 마지막을 개인치료, 여행, 독서, 공부를 위해 바쳤다. 이러한 경험을 통해 그의 관찰은 자신의 계속적인 자기반성과 결합되었고, 막대한 양의 책과 강연의 결실을 낳았다. 융의 많은 저술은 반유태적인 기질을 암시하는 발언들을 포함하여 논쟁의 대상이 되어 왔다. 그럼에도 불구하고 인간의 성격에 대한 그의 생각은 세계의 독자들을 계속해서 매혹시키고 있고 흥분시킨다.

1) 주요개념

(1) 정신의 구조

Jung은 인간의 정신은 전체적 성격을 가지고 태어났기 때문에 일생을 통해서 타고난 전체성을 분화하고 통합해 간다고 보았다. Jung은 전체성의 분화(differentiation)라는 개념을 전체로부터 부분을 구분하기 위해, 이전에 무의식적으로 연결되었던 것을 풀고 구별하기 위해 사용하였다. 분화는 자연적인 성장의 과정이며, 의식적인 정신의 기도(企圖)이기도 하다. 분화는 부모의 형상과 배우자에게 과잉 의존하는 것 및 상호 의존(inter-dependence)하는 것과 관련되는데, 예를 들면 심리적 기능들의 하나 혹은 여러 기능이 다른 것에 의해 오염되거나 혹은 자아와 그림자가 미분화되었을 때의 내적인 상태와 관련이 있다. 그 원래의 상태에서는 대극들이 융합되거나 합체된 상태로 존재한다. 의식의 통합이 가능하기 위해서는 이러한 분화가 요구되는데 개성화는 분화를 요구하는 과정을 말한다. 자신의 투사에 의존하는 개인은 그 자신이 무엇인지 혹은 그 자신이 누구인지에 대해 전혀 인식하지 못하거나 약간 인식할 뿐이다. 그렇지만 Jung은 전체성보다는 구별과 분화가 합리적인 이성에 더 많은 것을 의미하기 때문에 현대인에게는 그의 전체에 대한 중요성을 강조해 줄 보상적 상징주의에 대한 필요성이 있을 것이라는 개념을 가정하였다. 이전에 있었던 것이라고 해서 무조건 덜 분화되었다는 가정은 옳지 못하다. 예를 들면, Jung은 산업사회에 아직 적응하지 못한 종족의 사람들도, 서구인들이 더 이상 사용할 수 없는 고도의 분화된 감수성을 지니고 있다는 사실을 지적하였다.

통합(integration)이란 3가지의 의미를 지닌다. 첫째, 통합은 개인의 심리적 상황에 대한 기술로 의식과 무의식, 인격의 남성적인 부분과 여성적인 부분, 대극의 여러 쌍, 그림자와 관련하여 자아에 의해 점유된 위치, 의식의 기능과 태도 사이의 작용에 대한 조사를 포함한다. 진단학적으로 통합은 분열의 반대이다. 둘째, 통합은 개성화의 하위 과정으로 대체로 정신 건강 혹은 성숙과 유사한 것이다. 말하자면 과정으로서의 통합은 그 용어에 함축된 유일성과 자기실현에 대한 예리한 강조가 없이도 개성화에 대한 토대를 제시해 준다. 통합은 인격의 여러 가지 측면들의 집합으로부터 기인한다. 또한 통합은 전체성의 감각에 이른다고 추정할 수 있다. 셋째, 발달의 단계, 특히 여러 가지 역동성들이 언급되는 인생의 후반기 동안의 발달단계로서 언급된다.

이와 같이 인간의 정신이란 일생을 통해서 분화와 통합의 감정을 거쳐서 발달하게 된다. 나는 의식의 중심에 위치하게 되는데, 이 의식에는 내가 의식하고 있는 모든 것, 나의 생각, 나의 마음 · 느낌, 나의 이념 등의 자아를 통해서 연상되는 정신적 내용들이 있다.

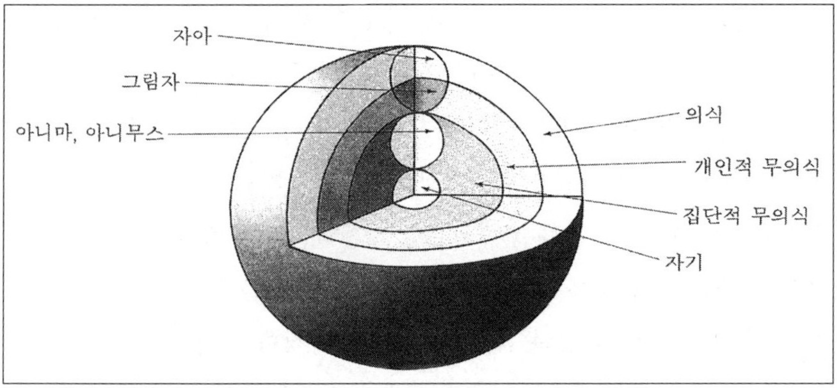

〈그림 3-1〉 정신의 구조

Jung은 전체적 성격인 정신의 수준을 크게 의식(conscious)과 무의식(unconscious)으로 구분하였다. 더 나아가 무의식을 개인무의식(personal unconscious)으로 세분화한 후 집단무의식(collective unconscious)을 중심으로 분석심리학을 확립하였다.

① 의식(conscious)

우리가 직접 알고 있는 정신의 부분이며, 자아(ego)에 의해 지배된다. 자아는 비록 정신 전체 속에서는 작은 부분을 차지하고 있지만 의식에 이르는 문지기라는 대단히 중요한 역할을 하고 있다. 인간은 자아를 통해 자신을 외부에 표현하고 외부 현실을 인식한다.

의식과 관련하여 중요한 내용은 태도와 기능을 이해하는 것이다. 첫째, 태도는 의식의 주인인 자아가 갖는 정신적 에너지의 방향이다. 즉 자아가 외부 대상에 지향하는 방향이 수동적인가 능동적인가에 따라 성격 태도가 결정된다. 능동적인 태도를 외향성(extraversion)이라고 하며, 외향성은 의식을 외적 세계 및 타인에게 향하게 하는 성격태도이다. 내향성(introversion)은 의식을 자신의 내적 주관적 세계로 향하게 하는 성격태도이다. Jung은 우리 모두가 이러한 두 가지 성격태도를 모두 가지고 있으며 둘 중 어느 태도가 지배적이냐에 따라 태도가 결정된다고 보았다. 둘째, 의식의 기능은 주관적 세계와 외부 세계를 지각하고 이해하는 서로 다른 방식을 의미한다. Jung이 제안한 정신적 기능의 구성요소는 사고, 감정, 감각, 직관이다. 이러한 구성요소는 Jung이 제안한 정신의 반대의 원리에 따라 합리적 차원(사고－감정)과 비합리적 차원(감각－직관)으로 구분된다. 이러한 기능 중 어느 것을 우선적으로 사용하는가에 따라 기본적인 성격이 달라진다고 하였다. Jung은 심리적 태도와 기능을 조합하여 여덟 가지 심리적 유형인 외향적 사고형, 외향적 감정형, 외향적 감각형, 외향적 직관형, 내향적 사고형, 내향적 감정형, 내향적 감각형, 내향적 직관형이 결정된다고 보았다.

내향적/외향적 유형을 관심의 방향, 리비도의 움직임의 방향에 의해 구별되는 일반적 태도유형이라고 보며, 개체가 자신에게 가장 많이 발달된 기능을 가지고 적응함으로써 생겨나는 특수한 유형의 특징을 기능유형이라고 한다.

② 개인무의식(personal unconscious)

의식에 인접해 있는 부분으로 쉽게 의식화될 수 있는 망각된 경험이나 감각경험으로 구성된다. 개인무의식의 자료는 개인의 과거경험으로 비롯된 내용이다. 이런 점에서 개인무의식은 Freud의 전의식과 유사한 개념이지만 무의식까지 포함한 개념이라고 할 수 있다. 개인무의식은 의식되었지만 그 내용이 중요하지 않거나 고통스러운 것이기 때문에 망각되었거나 억제된 자료의 저장소이다. 즉 너무 약하기 때문에 의식에 도달할 수 없거나 또는 의식에 머물 수 없는 경험은 모두 개인무의식에 저장된다.

③ 집단무의식(collective unconscious)

Jung이 제안한 독창적 개념으로 분석심리학의 이론 체계에서 가장 핵심적인 개념이다. 집단무의식은 개인적 경험이 아니라 사람들이 역사와 문화를 통해 공유해 온 모든 정신적 자료의 저장소이다. Jung은 인간의 정신적 소인이 유전된 것으로 생각하였다. 따라서 집단무의식은 인류 역사를 통해 선조로부터 물려

받은 우리의 행동에 영향을 주는 정신적 소인인 수없이 많은 원형(archetypes)으로 구성되어 있다. 집단무의식은 직접적으로 의식화되지는 않지만 인류 역사의 산물인 신화, 민속, 예술 등이 지니고 있는 영원한 주제의 현시를 통해 간접적으로 관찰될 수 있다.

(2) 외적 인격과 내적 인격

집단사회를 외적 세계(external world), 무의식 세계를 포함한 마음의 세계를 내적 세계(internal world)라 한다면 의식의 중심인 자아는 한편으로는 외적 세계에 적응하나 다른 한편으로는 내적 세계에 적응하는 것이 바람직하다. 자아와 외부세계가 접촉하는 가운데 자아는 외부의 집단세계에 적응하는데 필요한 여러 가지 행동양식을 익히게 된다. 이것을 Jung은 외적 태도(external attitude) 또는 페르조나(persona)라고 하였으며, 동시에 내적 세계, 즉 무의식세계에 적응하는 가운데 외적 태도에 대응하는 내적 태도가 생기고 이것이 '마음(Seele)'이라고 부른다. 외적 태도나 내적 태도는 거의 여러 개의 인격체처럼 일정한 특징을 가지고 있는 것이므로 이를 외적 인격, 내적 인격이라고 부른다. 따라서 각각 인격의 특성에 대해서 살펴보고자 한다(이부영, 1998).

① 페르조나

페르조나(persona)란 고대 그리스의 연극에서 배우들이 쓰던 가면을 말한다. 페르조나는 집단정신의 한 단면이다. 흔히 개성이라고 착각하기 쉬운 면(Maske)이다. 사람들이 곧잘 나의 생각, 나의 신념, 나의 가치관, 나의 것이라고 하는 것을 자세히 살펴보면 그것은 결코 자기의 생각이 아니라 남들의 생각, 즉 부모의 생각, 선생의 생각, 다른 친구들의 생각이라고 할만한 것임을 알 수가 있다. 즉 집단적으로 주입된 생각이나 가치관인데 마치 자기 것이라고 생각하는 경우가 있는 것이다.

페르조나는 내가 나로서 있는 것이 아니고 남과 다른 사람들에게 보이는 나를 더 크게 생각하는 특징을 가지고 있으며 이는 진정한 자기(Selbst, self)와는 다른 것이다. 페르조나에 입각한 태도는 주위의 일반적 기대에 맞추어 주는 태도이며, 외계와의 적응에서 편의상 생긴 기능 콤플렉스(Funktionskomplex)이다. 그래서 환경에 대한 나의 작용과 환경이 나에게 작용하는 체험을 거치는 동안 형성된다. 즉 '국민된 도리', '선배로서', '후배로서', '상사로서' 등을 말할 때 모두 페르조나의 차원을 말한다. 페르조나는 집단공유의 보편적 원칙이기 때문에 때로는 어느 집단에만 적용되고 다른 집단에는 적용되지 않는 행동양식이다.

집단과의 관계를 유지하는 동안 자아는 차츰 자기도 모르게 집단정신에 동화되어 그것이 자기의 진정한 개성인 것으로 착각하는 경우가 있다. 이것을 우리는 자아가 페르조나와 동일시되어 있다고 말한다. 이렇게 되면 집단이 요구하는 역할에 충실히 맞추어 주는 사람이 된다. 집단이 옳다고 말하는 규범은 무엇이나 지키는 사람이 된다.

페르조나와의 동일시가 심해지면 자아는 그의 내적인 정신세계와의 관계를 상실하게 된다. 즉 자기 자신을 돌보지 못하게 되고 그 존재조차도 잊어버린다.

인간정신으로 하여금 하나의 전체가 되고자 하는 무의식의 작용이 의식의 경직된 일방적 태도를 과보상(overcompensation)하게 되면, 자아의식의 기능을 정지시키기에 충분한 장애가 생기는 것이며 우울증상은 그것을 통해서 밖으로만 향해 온 자아의 시선을 안으로 돌리도록 하는 목적의미도 가지고 있다.

페르조나는 마음(Seele)이 그러한 것처럼 하나의 관계기능이다. 심령이 자아와 무의식의 깊은 곳을 연결하는 기능을 가졌다면 페르조나는 자아로 하여금 외계와 관계를 맺게 하여 주는 기능이다. 인간이 집단 속에서 생을 영위하는 이상, 가정과 사회의 교육을 통해서 페르조나를 형성하고 그것을 강화하는 것은 필요한 것이고 또한 필수적인 것이다. 특히 소아기에서 청소년기에 이르기까지 페르조나의 형성은 외계와의 관계에서 없어서는 안될 것이다. 가령 남자가 남자다운 페르조나를 갖추지 못하였으면, 그의 남자로서의 페르조나는 무의식에 숨어 있게 되고 여성적인 내적 인격이 자아를 지배하는 수도 있다. 무의식화한 남성적 페르조나가 동성의 남자에게 투사되면 이른바 동성애 관계를 형성하게 되는 것이다.

그러면 반대로 사회적 역할을 충실히 해 나가거나 어떤 직업을 천직으로 알고 수행하는 것이 페르조나와의 맹목적(무의식적)인 동일시를 말하는 것일까. 그것은 아무도 단언하기 어렵다. 그렇게 사는 것이 그의 가야 할 길, 그 자신의 길일진대 그에게 있어 개성화(individuation)란 그렇게 사는 것이다. 그럴 때 그것은 동일시가 아니라 자각된 선택이다. 개성화란 나에게 씌운 모든 칭호, 지위, 출신, 배경을 벗어던지는 것임에는 틀림없으나, 결국 의식과 무의식을 통틀어 그 사람 전체를 실현하는 것이기 때문에 페르조나의 존재가 완전히 무시되는 것이라고 볼 수 없다.

② 아니마와 아니무스

Jung은 인간이 태어날 때 본질적으로 양성을 가지고 태어났다고 했는데, 이런 입장을 반영한 개념이 아니마와 아니무스이다. 아니마는 남성의 내부에 있는 여성성을, 아니무스는 여성의 내부에 있는 남성성을 뜻한다. 한편 남성성의 속성은 이성(logos)이고 여성성의 속성은 사랑(eros)이므로, 양성성을 갖고 태어난 모든 인간은 이성과 사랑을 겸비했다고 볼 수 있다(그림 3-2 참조).

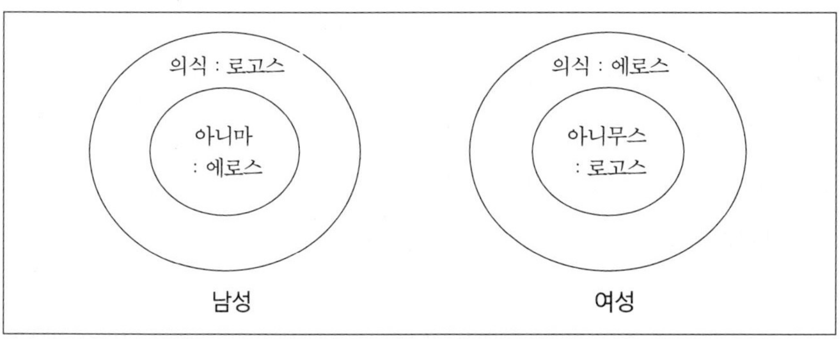

〈그림 3-2〉 아니마와 아니무스

아니마는 남성 정신의 여성적인 측면들로서 부드러움, 친절, 인내, 수용성, 자연에 대한 친밀감, 용서할 준비 등이다. 아니무스는 여성 정신의 남성적인 측면으로서 독단성, 통제하고 주도권을 잡으려는 의지, 투쟁성 등이다.

모든 남성의 정신에는 여성적인 요소가 들어 있고, 모든 여성의 정신에는 남성적인 요소가 들어 있다.

대체로 아니마는 비합리적인 감정이며, 아니무스는 비합리적인 의견이라고 하는데 부정적인 아니마는 자신이나 타인을 깎아 내리는 작용을 한다. 또한 부정적인 아니마의 다른 측면은 남성들로 하여금 지적 유희에 사로잡혀서 삶의 생기와 자발성을 무의미한 현학적 사고로 희생시키는 데 있다. 부정적인 아니무스 역시 파괴적인 작용을 내포하고 있으며 흔히 '아무것도 소용없다', '너는 아무일도 못한다'고 속삭이는 소리로 영향을 준다. 잘 분화된 아니마가 창조적 감흥을 불러일으키듯 잘 분화된 아니무스는 남성들이 미처 보지 못하는 지혜의 원천이 되어 그들의 추상적 사물에 의해서 흐려진 시야에 분명한 방향을 제시한다.

아니마는 영원으로 향하는 이념에의 열정인데, 아니무스에는 현재와 미래를 더 많이 생각하며 '무엇이 어떻게 되어야 하는 것'을 논의한다. 아니무스에는 아니마에서 볼 수 있는 신비로운 역사주의가 없는 것처럼 보인다. 즉, 아니무스 깊은 곳에는 역사성을 내포하고 있다는 것이다.

아니마와 아니무스는 각각 4단계의 발전단계를 가지고 있다. 아니마의 첫 단계는 이브(Eve)상(像)으로 본능적이고 생물학적인 여성상이다. 둘째는 파우스트의 헬렌(Helen)이며 이는 낭만적이고 미적 수준의 아니마의 인격화로서 아직 성적인 특징을 지니고 있다. 셋째 단계는 성모마리아상에서 표현되는 영적 헌신으로 지양된 에로스이며, 넷째 단계는 가장 거룩하고 가장 순수한 지혜, 연금술의 사피엔티아(Sapientia)로 표현된다. 모나리자가 그러한 지혜의 아니마와 가깝다.

아니무스의 첫 단계는 레슬링 선수나 운동경기의 스타, 타잔처럼 육체적인 영웅이며, 둘째는 낭만적인 남성, 또는 행동적 남성으로 전쟁영웅의 이미지 속에 발견되는데 주도권과 계획된 행동을 할 수 있는 능력을 갖추고 있다. 셋째 단계는 교수나 목사의 상으로 '말씀'의 사자이며, 넷째 단계는 종교적 체험의 중개자이며 영적 진리로 끌어가는 지혜로운 안내자, 예컨대 간디의 이미지에 있다.

아니마, 아니무스의 의식화는 개체의 통일된 인격의 실현, 즉 자기실현의 과정에서 중요한 자리를 차지함은 말할 것도 없는 일이나 이 작업은 자아와 페르조나와의 구별, 그림자의 인식에 비해서 매우 어려운 과제이다.

페르조나가 외부 세계와 자아를 연결하는 관계기능(Beziehungsfunktion)이라면 아니마와 아니무스는 자아로 하여금 무의식으로 눈을 돌리게 하며 그 깊은 층으로 인도하는 관계기능이다. 페르조나를 잃을 때 외부와의 관계를 상실하듯 아니마와 아니무스가 외계로 투사되면 그것이 투사되지 못할 때 자아가 무의식에 의하여 범람되는 것과는 달리 자아의 내면 세계와의 관계가 정지된다.

(3) 그림자(shadow)

심리학적인 의미에서 그림자란 바로 나(자아, Ich)의 어두운 면, 즉 무의식적인 측면에 있는 나의 분신이다. 즉 인류 역사를 통해 의식에서 억압되어 어두운 무의식에 있는 자료 및 인간의 원초적인 동물적 욕망에 기여하는 원형이다. 그림자는 인간의 양면성, 밝고 긍정적인 면과 어둡고 부정적인 면을 반영한 원형이다.

자아의식이 강하게 조명되면 될수록 그림자의 어둠은 짙어지게 마련이다. 그림자는 의식의 바로 뒷면에 있는 여러 가지 심리적 내용으로 열등한 인격과 같은 것이다(그림 3-3 참조).

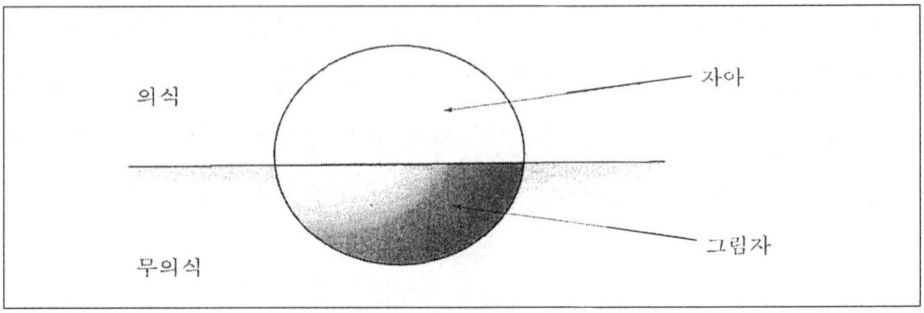

〈그림 3-3〉 자아와 그림자

그림자는 의식될 기회를 잃었으므로 미분화된 채로 남아 있는 원시적인 심리적 경향, 심리적 특징들이다. 그러므로 그림자는 그것이 외계의 대상으로 투사되거나 자아가 그것을 처음 의식할 때는 미숙하고 열등하고 부도덕하다는 등 부정적인 인상을 주는 것들이어서 좀처럼 자아가 자기의 일부분으로 받아들이기를 꺼리는 것들이다. 그러나 그림자는 본래부터 그렇게 악하고 부정적이고 열등한 것이 아니라 그늘에 가려 있는 것이다. 즉 무의식 속에 버려져 있어서 분화될 기회를 잃었을 뿐이며, 그것이 의식되어 햇빛을 보는 순간, 그 내용들은 곧 창조적이며 긍정적인 역할을 하게 되는 것들이다. 그러므로 그림자의 부정적 측면은 대개 상대적인 것이다(Jung, 1951). 그림자가 긍정적인 측면을 띠는 경우가 있는데, 자아의식의 좋은 면이 억압되었을 때이며, 이 때 '나'는 스스로를 지나치게 열등하다고 생각하고 '좋은 것'은 남에게만 있다고 믿는다. 그림자는 흔히 외계에 투사되며 대개는 투사됨으로써 우리는 비로소 그림자의 존재를 알 수 있는 기회를 갖게 된다.

그림자가 투사될 때 사람들은 '왜 그런지 모르게', '공연히', 어떤 대상에 대하여 혐오감이나 그 밖의 부정적인 감정반응을 일으킴을 알게 된다. 그림자는 자아의 바로 밑바닥의 어두운 그늘 속에 있는 심리적 경향 또는 내용이므로 그 특징은 상당히 자아의식의 특징과 닮았다고 볼 수 있고 비슷하면서도 전혀 예기치 못했던 열등한 경향을 띠게 된다. 그래서 그림자의 투사는 곧잘 자아와 비슷한 대상에 향하는 것이 보통이다.

(4) 자기(Selbst, the self)

자기 자신(Selbst)이란 글자 그대로 그 사람 자신을 말한다. 어느 누구도 아닌 그 사람의 전체를 말한다. 즉, 자기는 의식과 무의식을 포함하는 전체 정신을 조절하고 통합하는 중심이다. 인간에게는 전체로서 살 것을 스스로 요구하는 경향이 있는데, 전체가 되고자 하는 경향이란 분열을 지양하는 경향이라고도 한다. 의식이 일방적으로 의식만을 고집하면 자기 자신으로부터 멀어지며 결국에는 무의식과의 의식적인 관계가 상실된다. 자기 자신으로부터의 소외와 단절이 우리가 병이라고 하는 상태이다. 병의 고통 속에서 자기와의 일치가 실현되고 전체로서의 생을 누릴 수 있게 될 때 병은 사라진다. 자기와의 일치 및 정신적 해리의 극복은 고통을 수반하는 하나의 창조과정이다.

(5) 콤플렉스(Komplex, complex)

콤플렉스란 우리의 사고의 흐름을 훼방놓고 우리로 하여금 당황하게 하거나 화를 내게 하거나 또는 우리의 가슴을 찔러 목메게 하는 마음 속의 어떤 것들이다. 콤플렉스는 잘 통합된 의식의 질서를 일시적으로 또는 장기간 교란하여 어떤 사람들은 대개 얼굴이 굳어진다든가 창백해지거나 벌겋게 상기된다든가 목소리가 떨리거나 말문이 막히거나 더듬거리거나 갑자기 횡설수설하는 등 여러 가지 눈에 띄는 징후를 나타낸다. 혹은 나도 모르게 말실수를 하거나 중요한 약속을 까맣게 잊어버리거나 별안간 다른 사람이 된 것처럼 성을 낸다. 이런 현상은 우리의 마음 속에 이런 현상을 일으키는 어떤 것이 존재하기 때문이다. 우리는 그것을 '콤플렉스'라고 한다. 콤플렉스는 하나가 아니고 여럿이며 무수히 많은 체험이 무수히 많은 콤플렉스를 만들어 낸다. 콤플렉스란 그것이 의식을 자극할 때 대개 불쾌한 감정반응을 일으키는 것이 보통이지만 그렇다고 콤플렉스의 내용이 열등감과 관계있는 것만은 아니다. 열등감뿐 아니라 희로애락(喜怒哀樂)의 모든 감정작용을 일으킨다. 콤플렉스는 다양한 감동을 일으키게 하고, 그만큼 다양한 특성을 가지고 있는 것들이다. 즉, 콤플렉스란 감정적으로 강조된 심리적 내용 또는 그 내용을 중심으로 한 심적 요소의 어떤 일정한 군집을 말한다고 Jung은 정의한다. 콤플렉스는 하나의 핵요소를 중심으로 형성되는데 이 핵요소는 강한 정감을 가지고 있는 것이 특징이다.

감정적으로 강조된 콤플렉스란 어떤 일정한 정신적 상황의 상이며, 이것은 강렬한 정동(情動)을 가지고 있고 일상적인 의식상황이나 의식적 태도와 상용될 수 없음을 나타내는 것이다. 이 상은 강한 내적 폐쇄성을 갖추고 있고 그 고유의 전체성을 유지하는 데다가 비교적 고도의 자율성을 지니고 있는 것이다. 즉 의식적 성향에 거의 지배받지 않으며 마치 의식계에 살아있는 생동하는 이물체처럼 움직인다.

Tip»»»

콤플렉스(Komplex, complex)

심리학적인 의미의 콤플렉스라는 용어는 독일어와 영어에서 일상용어로 통용되고 있다. 오늘날 우리는 누구나 콤플렉스를 가지고 있다는 것을 안다. 그러나 콤플렉스가 그 사람을 가지고 있다는 사실은 잘 모르고 있다. 그러나 이론적으로는 이것이 더 중요하다. 의식을 정신과 같은 것으로 여겨 의식의 통일성과 그의 의지를 최상이라고 주장하는 순진한 전제 때문에 콤플렉스가 현존한다는 것을 의심하는 것이다. 실제로 활동 중인 콤플렉스는 일시적으로 우리를 부자유의 상태, 강박적 사고 및 행동 상태에 처하게 한다. 그렇다면 학문적으로 감정이 강조된 콤플렉스란 무엇인가? 그것은 감정적으로 강조된 어떤 특정한 심리적 상황의 이미지, 즉 상으로서 습성화된 의식 상황이나 태도와 상용(相容)할 수 없는 것이다. 이러한 상은 내적인 폐쇄성을 지니고 있으며, 그 자체로서 전체이고 비교적 높은 수준의 자율성을 지니고 있다. 말하자면 의식적 계획의 지배를 거의 받지 않으며, 마치 의식의 영역에서 하나의 살아있는 이물체처럼 존재한다. 일반적으로 콤플렉스는 강한 의지에 의해서 억압될 수 있지만 제거할 수는 없으며, 적절한 기회가 오면 본래 가지고 있던 힘을 가지고 다시 등장한다. 콤플렉스들은 틀린 단어를 혀에 올려놓게 하고, 소개해야 할 바로 그 사람의 이름을 지워버리고 연주회의 가장 아름다운 피아노 대목에서 기침을 하게 하고, 너무 늦게 도착하여 눈의 띄지 않으려고 조심하는 사람을 의자에 걸려 넘어져 커다란 소음을 내게 한다. 즉 콤플렉스들은 우리의 꿈 속에서 행동하는 사람들이다(이유경, 2001).

콤플렉스의 기원은 흔히 외상, 정서적 충격 등과 같은 것들이며, 이로 인해 한 조각의 정신이 떨어져 나간 것이다. 콤플렉스의 가장 흔한 원인은 도덕적 갈등이다. 이러한 도덕적 갈등의 결정적 근거는 인간 존재 전체를 긍정적으로 시인하기가 외견상 불가능한 데 있다.

2) 성격발달

Jung(1933)은 인생에서 중요한 시기인 중년기(30대 후반부터 50대 중반까지)에 많은 관심을 기울였다. 현대 학자들 중에는 이 관점에 동의하는 학자들이 있다(Levinson, Drarrow, Klein, Levinson & McKee, 1978; Sheehy, 1976, 1981; Valiant, 1977).

Jung은 중년기를 중요한 인생의 전환기로 보았는데, 특히 청년의 충동성과 외향성에서 신중성과 내향성으로, 생물학적 힘에 바탕을 둔 흥미나 목표에서 문화적 규범에 바탕을 둔 흥미나 목표로 전환되는 시기이다. 특히 이 시기는 사회, 시민정신, 철학, 종교 등에 가치를 두게 된다. 중요한 점은 중년기가 되면 사람은 정신적인 존재가 된다는 것이다.

이러한 변화는 Jung의 중년기 위기(midlife crisis)로 나타나며 중년기 위기는 성공한 사람들에게도 나타나며, 삶의 목표가 다른 사람에 의해 결정된 부분이 많다고 느낀다. 사회적 성공은 자기 성격의 희생에서 얻어진 것이다. 즉 경험해야 했던 인생의 많은 면들, 너무나 많은 면들이 '먼지투성이 창고'에 버려져 있다(Jung, 1933).

중년기에 에너지 전환이 자연스럽게 이루어지지 않으면, 심각하고 지속적인 장애를 겪을 수도 있다고 생각한 Jung은 전환기 장애를 가진 사람을 치료하였다. Jung은 중년기 위기는 개성화를 통해서 혹은 자신의 길을 발견함으로써만 해결될 수 있다고 생각하였으며, 개성화는 외부세계로 향했던 에너지를 내면세계로 향하게 함으로써 이루어진다고 보았다(Crain, 1980).

Jung은 중년기 탈진에 대해 재미있는 이유를 제시하였으며, 탈진이란 긍정적 발달의 관점에서 볼 수 있다는 것이다(Garden, 1991). 연구결과에 따르면 중년기 위기가 해결되면서 남성이나 여성이나 긍정적 정서를 경험하고, 자신의 직업에 대한 열정이 더해진다고 본 Jung의 견해가 맞는다(O'Conner & Wolfe, 1991).

(1) 전반기 : 사회화 단계

인생의 전반기는 출생으로부터 시작되는데 출생 이후에는 아직 집단무의식의 상태, 즉 자연의 상태로서 심리학적으로는 전혀 분화되어 있지 않다. 점차적으로 시간이 지남에 따라서 자아가 생성되고 발달되며 태도유형과 의식기능의 분화가 일어나고 페르조나가 생긴다. 이러한 과정을 통해서 자아가 강화되는데 반해서 그에 상응되는 그림자가 생긴다. 따라서 전반기의 사회화는 주로 자아의 강화와 그것을 통한 외계의 적응에 있고 외계 적응상의 대부분의 어려움은 억압된 개인무의식의 내용과 관계된다. 즉 인생의 전반기의 관계란 투사의 결과이다. 투사와 동일시를 통해서 인격이 발달되고 삶이 확장된다고 보았다. Jung은 인생의 전반기에 있는 사람들의 인격발달을 위해 투사와 동일시의 역할을 중요시한다. 이 같은 투사와 동일시는 인생의 후반기의 개성화에서 문제가 된다.

(2) 후반기 : 개성화 단계

개성화란 개성이 되는 것, 잠재된 가능성으로서의 개성을 실현하는 것을 말하는데, 개성의 실현이란 고유한 자기 자신이 되는 것으로서 이는 근본적으로 무의식적 내용을 의식화하고 통정함으로써 가능하다. 따라서 의식화는 개성화의 본질적 과업이 되며 개성화는 개성화 과정을 따라 이루어진다. Jung은 인간뿐만 아니라 모든 생물에 무의식적으로 진행되는 자연적 개성화과정이 내재하고 있다고 보았으며, 그것은 모든 생물로 하여금 목표지향적 발전을 가능하게 하는 길이라고 하였다. 그럼에도 불구하고 인간에게는 무의식적으로 진행되는 자연적 개성화과정을 의식화하여 개성을 실현하는데 의미가 있다. 그래서 인간에게 있어서의 개성화는 의식적, 자각적 개성화를 말한다.

무엇보다도 개인의 성장 및 개인의 행복에 관심을 갖는 사람에게는 개성화는 매우 중요한 의미를 갖는다. Jung에 의하면 개성화는 자기실현, 또는 충만하고 균형있는 인격발달을 의미한다. 전반기의 사회화과정은 삶으로 향하는 기간이라면 후반기의 삶은 죽음으로 향하는 기간이라고 한다. 즉 전반기의 삶이 외부로의 적응이라면 후반기의 삶은 내면세계에 대한 적응이라고 할 수 있다. 따라서 후반기에는 내면세계로 시선을 돌려 무의식의 내용을 의식화하여 자기를 강화 혹은 자기를 실현하는 시기이다. 개성화는 무의식이 꿈을 통해서 자신에게 말할 때 그 말에 주의를 기울이고 자신의 무의식을 탐구함으로써 실현될 수 있다.

(3) 심리유형론

Jung은 심리유형의 특징을 설명함에 있어서 크게 두 부분으로 나누어 일반적 태도유형과 기능유형으로 설명하였다. 먼저 내향적 · 외향적이라고 불렀는데 이는 관심의 방향, 리비도의 움직임의 방향에 의해 구별되는 일반적인 태도유형이다. 그리고 개체가 자신에게 가장 많이 발달된 기능을 가지고 적응함으로써 생겨나는 특수한 유형들의 특징을 기능유형이라고 하였다.

일반적인 태도유형은 객체에 대한 독특한 태도에 의해 구별되는데, 내향적인 사람은 객체에 대해 추상적인 태도를 취한다. 근본적으로 마치 객체의 세력이 커지는 것을 막으려는 것처럼 언제나 객체에서 리비도를 빼내려고 한다. 반대로 외향적인 사람은 객체에 대해 긍정적으로 행동한다. 그는 객체의 의미를 긍정하여 주관적 태도를 항상 객체에 맞추고 객체와 관계를 맺는다. 근본적으로 그에게는 객체가 충분한 가치를 가진 적이 없기 때문에 그것의 의미를 높여야 하는 것이다. 두 유형은 너무나 눈에 띄게 다르기 때문에, 심리학자가 아닌 보통 사람들도 주의만 기울이면 쉽게 구별할 수 있다. 폐쇄적이고, 속을 알 수 없고, 수줍음을 타는 사람들이 있는가 하면, 정반대로 개방적이고, 사교적이고, 명랑하거나 친절하고 붙임성 있는, 온 세상과 잘 지내거나 아니면 싸울 때가 있어도 세상과 관계를 맺고 영향을 주고받는 사람들이 있다. 외향적인 사람은 자신이 가진 에너지를 다 쓰고 모든 것에 자기 자신을 집어 넣어 퍼뜨리는 반면, 내향적인 사람은 바깥의 요구들에 맞서 자신을 지키고 객체에 직접 관계되는 에너지 지출들을 가능한 한 삼가며, 대신 가능한 한 안전하고 막강한 위치를 마련한다.

기능유형은 사고, 감정, 감각, 직관기능으로 분류되는데 사고와 감정기능을 합리적 기능, 감각과 직관의 기능을 비합리적 기능이라고 구분한다. 이 기능을 구성하는 두 기능은 서로 극을 이루어 대립되고 있다. 사고와 감정을 합리적 기능에 분류하는 것은 두 기능 모두가 정(正), 부정(不正), 쾌(快), 불쾌(不快)의 판단을 내리는 기능이다. 판단과정이란 이치에 맞게 진행되는 것이기 때문이며, 감각과 직관은 이성적 고려를 거치지 않는 직접적인 인식이기 때문에 비합리적인 기능에 속한다.

사고(Denken, thinking)란 주어진 관념내용(Vorstellungsinhalte)을 고유의 법칙에 따라 서로 연관시키는 정신기능으로, 판단작용이 수반된다. 여기에서는 내향적 사고와 외향적 사고로 나뉘어지는데 내향적 사고는 주관적 관념을 절대시하고 객관적 사실을 무시하며, 외향적 사고는 절대적인 진리를 주장하여 사고의 주관적 요소를 배제한다.

감정(Fuhlen, feeling)이란 무엇보다도 자아와 주어진 내용 사이에서 발생하는 과정으로 그 내용에 받아들이든가 돌려보내든가 하는 일정한 가치를 부여하는 과정이다. 또한 그때 그때의 일시적인 의식의 내용이나 일시적인 지각과 관계없이 따르는 기분으로 나타날 수 있는 과정이다. Jung은 감정기능은 전적으로 주관적인 과정이기 때문에 외부의 자극과 전혀 관계없이 독립적으로 있을 수 있는 과정이라고 한다. 판단의 한 양식으로서 외향적 감정과 내향적 감정으로 나뉘며, 외향적 감정은 객체적 기준이 그 감정 판단의 근거가 되고 내향적 감정에서는 주체의 기준이 판단의 근거가 된다.

감각(Empfindung, sensation)이란 물리적 자극이 인식을 매개하는 심리기능으로 지각과 같은 뜻으로 사용된다. 감각은 사고나 감정처럼 이성의 법칙을 통한 판단이 아니기에 비합리적인 기능이다. 외향적 감각은 주로 객체에 의해서 결정되며 어떤 형과도 비길 수 없는 현실주의자이다. 내향적 감각은 지각되는 것은 순수한 객체상보다 더 많은 의미를 가지고 있으며 물리적 세계의 표면보다는 그 뒷면을 파악한다. 객체의 현실을 결정적인 것으로 감각하는 것이 아니라 주관적인 요소의 현실, 즉 원초적 상들을 감각하는 것이다. 이들은 진리를 그림과 소리와 형상화를 통해서 재현하는 사람들이다.

직관(intuition)이란 무의식적인 방법으로 인식을 유도하는 심리기능으로서 파악하는 내용이 무엇이든 하나의 본능적 파악이다. 비합리적 기능으로서 유아적 원시심성의 특징을 가진다. 외향적 직관은 객체가 가지고 있는 기능성을 파악하고 그것이 객관 세계에서 실현될 수 있는 계기를 만들어 주는 비상한 능력을 발휘한다. 내향적 직관은 반대로 내적인 세계로 향하며, 마음 깊은 곳에 있는 원시적인 요소들이 어떻게 변해 가고 있으며, 어떤 방향을 제시하고 있는가 하는 것을 파악하는 것이다.

(4) 신경증적 성격유형

신경증적 성격유형(neurotic type)은 Jung이 외향형, 내향형의 성격 특징을 P. Janet(1859-1947)의 신경증적 경험을 확대하여 정서반응 강도를 중심으로 제2의 성격유형으로 개념화한 것이다. 사람들은 그의 성격특징에 따라서 신경증적 장애가 발생할 경우에 발병 양상에 큰 차이를 보이게 된다고 하였다. 외향형의 성격에서 외향적 태도가 과장될 경우에 항상 남에게 관심을 끌거나 어떤 인상을 주려고 하기 때문에 가장 특징적으로 발병하는 신경증은 히스테리아(hysteria)라고 한다. 그리고 내향형 성격에서 극단적인 내향적 태도에 의해서 가장 전형적으로 발병하기 쉬운 신경증은 정신쇠약증(psychasthenia)이라고 한다. Jung은 이러한 신경증적 성격차원이 정서반응의 강도와 밀접한 관계가 있고 외향적, 내향적 차원과는 전혀 무관한 독립적 요인이라고 간주하였다.

3) 성격평가 및 연구방법

분석심리학에서는 성격에 대한 연구를 위해서 표준화된 성격검사를 사용하지는 않고 다양한 방법을 적용하였는데 단어연상검사(word association test), 증상분석(symptom analysis), 사례사(case history), 꿈분석(dream analysis)등이다.

단어연상검사는 어떤 자극단어에 대해서 떠오르는 단어로 반응하는 기법으로 개인의 콤플렉스를 밝히는데 사용하였다. 증상의 분석은 보고되어지는 내용에 따른 증상을 살펴보는 것으로서 개인의 성격을 이해하는 과정이다. 사례사는 심리적 장애의 발달사를 추적하는데 사용하였으며, 꿈분석은 분석심리학에서 가장 중요하게 개인의 성격에 대한 연구를 하는 것이다. 개인의 무의식을 이해하는 것으로 꿈은 미래를 예견해 주는 것으로서, 또는 보상적인 것으로서 기능한다.

나와 타인의 이해를 위한 성격심리 연습과제 3

페르조나 vs 그림자

페르조나란 가면과도 같이 본연의 나의 모습과는 다르게 타인들에게 겉으로 보여주는 나라고 할 수 있다. 우리는 페르조나를 통해 다른 사람과 관계하면서 좋은 인상을 주거나 자신을 은폐시킨다. 겉으로 표현된 페르조나와 내면의 자기가 너무 불일치하면 이중적인 성격으로 결국엔 사회적 적응에 곤란을 겪게 된다.

그림자란 페르조나가 지키고자 하는 사회의 이상이나 규범에 맞지 않는 경향, 욕망, 기억, 경험들이 거부되어 의식으로부터 억압된 것이다. 페르조나가 강할수록 우리 자신의 많은 부분을 억압하게 되므로 그림자가 커질 수 있다.

1. 혹시 당신의 겉으로 보여지는 모습이 원래의 자기와는 다르다는 것을 느낀 적이 있는가? 이 질문에 대해 생각해 보며, 사회적 관계 속에서 당신이 다른 사람들에게 보여주는 모습에 대하여 적어 보자.

2. 그것이 편하게 느껴지는지, 혹시 불편하다면 어떤 점이 불편한지에 대하여 적어 보자.

3. 당신이 가장 싫어하는 사람의 특성 중에서 당신이 가장 싫어하는 특성들을 떠올려 적어 보자.

※ Fadiman과 Frager에 의하면 이것이 바로 나의 그림자를 투사한 내용일 수 있다. 이에 대해 어떻게 생각하는가?

- 이와 함께 당신의 페르조나 이면에 억압되어 있는, 즉 페르조나로 감추고 싶은 그림자에 어떤 것들이 있는지 더 생각해 보고 적어 보자.

아니마, 아니무스

남성의 내부에 있는 여성성을 아니마, 여성의 내부에 있는 남성성을 아니무스라고 한다. 성숙한 인간이 되기 위해서는 남자는 아니마, 즉 사랑(에로스)을 이해하고 개발해야 하며 여자는 아니무스, 즉 이성(로고스)을 이해하고 개발하는 것이 필수적이다.

1. 당신의 성격특징 중에서, 만약 당신이 남자라면 로고스(남성성)에 해당하는 것들을 적어 보고 만약 당신이 여자라면 에로스(여성성)에 해당하는 것들을 적어 보자.

2. 당신이 가장 사랑하고 존경하는 사람의 특성 중에서 당신이 가장 좋아하는 특성들을 떠올려 적어 보자.

※ Fadiman과 Frager에 의하면 이것이 바로 당신이 발달시킬 수 있는 아니마 혹은 아니무스의 투사내용일 수 있다. 이에 대해 어떻게 생각하는가?

- 이와 함께 당신이 개발해야 할 아니마, 혹은 아니무스에 대하여 더 생각해 보고 적어 보자.

요약

지금까지 Jung의 이론을 바탕으로 한 과제를 하고 나서 스스로에 대해 새롭게 알게 된 것이나 깨달은 것이 있다면 적어 보자. 또한 이것은 당신에게 앞으로 어떠한 영향을 미칠 수 있을 것인지 적어 보자.

※ 지금까지 했던 과제를 현재 당신에게 의미 있는 타인과 함께 해 보고 서로 나누는 시간을 가진다면 서로에 대해 더욱 깊이 이해할 수 있을 것이다.

4. Murray의 욕구이론

Henry Alexander Murray

1893년 뉴욕에서 태어난 헨리 알렉산더 머레이(Henry Alexander Murray, 1893-1988)는 어릴 때부터 사시(斜視, 일종의 사팔뜨기로 알려진 시력장애)로 고통을 받았으며, 교정을 위해 아홉 살 때 수술을 받았지만 정상적인 시력회복은 어렵게 되었다. 결국 눈의 초점을 공에 잘 맞출 수 없기 때문에 시력장애로 인해서 운동을 하기는 매우 어려웠으며 어렸을 때부터 말더듬이였다.

크로톤 대학 예비학교를 마치고 하버드대학에서 1915년 역사학으로 학사학위를 받게 되었다. 1919년 콜럼비아 의과대학을 수석으로 졸업하고 그 곳에서 생물학 석사학위를 받고 하버드에 돌아와 생리학의 연구와 강사로 바쁘게 보냈다. 후에 뉴욕에 있는 프레스바이테리안 병원에서 2년간 외과인턴으로 봉사한 후 록펠러 의학연구소(Rockfeller Institute for Medical Research)에서 연구보조원으로 발생학연구를 했다. 1927년에는 캠브리지 대학에서 생화학의 연구로 박사학위를 받았고, 스위스 쮜리히에서 칼 융과 간단한 자기분석을 해 본 것을 정신분석 경험의 기회로 하여 전문적인 심리학에 매력을 갖게 되었다. 그 후 융과의 인간적인 대화를 회상하면서 "우리는 호수에서 배를 타고 그의 파우스트식 은거의 노변에서 담배를 피우면서 몇 시간 동안 이야기를 했다. 그러면서 나는 이상한 나라의 위대한 수문이 확 열렸다. 그래서 나의 철학으로는 꿈도 못꾸던 것을 보았다. 해결이 곤란했던 문제들이 한 달 만에 풀렸고, 나는 심층심리학에 몰두하게 되었다. 나는 책 속에서 끌어낼 수 없었던 무의식을 경험했다(Murray, 1940)"라고 썼다(Hijelle & Ziegler, 1992).

1927년에 하버드로 돌아와서 하버드 임상심리연구소(Harvard Psychological Clinic)의 부소장이 되었으며 1928년에는 소장이 되었고, 임상심리학의 조교수로 임명되었다. 1928년에는 「성격의 탐색」(Explorations in Personality)이라는 책을 출간하였다. 후에 보스톤 정신분석 연구소의 창설자이기도 하였고, 1935년까지 그 곳에서 프란츠 알렉산더(Franz Alexander)와 한스 삭크스(Hans Sachs) 밑에서 정신분석학의 수련을 쌓았다.

머레이는 1961년 복잡한 인간행동의 이해를 위한 이론적·실제적인 공헌으로 미국 심리학회의 우수과학공로상을 받았으며 1969년에는 미국 심리학 재단의 금상을 받았다. 36년간에 걸친 가르침과 연구 끝에 그는 1962년 하버드대학에서 은퇴하였고 임상심리학의 명예교수가 되었다. 그의 학자로서의 가장 주요한 목적은 개인의 생애사에 영향을 준 일련의 사건을 표현하고 설명할 수 있는 종합적인 성격학적 이론을 발달시키는 것이었다. 머레이는 타당하고 과학적인 방법을 통해 성격 연구를 확립시켜야 할 필요성을 느끼며 프로이트의 개념들을 보다 정교화하여 새롭게 부각시키고 구체적 자료들을 수집하여 과학적인 성격 구성개념을 찾으려고 노력하였다. 머레이는 이런 공로를 인정받아 성격심리학을 전문분야로 정착시킨 가장 영향력 있는 성격이론가 중의 한 사람으로 일컬어진다.

1) 주요개념

(1) 성격

Murray에 의하면 성격이란 생물학적으로는 신체의 기관 또는 높은 차원의 신체조직을 통솔하는 것으로 정의할 수 있다. 즉 성격은 뇌 속에 위치하며 뇌가 없으면 성격도 없다. 그래서 Murray는 성격이 실제적 어떤 물질이라기보다는 가설적인 존재임을 강조하고 있다. 따라서 성격은 뇌 자체는 아니며 정신의 가설적인 구조이다.

성격을 뇌의 작용으로 간주하는 것은 분명히 어떤 이론적인 시사점을 수반한다. 예를 들면, 사람은 항상 뇌를 갖고 있기 때문에 언제나 성격을 가지고 있다는 것이다. 그리고 그에 따르면 성격은 태어나면서부터 죽을 때까지 인간발달의 과정을 나타낸다(Murray, 1968). 더욱이 뇌 작용이 대체로 개인의 신체적인 기능을 통합하고 조직하고 조절하기 때문에 성격 또한 행동적인 영역 내에서 같은 일을 한다고 볼 수 있다. 더욱 구체적으로 말해서 Murray는 성격이 사람의 행동을 통합하고 지시한다고 믿었으며, 성격은 개인으로 하여금 그들의 환경에 적응하도록 돕는, 즉 그들의 행동을 반복시키고 안정시키는 요소를 나타낸다(Hijelle & Ziegler, 1992).

(2) 욕구이론

Murray는 욕구가 인간행위에 미치는 광범위한 효과를 논증하기 위해서 헌신적인 노력을 했고 그것으로 그는 중요한 성격이론가로서 인정을 받고 있다. 즉 Murray의 성격이론과 연구에서의 가장 큰 공헌은 행동의 동기와 방향을 설명하는 욕구에 대한 개념이다.

Murray는 자신의 성격이론에서처럼 욕구를 뇌 속의 부위에 존재하는 힘을 나타내는 가설적인 구성개념으로 정의하고 그 힘은 내적·외적으로 충동된 힘으로서 다른 심리적인 과정(psychological process)을 조직한다고 했다. 예를 들면, 성취욕구란 편리한 허구 혹은 가설적인 개념을 나타내는 것으로써 구성개념이다. 이 개념은 인간이 볼 수 없고 느낄 수 없고 냄새 맡을 수 없고 맛볼 수 없는 것이지만, 성취욕구는 한 인간행동의 저변에 깔려 있고 그 행동을 좌우하는 것이 무엇인지를 설명하고 기술하는 목적을 위해서는 절대적으로 유용한 추상개념이다. 둘째, 성취욕구는 뇌 부위에 존재하는 어떤 힘을 나타낸다. 즉 Murray는 성취욕구는 신체내부에서 혹은 신체외부로부터 활성화되는 것이라고 생각했다. 셋째, Murray의 모든 욕구처럼 성취욕구는 또한 지각과 같은 다양한 심리학적인 과정을 조직하는데 기여한다. 그러므로 욕구란 인간이 지각하고 생각하고 느끼고 행동하는 방법을 조직하는 것이다.

인간이 어떻게 다른 인간과 근본적으로 차이가 나는가를 설명하는 것이 성격이론에서의 가장 중요한 과업이라고 할 수 있다. Murray는 그 차이는 욕구의 차이에 있다고 보았는데 그 이유는 욕구목록은 모든 인간이 모든 욕구를 같은 정도로 경험한다는 것을 의미하지는 않기 때문이다. 그래서 어떤 사람은 그의 일생에 걸쳐서 어떤 욕구를 결코 경험해 보지 못할 수도 있는 반면 다른 어떤 사람의 행위는 같은 욕구에 의해서 계속 지배되어질 수 있다는 것이다. Murray는 연구를 통해 다음의 스무 가지 욕구를 제시하였다(Murray, 1938).

① 비하욕구(need abasement)

외부적인 힘에 수동적으로 복종하는 것이다. 상해, 비난, 비판, 벌을 감수하며 운명에 따른다. 열등감, 실수, 잘못이나 좌절을 인정한다. 스스로를 비난하고 경시하거나 망쳐 놓는다. 고통과 벌, 질병, 불행을 추구하며 즐긴다.

② **성취욕구**(need achievement)

어떤 어려운 일을 달성하고자 하며, 물체, 인간, 관념을 가능한 한 신속하고 독립적으로 숙달하고 조작하고 조직하려고 한다. 장애를 극복하고 높은 목표에 도달하고자 한다. 자신을 개선하고 탁월하게 한다. 경쟁하고 타인을 능가하고자 한다.

③ **친애욕구**(need affiliation)

관련이 있는 사람과 가까이 하고 즐겁게 협조하거나 교제하고자 한다. 자기가 원하는 대상을 즐겁게 하고 그의 애정을 얻으려고 하며 친구에게 성실하려고 한다.

④ **공격욕구**(need aggression)

힘으로 상대방을 이기려는 것으로 상대방과 싸우고 공격하고 상처를 입히거나 죽인다. 비난하고 중상모략하고 악의에 찬 비웃음을 보낸다.

⑤ **자율욕구**(need autonomy)

강압과 간섭에 저항하는 것으로 억압을 버리고 자유를 추구하거나 억제에서 벗어나고자 한다. 충동에 따라 행동해서 자유롭고 독립적이며 인습에 반항한다.

⑥ **반작용욕구**(need counteraction)

재도전을 통해서 실패를 극복하거나 보상하는 것을 말한다. 재시도를 통해서 수치감을 없애며, 나약함을 극복하고 두려움을 억누른다. 극복할 어려움과 장애를 찾으며 높은 수준에 이르렀다는 자존심과 자부심을 유지한다.

⑦ **방어욕구**(need defendance)

공격, 비난, 질책에서 벗어날 수 있도록 자신을 방어하는 것으로 그릇된 행동, 실패, 수치감을 감추거나 정당화한다.

⑧ **존경욕구**(need deference)

자기보다 월등한 사람을 존경하거나 지지하는 것을 말하며, 관계맺은 사람의 영향력에 기꺼이 따르고 관습에 따른다.

⑨ **지배욕구**(need dominance)

자신의 인간적 환경을 통제한다. 암시, 유혹, 설복 또는 명령을 통해서 다른 사람의 행동에 영향을 주거나 그의 행동을 이끄는 것을 말한다. 그리고 자신의 의견에 대해서 정당함을 다른 사람들에게 확신시키려고 한다.

⑩ **과시욕구**(need exhibition)

남에게 어떤 인상을 주고자 하며, 남이 자기를 보고 듣도록 한다. 다른 사람을 흥분시키고 즐겁게 해 주고 충격을 주고 웃긴다. 대화를 독점하려는 경향이 있다.

⑪ **위해회피욕구**(need hamavoidance)

고통과 신체적 상해, 질병, 죽음을 피하려는 것으로 위험한 상황에서 벗어나려 하고 예방책을 강구한다.

⑫ **굴욕회피욕구**(need infavoidance)

굴욕을 피하려고 하며, 어떠한 경우라도 자신의 실패에 대한 공포로 인해서 자신의 이미지가 손상될 수 있는 경우는 피하고자 한다. 그래서 자신보다 열등한 사람만 사귀면서 결점을 숨기게 된다.

⑬ 양육욕구(need nurturance)

의지할 곳이 없는 사람을 동정하고 이들의 욕구를 만족시켜 준다. 위험 속에 있는 사람을 돕는데, 먹여 주고 지지하고 위로하고 보호하고 안락하게 해 준다.

⑭ 질서욕구(need order)

사물을 정돈하는데 청결, 정리, 조직, 균형, 단정, 산뜻, 정확성을 기한다.

⑮ 유희욕구(need play)

어떤 목적 없이 재미있게 논다. 재미있는 일이나 유쾌한 일을 좋아한다.

⑯ 거절욕구(need rejection)

자신보다 열등한 사람을 배제시키고 무시하고 냉대하는 것이다. 방치하거나 소외시키고, 무관심하게 대한다. 다른 이를 무시하거나 내팽개친다.

⑰ 감각욕구(need sentience)

감각적인 느낌을 추구하고 즐기는 것이다.

⑱ 성욕구(need sex)

성욕을 자극하는 관계를 추구하고 형성하고 유지하는 것이다. 성관계를 갖는다.

⑲ 구호욕구(need succorance)

연관된 사람으로부터 동정을 받고자 하는 욕구로 원조를 받고 승인받고 보호되고 조언을 받고 인도받고 떠받들리기를 바란다. 상처를 과장하고 헌신적 보호자와 가까이 있고자 한다. 언제나 자신의 원조자를 갖고자 한다.

⑳ 이해욕구(need understanding)

보편적인 문제들을 제기하거나 답을 구하려는 것이다. 사건을 분석하고 개괄하는 경향이 있으며, 분석하고 논박하여 이유와 논리를 강조한다. 정확한 견해를 진술한다.

(3) 압력(press)

인간의 행동은 욕구와 환경에 의해서 결정된다고 본 Murray는 욕구에 따른 동기는 성격이론의 핵심이며 동기는 언제나 유기체 내에서 작동한다고 보았다. 더불어 인간행동에 영향을 미치는 것이 외부환경, 즉 압력이라고 하였다. Murray는 아동기의 사건들은 욕구의 발달단계에 영향을 줄 수 있으며 이후의 삶에서 그 욕구가 활성화될 수 있다고 생각하였다. 그 이유는 주위의 사건이나 사물은 개인이 특정한 방법으로 행동하도록 압력을 가하거나 재촉하기 때문이다.

Murray는 압력의 유형을 개인이 환경의 영향인 압력을 어떻게 지각하는지에 따라서 α 압력과 β 압력으로 구분하였다. α 압력은 객관적으로 지각된 압력으로서 직접적인 현실을 반영한 것이며, β 압력은 개인이 주관적으로 지각하고 해석하여 나타내는 압력이다. 같은 사건을 보고 개인이 어떻게 느끼고 해석하는지가 그 수준을 말한다.

(4) 주제(thema)

주제는 앞서 살펴본 개인적인 요인인 욕구와 개인의 행동에 요구하고 강요하는 환경적 요인인 압력을 결합시킨 것이다. 즉 욕구와 압력이 결합하고 융화하고 상호작용하여 주제를 형성하는 것이다. 주제는 초기 아동기의 경험을 통해서 형성되고 성격을 결정하는데 엄청난 영향력을 가지게 된다. 이러한 Murray의 주제 개념은 현재 투사적 검사로서 많이 활용되고 있는 주제통각검사(TAT)의 이론적 근거가 되었다.

2) 성격발달

(1) 콤플렉스

Murray는 Freud의 성격발달단계를 근거로 아동기를 5단계로 나누었으며, 모든 사람은 각각의 단계에 따른 콤플렉스를 경험한다고 하였다. 각 단계의 특징은 사회의 요구에 의해서 필연적으로 종결되는 즐거움의 종류이며, 각각의 단계는 이후의 발달을 지배하게 되는 무의식적 콤플렉스의 형태로 우리의 성격에 남아 있다고 하였다. 콤플렉스로 인해서 문제가 되는 경우는 개인이 어떤 단계에 고착되어 있는 상태가 극히 명백한 경우라고 하였다. 성격은 자아와 초자아의 형성을 방해하는 상황에서는 자발성과 유연성을 발달시킬 수 없으며, 이러한 상황에서는 자아와 초자아가 제대로 형성될 수 없다. 아동기 발달단계와 각 단계에 상응하는 콤플렉스는 다음과 같이 폐소단계, 구강단계, 항문단계, 요도단계, 성기 혹은 거세단계로 설명될 수 있다(노안영, 2002).

(2) 성격발달 단계

① 폐소 단계 : 자궁 안에서와 같이 안전한 상태

자궁 안은 안전하고 조용하고 의존적인 공간이기에 자궁 속으로 되돌아가기를 소망한다. 단순 폐소 콤플렉스는 안전하고 격리된 작고 따뜻하고 어두운 장소를 원할 때 경험된다. 이 콤플렉스를 지닌 사람은 다른 사람들에게 의존하려하고 수동적이며, 과거의 친숙하고 안전한 행동을 지향한다. 폐소 콤플렉스의 수용될 수 없는 형태는 불안전과 무기력의 감정에 집중되는데 이러한 감정은 개인으로 하여금 개방된 장소, 떨어지는 것, 익사, 화재, 지진, 새로움과 변화에 관련된 상황을 두려워하게 한다. 폐소 콤플렉스의 반대형태는 자궁과 같이 제한된 조건으로부터 도피하려는 욕구에 근거한다. 이러한 형태는 질식과 감금에 대한 두려움, 새로움과 변화, 개방된 공간, 상쾌한 공기, 여행, 움직임 등을 선호하는 것이다.

② 구강 단계 : 영양을 얻기 위해 젖을 빠는 감각적 즐거움

구강의존(oral succorance), 구강공격(oral aggression), 구강거부(oral rejection)단계가 있다. 구강의존 콤플렉스는 기운을 지지받고 보호받길 원하는 욕구와 구강활동, 수동적인 경향성의 조합이 특징이다. 보이는 행동은 빨기, 입맞춤, 먹기, 마시기, 동정심, 보호, 사랑에 대한 갈망을 포함한다. 구강공격 콤플렉스는 구강을 통한 공격적 행동을 의미하며, 나타나는 행동은 물어뜯기, 침뱉기, 소리치기, 비웃기와 같은 언어적 공격을 포함한다. 구강거부 콤플렉스의 특징적 행동은 토하기, 음식을 가려 먹기, 적게 먹기, 입맞춤에서 오는 구강 감염을 두려워하기, 다른 이에게 의존하는 것을 꺼리는 것이다.

③ 항문 단계 : 배변하는 즐거움

항문거부(anal rejection) 콤플렉스와 항문보유(anal retention) 콤플렉스가 있다. 항문거부 콤플렉스를 가진 사람은 배변, 항문에 관한 유머, 변, 점성, 석고반죽, 진흙과 같은 배설물과 비슷한 물질 등에 대해 지나친 관심을 보인다. 공격성은 이 콤플렉스에 속하고 구체적인 행동으로는 물건을 아래로 떨어뜨리거나 던지고, 총을 쏘거나, 폭발물을 터트리는 것 등이다. 이 콤플렉스를 가진 사람은 지저분하고 무계획적이다. 항문보유 콤플렉스와 관련된 특징적 행동은 물건을 모으고, 아끼고, 축척하는 것, 그리고 청결, 단정, 질서 등이다.

④ 요도 단계 : 배뇨하는 즐거움

이 단계는 지나친 야망, 왜곡된 자부심, 과시벽, 야뇨증, 성적 갈망, 이기주의와 관련되어 있다. 이카루스(Icarus) 콤플렉스라고도 하는데, 이는 태양에 너무

가까이 날아가서 그의 날개를 지탱하던 밀랍이 녹아버린 그리스 신화의 한 인물의 이름을 딴 것이다. 이카루스처럼 이 콤플렉스를 가진 사람은 지나치게 높은 목적을 추구하지만 꿈을 이루지는 못한다.

⑤ 성기 또는 거세 단계 : 생식기에서 오는 즐거움

거세에 대한 두려움이 성인 남자의 주요한 불안이라는 Freud의 주장에 반대한 Murray는 거세 콤플렉스가 좀 더 제한된 의미에서 문자 그대로 성기가 잘릴지도 모른다는 환상에서 야기되어진 불안이라고 하였다. Murray는 그러한 두려움이 아동기 때의 자위행위와 그에 대한 부모의 처벌에서 생겨난다고 믿었다.

3) 성격평가 및 연구방법

Murray는 한 가지 검사를 통해서는 한 개인을 충분히 알 수는 없기 때문에 적절한 평가를 위해서는 다양한 지표가 필요하다는 생각으로 정신분석적, 실험적, 생리학적 그리고 생애사적 접근 등을 망라하여 면담, 검사, 설문지, 관찰 등을 통해 엄청난 자료를 수집하여 연구를 하였다. 따라서 Murray는 성격평가 영역의 선구자라고 할 수 있다. 특히 Murray의 욕구이론을 바탕으로 개발되어 사용되는 평가기법으로 주제통각검사(TAT), 에드워드 개인선호도검사(EPPS), 성격탐색검사(PRF) 등이 있다. TAT는 Morgan과 함께 개발한 평가기법으로 30장의 그림카드와 1장의 백지카드로 구성되어 있다. 제시되는 그림들은 모호하기 때문에 수검자들은 어떤 방식으로든 자유롭게 반응할 수 있는데 이렇게 수검자가 반응하여 만든 이야기는 수검자의 내면에서 투사된 내용이라고 본다. 이를 통해 욕구와 압력 그리고 이 둘의 상호작용을 통한 주제를 이끌어 낼 수 있게 되며 수검자에 대한 이해가 가능해지는 것이다(자세한 내용은 2장 참조). EPPS(에드워드 개인선호도검사)는 Allen L. Edwards(1959)가 개발한 비투사적 검사로 225문항으로 구성되어 있으며 Murray의 20가지 욕구 중 15개의 욕구를 측정할 수 있다. PRF(성격탐색검사)는 Douglas N. Jackson(1964)이 개발한 검사로 EPPS와 마찬가지로 정상인의 성격특성을 측정하기 위한 검사로 특히 Form E.는 Murray의 욕구 가운데 세부 욕구를 포함한 22개의 욕구를 측정한다.

나와 타인의 이해를 위한 성격심리 연습과제 4

욕구

Murray의 성격이론과 연구에서의 가장 큰 공헌은 행동의 동기와 방향을 설명하는 욕구에 대한 개념이다. Murray는 인간의 동기를 일차적 동기와 이차적 동기로 구분하여 설명했다. 일차적인 동기는 학습되지 않은 동기로서 유기체의 선천적이고 본능적인 것과 관련이 있는 것으로 식욕, 성욕, 갈증, 체온 유지, 수면, 휴식, 고통의 회피 욕구, 공격성의 욕구 등이 여기에 해당된다. 이차적 동기는 사회적 동기라고도 부르며 후천적인 습득적 학습이나 경험을 통한 동기를 말한다. 유능성 동기, 성취욕구, 권력욕구, 친밀성 욕구와 같은 것이 여기에 해당된다.

1. 당신에게 있어서 행동의 동기와 방향을 이끌어 내는 주요한 동기는 무엇인가? 일차적 동기와 이차적 동기로 나누어 설명해 보자.

2. Murray는 아동기의 사건들이 욕구의 발달단계에 영향을 줄 수 있으며 이후의 삶에서 그 욕구가 활성화될 수 있다고 생각하였다. 당신의 욕구는 어떤 영향을 받아 발달한 것으로 생각되는지 적어 보자.

압력(press)

Murray는 욕구와 함께 인간행동에 영향을 미치는 것이 외부환경, 즉 압력이라고 하였다. 그는 압력의 유형을 개인이 환경의 영향인 압력을 어떻게 지각하는지에 따라서 α 압력과 β 압력으로 구분하였다. α 압력은 객관적으로 지각된 압력으로서 직접적인 현실을 반영한 것이며, β 압력은 개인이 주관적으로 지각하고 해석하여 나타내는 압력이다.

1. 현재 당신의 행동에 영향을 미치는 압력으로 작용하는 것들이 있는가? α 압력과 β 압력으로 구분하여 적어 보자.

2. 이러한 압력들은 당신에게 어떤 영향을 미치고 있는가?

주제(thema)

주제는 개인적인 요인인 욕구와 개인의 행동에 영향을 미치는 환경적 요인인 압력을 결합시킨 것이다. 즉 욕구와 압력이 결합하고 융화하고 상호작용하여 주제를 형성하는 것이다.

* 지금까지 한 과제를 종합해 보면서 당신의 삶에서 욕구와 압력이 어떻게 결합하고 융화하고 상호작용하고 있는지 생각해 보자. 그 결과 당신의 삶에서 일관되게 나타나는 주제는 무엇이라고 생각하는가? (TAT를 실시해 보면 당신의 주제에 대한 아이디어를 얻는데 도움이 될 것이다)

요약

지금까지 Murray의 이론을 바탕으로 한 과제를 하고 나서 스스로에 대해 새롭게 알게 된 것이나 깨달은 것이 있다면 적어 보자. 또한 이것은 당신에게 앞으로 어떠한 영향을 미칠 수 있을 것인지 적어 보자.

※ 지금까지 했던 과제를 현재 당신에게 의미 있는 타인과 함께 해 보고 서로 나누는 시간을 가진다면 서로에 대해 더욱 깊이 이해할 수 있을 것이다.

5. Erikson의 심리사회적 이론

Erik H. Erikson

1902년에 독일의 프랑크푸르트에서 태어난 에릭슨(Erik H. Erikson, 1902-1994)은 어린 시절의 여러 위기를 경험하고 극복하는 과정을 통해서 정체감위기라는 개념을 정립하게 되었고, 성격발달을 개인사에서 그치는 것이 아니라 사회적인 경험으로의 확장을 토대로 설명하게 되었다. 덴마크인인 부모는 에릭슨이 태어나기 전에 이미 이혼을 하였으며, 3년 후에 유태인 의사와 결혼하였다. 그래서 에릭슨은 친부의 성을 따른 것이 아니라 계부의 성을 따르게 되었다.

특히 에릭슨은 정규교육과정을 밟아간 것이 아니라 고등학교를 졸업한 후에 여러 지역의 여행을 하였으나 목적 없는 방황이었으며, 이와 같은 목적 없는 방황은 자신이 현실에 대항할 만한 자신의 생각이나 힘을 찾지 못하면 타락의 생활이라는 것을 깨달았다. 1927년 25세에 비로소 친구의 권유로 인한 유치원 교사의 승낙은 결국 그의 방황기를 마무리하게 되었다. 어린이 연구소로 알려진 그 학교는 정신분석가가 되고자 공부하고 있는 부모들의 아이들을 위해 안나 프로이트가 세운 곳이다. 1927년부터 1933년까지 에릭슨은 정신분석 훈련을 받았으며, 1929년 안나 프로이트가 운영하는 실험학교의 무용선생인 여교사와 결혼을 했다. 결혼 후 미국으로 옮겨서 아동분석가로 활동하게 되었다. 보스톤에서 개업을 하였으며, 하버드 의과대학 신경정신과의 심리학 연구원으로서 임상 및 학술직을 맡았다.

1936년에서 1939년까지는 인간관계연구소(Institute of Human Relations)와 예일대학교 의과대학에서 정신과에 재직을 했는데 여기서 그는 그가 추구하는 것은 어떤 것이라도 연구하도록 완전한 자유를 받았다. 1939년에 샌프란시스코로 옮겨 그의 아동분석연구를 다시 시작하고 인류학과 역사에 대한 관심을 넓혔다. 1942년까지 버클리에 있는 캘리포니아대학교 심리학교수로 있었다. 1950년 그의 첫 저서 「아동기와 사회」(Childhood and Society)가 출판되었으며 이 책은 그를 미국의 자아 심리학의 대변자로서 인정하게 만들었다. 1951년부터 피츠버그에 있는 서부정신병원, 피츠버그 대학교, 미사츄세츠 공과대학에서의 강의를 통해 심리사회 발달이론을 확장시켰다.

1960년 캘리포니아의 고급행동과학연구센터를 거쳐서 하버드대학교의 인간발달에 관한 교수로 취임하여 그 곳에서의 경험을 통해서 개인의 정체위기(identity crisis)를 포함한 삶의 주기에 대한 전체이론을 그 주기에 있는 사람들에게 어떻게 가르쳐야 하는가를 배우는 것이 중요하였음을 고백하였다. 「청년 루터, 정신분석과 역사의 연구」(Young Man Luther, A

Study in Psychoanalysis and History, 1958), 「통찰력과 책임」(Insight and Responsibility, 1964), 「정체:청년과 위기」(Identity :Youth and Crisis, 1968) 등을 출판했으며 후에도 그의 저술작업은 지속되었다.

1) 주요개념

(1) 자아심리학

자아심리학에 의하면 인간은 의사결정을 하고 문제를 해결하는데 합리적이고 의식적인 존재이다. Erikson의 주요이론은 자아성장(growth of the ego)에 관한 것으로 Freud와 다음의 네 가지 점에서 차이가 있다(Maier, 1965).

첫째, Erikson은 이드로부터 자아로 그 강조점을 돌렸는데 이는 Freud가 그의 마지막 몇 년 동안에 부분적으로 인정했던 것으로, Erikson은 자아를 성격의 구조로 간주하고 자아는 이드와 본능발달을 평행하게 하는 사회적응 발달(social adaptive development)과정을 따른다고 하였다. 자아심리학이라고 불리우는 이유는 인간이 의사결정과 문제해결에 있어서 보다 합리적이고 논리적이라고 묘사함으로써 이전의 정신분석적 사고로부터 급격한 변화를 나타냈기 때문이다.

둘째, Erikson은 한 개인과 그 부모와의 관계, 그 가족이 위치한 역사적 상황에 관한 새로운 해석을 소개했다. Freud는 부모가 아동의 성격발달에 주는 영향에 대해 관심을 가진 반면에 Erikson은 아동의 자아가 형성되는 심리역사적(psychohistorical) 환경을 강조했다. 또한 어떻게 자아발달이 사회제도나 변화하는 가치체계의 양상과 밀접한 관계를 갖는지 보여주기 위해 여러 다른 문화속에 살고 있는 사람들을 연구했다.

셋째, Erikson의 자아발달에 따른 이론은 인간의 전 생애, 즉 유아기로부터 사춘기를 거쳐 성인과 노년기까지를 총망라하고 있다. 이에 비해서 Freud는 초기 아동기 경험의 효과에 한정하고 남근기 이후의 발달에는 관심을 보이지 않았다. 그러나 세심한 관찰을 하면 첫 다섯 단계에서 두 이론가 사이에 어느 정도 상통하는 점이 있는 것이 분명하게 나타난다.

넷째, Freud와 Erikson은 심리성욕갈등의 양상과 그 해결책이 서로 다르다. Freud는 정신생활의 무의식적 작용과 존재를 해명하고 초기 외상(trauma)이 성인기에 어떻게 정신병리를 야기하는가를 설명하려고 했다. 반면에 Erikson은 생활에서 오는 정신사회적 위험(hazzards)을 이겨낼 수 있는 인간능력에 관심을 가졌다. 그래서 Erikson의 이론은 다양한 발달단계에서 나타나는 자아자질(ego qualities), 즉 덕성(virtures)에 치중한다. 이 차이점은 Erikson의 성격구조와 발달개념을 이해하는 열쇠가 된다. 인간을 만약 그의 본능적인 추구를 하도록 내버려 둔다면 인류는 멸망으로 운명지워진다는 Freud의 숙명론적 경고는 Erikson의 모든 개인적 · 사회적 위기는 오히려 위기를 극복하고 성장으로 유도하는 도전감을 갖게 한다는 낙관적 견해에 도전을 받는다. Erikson은 인간이 여러 가지 중요한 인생문제를 어떻게 극복해 가는지, 그리고 초기문제를 부적절하게 처리하면 이것이 어떻게 그가 성장한 후 문제를 처리하는데 어려움을 갖게 하는지를 앎으로써 우리의 삶을 더 잘 이해할 수 있다고 생각했다(이훈구, 1992; Hijelle & Ziegler, 1992).

(2) 점성설의 원리

Erikson의 자아발달이론의 핵심은 인간발달은 몇 단계에 의해서 진행되어지며, 이는 모든 인간에게 적용되어지는 것이라는 가정이다. 이러한 발달과정은 성숙에 따른 점성설의 원리(epigenetic principle)에 의한다.

아동기와 사회(Childhood and Society, 1963)에서 Erikson은 심리사회적 자아발달을 여덟 단계로 분류하였는데, 점성설의 원리란 인생주기의 각 단계는 이 단계가 우세하게 출현하는 최적의 시기가 있고 모든 단계가 계획대로 전개될 때 완전한 기능을 하는 성격이 형성됨을 암시한다.

(3) 위기

각 심리사회적 발달단계 마다 위기가 발생하는데 위기는 해당 단계의 개인에게 부과된 생리적인 성숙과 사회적 요구로부터 발생된 인생의 전환점이다(Hijelle & Ziegler, 1992). 이러한 위기는 재앙의 조짐이 아니라 전환점이기 때문에 개인의 발달과정에서 겪는 어려운 상황에서 극복해야 할 생존을 위한 원천이라고 하였다.

2) 성격발달

Erikson은 심리사회적 발달단계로 성격을 설명하고 있으며 개인 발달에서 생물학적 영향이나 심리성적 영향을 무시하지는 않았으나 사회 문화적 영향을 강조하고 전 생애 자아발달을 강조했다.

인생에는 여덟 가지 중요 발달과업이 있는데 각 단계별로 특정한 기간 동안에 관심의 초점이 되고, 각 단계에서의 초점 내용에 대한 적응과 부적응의 갈등이 생겨난다. 발생하는 갈등은 그 단계에서 해결되어야 하며 성공적인 해결은 다음 단계의 갈등 해결에 대한 준비가 된다. 성공적 해결은 상대적인 것이고, 적응과 부적응의 바람직한 비율이 중요하다. Freud의 심리성적 발달 단계와 달리 Erikson은 생애초기에서부터 전 생애 동안에 걸쳐서 이루어진다는 것이다. 다음의 〈표 3-2〉에서 살펴보는 바와 같이 첫 항은 여덟 단계 각각의 초점 사항을 나타낸다. 각 초점 사상이 중심 갈등이 된 시기는 어두운 그림자로 강조되었다. 대각선에는 어두운 그림자 상자가 있는데 발달 시기의 발달 사항이 적혀 있으며, 상호관계들을 보기 위해서는, 다섯 번째 열의 구강기에서 성숙기까지를 살펴보아야 한다. 사춘기의 중심 갈등이 아닌 다른 7개의 발달 사항들은 그림자 상자 넷째 행에 있다.

표 3-2

Erikson의 생애 발달 8단계의 과업

				성취에 대한 객관적/혼란된 시각			자아통합과 절망
				다양한 역할과 포기		생산과 좌절	
				역할수용과 역할거부	친밀과 고립		
시간관념과 시간혼란	자기확신과 자기의심	역할실험과 역할고착	실습과 일중독	정체감과 역할혼미	성정체감과 성정체성 혼미	지도성과 권위혼란	사상확립과 가치관 혼란
			근면과 열등	과제열중과 허탈			
		주도와 죄책		역할예상과 역할억제			
	자율과 수치심/의심			자기자신이 되고자 함과 자기-의심			
기본적 신뢰와 불신				상호인정과 자폐증적 고립			

(1) 1단계(구강기) 기본적 신뢰와 불신

유아들은 음식과 평안을 제공하는 어머니가 보이지 않아도 불안이나 분노를 느끼지 않을 정도의 충분한 신뢰를 가장 먼저 발달시켜야 한다. 신뢰는 어머니의 행동에 대한 믿음이기도 하지만, 자신에 대한 믿음이기도 하다. 유아와 엄마의 상호작용을 통한 사회적 관계는 유아가 세계를 신뢰하느냐 그렇지 않으면 불신의 태도로 보느냐를 결정하게 된다. 엄마가 유아의 신체적 욕구에 매우 반응적이고 애정적이며 충분한 사랑과 안정감을 제공한다면 유아는 주위 세상을 신뢰하기 시작할 것이며, 이러한 기본 신뢰감은 타인에 대해서 뿐만 아니라 자신에 대한 태도를 특징짓게 된다. 반면 엄마가 거부적이고 무관심하며 행동에 일관성이 없을 때 유아는 주위 세상에 대한 불신의 태도를 발달시킨다. 이렇게 양육의 질에 따라서 신뢰 혹은 불신의 태도를 발달시키게 된다.

(2) 2단계(항문기) : 자율과 수치심/의심

아동은 다양한 신체적 및 정신적 능력을 발달시킨다. 따라서 최초로 아동은 많은 일들을 스스로 할 수 있게 되며 이 과정에서 자율 의지를 경험하게 된다. Erikson은 특히 아동에 있어서 잡아 두고 내보내는 능력을 강조하였으며 이를 통해 아동은 어느 정도 선택을 실천할 수 있다고 주장하였다. 즉 자율성은 대소변 가리기를 통해서 이루어지는 것이다. 이 단계는 Freud의 항문기와 같은데, 부모의 기대에 맞추어 대소변을 가리지 못하면, 수치심/의심이 일어날 수 있다. 부모의 기대에 맞추어 대소변을 가리지 못하여 생기는 수치심은 후의 독립감에 나쁜 영향을 줄 수도 있다. 반대로 배변훈련에서의 자기 통제감 획득은 후의 자율성에 좋은 영향을 준다. Erikson은 특히 이 단계는 사랑과 증오, 협동과 아집, 자유/자기표현과 억압의 비율을 결정한다. 자존감을 상실하지 않고 자기 통제감을 가지게 되면, 의지감(의지력이 있다고 스스로 생각함)과 자부심이 생긴다. 자기통제감을 가지지 못하고 외부 통제가 지나치면, 수치심과 자기－의심이 생길 가능성이 높아진다고 하였다.

(3) 3단계(남근기) : 주도성과 죄책감

주도성과 죄책감의 갈등은 학령 이전에 아동이 경험하는 마지막 갈등이다. 이 시기에는 아동의 운동 능력이나 지적 능력이 더욱 완전하게 발달함으로써 더욱 많은 것을 행할 수 있으며, 활동의 목표나 계획을 세워 이를 달성코자 노력하게 된다. 이 과정에서 주도성이 발달하게 된다. 또한 이 시기에 환상

형태의 주도성으로서 이성 부모에 대한 소유욕이 나타난다. 중요한 것은 부모가 어떻게 이러한 아이의 새로운 자기 주도적인 활동과 환상에 반응할 것인가이다. 만약 부모가 아이의 새로운 자기주도적 활동이나 환상에 대해 처벌하거나 금기시하고 혹은 나쁜 것으로 느끼도록 하면 죄책감을 발달시키게 되며 이러한 죄의식은 나중에 모든 자기 주도적인 활동에 지속적으로 영향을 미치게 된다. 따라서 부모는 아이의 주도적 활동이나 환상에 대해 무조건 금기시하고 처벌하기 보다는 어떤 것이 용납될 수 있는 행위이고 어떤 것이 그렇지 않은 것인가에 대한 도덕적인 감각을 획득할 수 있도록 도와 주어야 하며 이를 통해 아이의 초자아가 형성되고 발달된다.

(4) 4단계(잠복기) : 근면성과 열등감

이 시기에는 아동의 세계가 상당히 확대되고 집 밖에서 새로운 영향력을 받게 된다. 집이나 학교에서 활동하면서 근면성을 학습하기 시작하는데 이것은 주로 타인으로부터 인정을 받고 과제의 완수로부터 오는 즐거움을 얻기 위한 수단으로서 작용한다. 이러한 새로운 기능들은 주로 부모나 교사의 태도에 의해 결정되는데, 건설적이고 교훈적인 칭찬이나 강화는 근면성을 길러 주지만, 조롱하고 거부적인 태도를 보이면 부적합감이나 열등의식을 발달시킨다. 따라서 건강한 사람으로 성장하기 위해서는 이 단계에서 학업에 잘 적응해야 하고 친구들과의 관계가 좋아야 하고, 자기 한계를 볼 수 있어야 한다.

(5) 5단계(생식기) 정체감 형성과 역할혼미

이 시기의 청소년은 급격한 신체 변화와 사회적 요구에 당황하게 되며 자신의 존재에 대한 새로운 탐색을 시작한다. 개인의 자아정체감이 해결되어야 하는 중요한 시기로 정체감 발달에 있어서 청소년이 동일시하고자 하는 인물이나 사회 집단의 영향력이 매우 중요하게 작용한다. 청소년기는 아동기와 성인기간의 과도기적 시기로서 자아정체감을 형성하고 수용하는 일이 지극히 어렵고 불안한 과제가 된다. 정체감이 형성된 개인들은 확신을 가지고 다가오는 성인기에 대비하지만 실패한 개인들은 정체감 위기, 즉 역할혼미에 빠진다. 역할혼미는 직업 선택이나 교육 목표를 제대로 이루는 능력이 없을 때 혹은 인기 있는 영웅에 대한 과잉 동일시가 있을 때 생긴다. 역할혼미는 청소년기를 넘어서 초기성인에로 연결된다(Cote & Levine, 1989). 이런 경우 초기성인기인 20대 혹은 30대까지도 부모의 집에 있는 경우가 많다. 그리고 초기성인에게 조차도 정체감의 형성이 완전하지 않은 경우도 있다. 한편 Erikson이 언급한 대로 정체감은 계속해서 정교화되어지며 일생을 통해서 확장된다(Berzonsky, 1990).

(6) 6단계(성인전기) 친밀성과 고립감

이 시기에는 부모로부터 독립을 성취하여 직업을 선택하고 배우자를 찾으면서 성숙하고 책임 있는 성인으로서의 역할을 시작한다. 생산적인 일에 종사할 뿐만 아니라 우정 혹은 성적 결합의 형태로 타인과 친밀한 관계를 수립한다. 여기서 자신의 정체감을 타인과 융화시켜야 할 필요가 있다. 자신의 정체감을 타인과 융화시킨다는 것이 자신의 정체감을 잃는다는 것은 결코 아니다. Erikson은 친밀감을 자신의 정체성을 상실하지 않으면서, 다른 사람과 관계하는 능력이라고 한다(Prager, 1986). 친밀한 관계를 수립하는 데 실패한 개인의 경우 고립감을 가지고서 타인과의 접촉을 회피하거나 자신에게 위협적으로 느껴지는 사람에게 거부적이며 공격적인 태도를 보이기도 한다. 초기성인은 진실한 관계를 가지기를 원한다. 특히 다른 사람과 협동적이고 사회적이며 직업적인 관계를 발달시켜야 한다. 또한 배우자를 선택해야 한다. 이런 관계를 발달시키지 못한 사람들은 고립감을 느끼게 된다(Storr, 1988). 정체감이 친밀성보다 앞서야 한다는 Erikson의 주장과 일치하는 증거가 있는데, 청소년기와 초기성인기에 정체감이 부족한 사람은 다른 사람과 완전한 관계를 이루지 못하는 경우가 대부분이다(Dyk & Adams, 1990).

(7) 7단계(성인후기) 생산성과 침체감

Erikson에 따르면, 성인은 친밀감 형성 이상의 것을 해야 한다. 이 시기에는 주로 다음 세대를 가르치고 지도하는 데 능동적이고 직접적으로 관여하게 된다. 생산성은 양육, 가르침, 시민활동 등을 통하여 다음 세대를 인도하는 것이다. 자신의 자녀가 없는 경우에 다음 세대를 위한 사회봉사 등을 통해 생산성을 발휘하게 된다. 또한 자신이 종사하는 분야와 관련된 직업적인 성취나 학문적, 예술적 업적 등에서도 이러한 생산성이 나타날 수 있다. 이러한 생산성의 형성에 실패한 개인은 침체감에 빠지고 따분함을 느끼며 빈곤한 대인 관계 등을 나타낸다.

(8) 8단계(노년기) 자아통합성과 절망감

앞의 갈등들을 적절히 해결하지 못하면, 인생 후기에 절망감을 느끼게 된다. 절망감에 빠진 사람들은 자신을 혐오하며 다른 삶을 시작하기에는 너무 늦었음을 느낀다. 이런 사람들은 자책감으로 인생을 살아가게 된다. 그러나 앞의 7단계에서 잘 적응하게 되면, 심리사회적으로 잘 적응하고 후에 지속적 통합성을 가질 수 있게 된다. Erikson은 사람들은 재능에 관계없이 이러한 적응을 이룰 수 있다고 생각했다.

자아통합은 모든 관점에서 자신의 인생을 돌이켜 보고 겸허하고 확고하게 나는 만족스럽다는 확신을 갖는 것이다. 죽음은 더 이상 두려운 것이 아니며, 자신의 존재가 후손이나 창조적 업적을 통해서 계속된다는 것을 알기 때문이다. 반대로 자아통합의 결여나 상실은 죽음에 대한 감추어진 두려움, 되돌릴 수 없는 실패, 희망했었던 것에 대한 끊임없는 미련으로 나타난다. 그래서 노년기에 인생이란 다시 살 수 없다는 후회와 자신의 부족함과 결함을 외부세계로 투사함으로써 그것을 부인하는 것이다.

3) 성격평가 및 연구방법

Erikson도 Freud와 마찬가지로 전이, 자유연상, 꿈 분석을 통해 성격을 평가하였으며 이를 바탕으로 사례연구를 하였다. 꿈에 관한 견해는 Freud와 달랐는데 Freud가 꿈을 성적인 욕구에 대한 소망충족이라고 보았던 것과 달리 Erikson은 정체감을 유지하고 고양시키려는 시도로 보았다. 또한 잠재몽의 내용과 의미를 중요하게 생각했던 Freud와 달리 현재몽을 이해하는 것이 더 중요하다고 주장하였다. Erikson에 따르면 현재몽은 현재의 생활문제에 관한 중요한 정보를 제공한다.

한편 Erikson은 성격의 이해 및 평가를 위해 놀이치료, 인류학적 연구, 심리역사적 분석 등을 사용하였다. 예를 들어, 놀이치료의 경험에 근거하여 여성과 남성의 성격발달은 남성 성기가 있느냐 없느냐에 따라 형성된다고 주장하였는데 이러한 주장은 현재 여성심리학자들로부터 많은 비판을 받고 있다. 또한 Erikson은 자아발달에 대한 그의 이론을 유명 인사들의 삶에 적용시키기 위해 심리역사적 분석을 사용하였다. 이 분석법은 개인에 대한 전기적 연구(biographical study)로서, 역사적으로 유명한 인사들, 예를 들어 마하트마 간디, 마틴 루터, 아돌프 히틀러, 버나드 쇼 등의 종교인이나 정치가들이 겪었던 삶의 위기와 대처방식을 묘사하는데 자신의 성격발달 이론을 적용하였다(노안영 · 강영신, 2002).

나와 타인의 이해를 위한 성격심리 연습과제 5

심리사회적 성격발달단계

Erikson은 사회 문화적 영향을 강조하며 심리사회적 발달단계로 성격을 설명하고 있다. 생을 여덟 단계로 구분하여 설명하는데 각 단계는 적응적 대처 양식과 부적응적 대처 양식이라는 양극적 측면을 가지고 있다.

1. 다음과 같이 Erikson의 심리발달단계에 따라 발달일기를 써 보자. 이렇게 발달일기를 써 봄으로써, 영향을 미친 과거를 뒤돌아보고 현재를 점검해 보며 목표로 하는 미래의 모습에 대해 미리 예상해 보고 계획해 볼 수 있다. 발달일기를 쓸 때에 과거 단계는 그 시기를 회상하여 어떤 일들, 특히 어떤 중요한 일들이 있었는지에 대하여 쓴다. 기억이 안 나는 시기에 대해서는 부모님이나 주위 사람들에게 물어 보고 들어서 아는 것들을 쓴다. 현재는 지금 현재에 대하여 쓴다. 미래의 단계에는 그 시기에 목표로 하는 것들이나 이루었으면 하는 계획을 쓴다. 또한 각 단계별로 Erikson이 제시한 적응적 대처 양식 혹은 부적응적 대처 양식의 형성을 적용하여 구체적으로 적는다.

① 1단계(신뢰감 대 불신감)

② 2단계(자율성 대 회의감 및 수치심)

③ 3단계(주도성 대 죄책감)

④ 4단계(근면성 대 열등감)

⑤ 5단계(자아정체감 대 역할혼미)

⑥ 6단계(친밀성 대 고립감)

⑦ 7단계(생산성 대 침체감)

⑧ 8단계(자아통합감 대 절망감)

정체감

Erikson 성격이론의 주요한 공헌 중의 하나는 젊은이들이 청년기 동안 직면하는 정체성에 대한 이론이다. 정체감을 확립하였는가? 아니면 정체감 혼란 상태에 있는가?

1. 다음의 척도를 이용하여 정체감 발달의 정도를 평가해 보자. 이 척도는 Ochse 와 Plug(1986)가 Erikson이 정의한 정체감 발달의 정도를 평가하고자 고안한 것이다. 아래의 19개 항목을 보고 다음 점수를 표시해 보자.

(1) 전혀 그렇지 않다 (2) 그다지 해당되지 않는다 (3) 가끔 해당된다
(4) 매우 자주 해당된다

① 나는 진실된 나인지 의심스럽다.
② 사람들은 나에 대한 생각을 바꾸는 것처럼 보인다.
③ 나는 내 인생에서 해내야 할 것을 분명히 알고 있다.
④ 나는 어떤 것이 도덕적으로 옳고 그른지 잘 모르겠다.
⑤ 대부분의 사람들은 나라는 사람에 대해 인정하는 것 같다.
⑥ 나의 생활양식이 내게 맞는다고 느낀다.
⑦ 타인에게 인정받는다는 것은 내게 가치 있는 일이다.
⑧ 나는 나를 아는 사람들에게서 떨어져 있을 때 더 자유롭고 진정한 내가 된다.
⑨ 현재 내 생활이 정말로 가치 있다고는 느껴지지 않는다.
⑩ 나는 내가 살고 있는 지역사회에 어울린다고 생각한다.
⑪ 나는 나라는 사람이 자랑스럽다.
⑫ 사람들은 내가 나를 보는 것과는 다르게 나를 본다.
⑬ 나는 모든 것에서 동떨어져 있는 것 같다.

⑭ 사람들이 나를 비난하는 것 같이 생각된다.

⑮ 나는 인생에서 내가 원하는 것에 대한 생각을 바꾼다.

⑯ 나는 사람들이 나를 어떻게 생각하는지 모르겠다.

⑰ 나는 나 자신에 대한 느낌이 변한다.

⑱ 나는 젠체하거나 결과를 위해서만 뭔가를 한다.

⑲ 나는 내가 살고 있는 사회의 구성원임을 자랑스럽게 여긴다.

※채점 : 우선 1, 2, 4, 8, 9, 12, 13, 14, 15, 16, 17, 18 번에 답한 점수는 역채점하여 19개 항목의 모든 점수를 합한다. 성인의 경우 평균은 57점, 표준편차는 8이다. 따라서 65점 이상의 점수는 성격의 정체감이 잘 발달되었음을 가리키며 49점 이하의 낮은 점수는 정체감이 덜 발달되었음을 의미한다.

- 채점 결과의 정체감 수준은 어떠한가? 또한 이에 대한 생각은 어떠한가?

2. 자신의 정체감에 대하여 서술해 보자. 즉 어떤 사람이며, 무엇을 좋아하고 싫어하는지, 사회에서 어떠한 역할들을 하고 있는지, 어떠한 의미가 있는 존재인지, 다른 사람들에 대해 어떻게 생각하고 있는지 등에 대하여 서술해 보자. 그리고 이러한 정체감 형성에 영향을 미친 요인들에 대하여도 생각하여 적어 보자.

3. 2에서 서술한 자신의 정체감에 만족하는가? 혹시 수정하거나 보완하고 싶은 부분이 있다면 무엇인가?

요약

지금까지 Erikson의 이론을 바탕으로 한 과제를 하고 나서 스스로에 대해 새롭게 알게 된 것이나 깨달은 것이 있다면 적어 보자. 또한 이것은 앞으로 어떠한 영향을 미칠 수 있을 것인지 적어 보자.

※ 지금까지 했던 과제를 현재 당신에게 의미 있는 타인과 함께 해 보고 서로 나누는 시간을 가진다면 서로에 대해 더욱 깊이 이해할 수 있을 것이다.

제4장

특성 – 성향적 관점

6. Allport의 특질이론

7. Cattell의 특질이론

개인들은 성격 특성들이 서로 일관되게 다르다. 예를 들어, 어떤 사람들은 다른 사람들보다 더 사회적일 수 있고 또 어떤 사람들은 다른 사람들보다 더 개방적일 수 있다. 이를 특질(traits)이라고 할 수 있으며 성격심리학자들은 특질을 성격의 주요 단위로 여긴다. 즉, 성격 특질이란 개인의 행동, 사고, 감정에서 일관되게 나타나는 양식이라고 포괄적으로 정의할 수 있다. 때문에 특질은 사람의 미래 행동에 관해 예견할 수 있도록 해 주며, 한 개인의 행동은 상황보다 개인 자체의 특성에 의해 더 많은 영향을 받는다는 것을 가정할 수 있다. 이렇게 개인의 특질이나 생물학적 특성을 바탕으로 성격을 설명하는 입장을 특성-성향적(traits-dispositional view) 관점이라고 한다.

성향적 관점에서는 이러한 개인의 성격을 나타내는 비교적 안정적인 특질이 있다는 가정 하에 '사람을 특징짓는 기본적인 심리적 특성은 무엇인가?', '이런 특성들에서 사람들 간의 일관된 차이는 어떠한 방식으로 가장 잘 포착하고 기술될 수 있는가?'라는 물음에 답하기 위해 연구를 진행해 왔다.

성향적 관점에 해당하는 학자들로는 Allport, Cattell, Eysenck 등이 있으며, 성격의 5요인 모델 등이 성향적 관점에 해당된다. 본 장에서는 Allport와 Cattell의 이론을 중심으로 성향적 관점에 대하여 살펴볼 것이다. Allport는 특히 가장 뛰어난 특질 심리학자의 한 사람으로 성격심리학을 과학적 심리학의 영역으로 포함시켰다는 점과 특질의 중요성을 강조하는 성격이론을 형성했다는 점에서 위대한 업적을 남겼다고 볼 수 있다. 또한 Cattell은 요인분석이라는 통계 도구를 이용해 사람들이 갖는 특질들을 밝히는데 큰 기여를 했다.

♠ 들어가기 전에 생각해 봅시다

- 내가 행하고 느끼고 생각하는 바는 다른 사람들과 어떻게 다른가?
- 다른 사람들과 구별되는 나의 성격은 어떠한 단어들로 표현할 수 있는가?
- 내게서 비교적 일관되고 안정되게 나타나는 행동의 특징은 어떤 것들이 있는가?
- 나의 성격은 내가 선택하게 되는 상황에 어떻게 영향을 미치는가?
- 한국인으로서의 나를 표현할 수 있는 단어들에는 어떠한 것들이 있는가?

6. Allport의 특질이론

Gordon Willard Allport

올포트(Gordon Willard Allport, 1897-1967)는 미국 인디애나 주 몽테주마에서 4형제 중 막내로 태어났다. 어렸을 때부터 수줍음이 많고 공부에만 열중했던 올포트는 이미 하버드대학에서 심리학을 전공하고 있던 형의 권유로 하버드대학에 입학하여, 형처럼 심리학을 공부하였다. 올포트는 1922년에 하버드대학에서 박사학위를 취득하였다.

올포트가 22세 때 비엔나로 프로이트를 만나러 가서 일어났던 다음과 같은 예화가 있다. 프로이트의 사무실에 들어간 올포트를 프로이트는 침묵으로 맞이하였다. 한동안 침묵이 흐른 뒤 결국 올포트가 침묵을 깨고 말문을 열었다. 오는 길에 버스 안에서 한 소년이 더럽고 꾀죄죄한 할머니가 앉았던 자리에 제대로 앉지 못하고 안절부절하는 것을 보았는데, 이 소년의 행동도 소년의 어머니의 영향 때문에 그런 것인지를 물었다. 그러자 프로이트는 이에 대한 대답 대신 올포트에게 이렇게 물어 보았다. “혹시 그 소년이 당신 자신이 아닙니까?” 올포트는 이 경험을 통하여 프로이트의 이론은 인간의 보이지 않는 무의식을 지나치게 강조하면서 인간을 너무 지나치게 깊이있게 파헤치려 하는 경향이 있다고 생각하게 되었다. 반면에 그 당시 심리학의 주류였던 행동주의 이론은 인간의 심리적 요인을 배제한 채 관찰 가능한 행동만을 연구하여 인간을 기계론적으로 파악한다고 생각하였다. 올포트는 대학원 과정에 다니면서 인간행동에 대해 다른 학생들과 다른 견해를 갖게 되었다. 대학원 세미나에서 올포트의 특질이론은 종종 무시당했으나 이에 굴하지 않고 1937년 「성격: 심리적 해석」(Personality: A Psychological Interpretation)이라는 저서를 통해 성격 특질에 관한 자신의 이론을 발표하여 많은 심리학자로부터 공감을 받았다. 올포트는 그의 생애 대부분을 하버드대학에서 보냈으며, 1939년에는 미국 심리학회장으로 선출되기도 하였다. 올포트는 인간 행동을 타고난 본능, 아동기 경험 혹은 억압된 콤플렉스의 탓으로 돌리는 환원주의적 이론을 거부하였다. 성격이란 습관 고착으로 뭉친 덩어리가 아니라 하나의 조직화된 전체(Whole)이며, 과거가 아닌 미래를 지향하면서 현재에 뿌리를 둔다고 주장하였다. 올포트의 이론은 그 당시 행동주의 심리학이 주류였던 미국 심리학자들 사이에는 낯설었지만 그의 관점은 존중되었다. 그의 주요 저서로는 「편견의 본질」(The Nature of Prejudice, 1954). 「성격의 패턴과 성장」(Pattern and Growth in Personality, 1961)이 있다. 올포트는 1967년 메사추세츠 주 캠브리지에서 사망하였다.

1) 주요개념

(1) 성격의 정의

Allport는 이전에 이루어진 많은 성격의 정의를 검토한 후 이를 바탕으로 자신의 정의를 수립하였다. 그에 의하면 성격은 '각 개인의 정신 신체적 체계 안에서 그의 특징적 사고와 행동을 결정해 주는 역동적 조직'이다. 이를 풀어서 다시 설명하자면 다음과 같다.

첫째, 성격을 논할 때에는 각 개인의 정신과 신체, 즉 심신(心身) 둘 다를 고려해야만 한다.

둘째, 성격은 각 개인의 특징적인 것, 즉 독특성을 지닌 것이다.

셋째, 성격은 사고와 행동, 즉 인간이 하는 모든 것에 영향을 미친다.

마지막으로, 이러한 성격은 정적인 존재가 아니라 끊임없이 발달하고 변화하는 역동적인 특징을 가지고 있는 것이다.

(2) 특질

Allport 성격이론의 핵심개념은 특질(traits)이다. 그에게 주요한 성격연구의 주제는 특질이었으며 미국에서 처음으로 성격 특질이란 주제로 박사논문을 썼다. Allport는 특질을 '다양한 종류의 자극에 대해서 같거나 유사한 방식으로 반응할 경향 혹은 사전경향(predisposition)'이라고 정의했다. 특질은 환경의 자극 측면에 반응하는 일관적이며 지속적인 방식으로 성격의 기본단위가 된다고 보았다. Allport는 사람에게는 주어진 문화와 환경에 따르는 공통특질(common traits)과 그 개인만이 소유한 고유의 개별특질(individual traits)이 있다고 보았다.

또한 Allport는 어떤 사람들은 자신들의 행동과 성격의 대부분 측면들에 영향을 미치는 성향을 지니고 있다고 확신하며 이런 매우 일반화된 성향들을 주

특질(cardinal traits)이라고 불렀다. 예를 들어, 전 생애를 가난하고 도움이 필요한 전 세계의 사람을 위해 희생한 테레사 수녀의 경우 박애주의적 태도가 주 특질이라고 할 수 있다. 모두 다 알고 있듯이 스쿠루지의 경우 인색함(구두쇠)이 주특질이라고 할 수 있다. 이렇게 주특질은 역사적 인물이나 가공적 인물로 대표되기도 한다. 또 주 특질보다는 덜 확산적이지만 여전히 상당히 일반화된 성향들을 중심 특질(central traits)이라 하는데, Allport는 많은 사람들이 중심 특질에 의해 광범위하게 영향을 받는다고 생각하였다. 예를 들어, 우리가 자세한 추천서를 쓸 때 언급되어져야 하는 것이 중심 특질이며 모든 사람은 대개 3개에서 10개 사이의 중심 성향들을 가지고 있다고 본다. 마지막으로 더 특수하고 제한된 특질들은 이차적 특질(secondary traits) 혹은 태도라고 불리며 이는 성격의 주변부에서 기능하는 것을 말한다. 특정 종류의 음식을 선호하는 것, 세부적 태도, 지엽적이고 상황적 요인에 따라 변화하는 개성들이 이 범주에 속한다.

(3) 동기의 기능적 자율성

Allport의 성격이론에서 이해해야 할 중요한 개념이 동기의 기능적 자율성(functional autonomy)이란 개념이다. 그는 성격을 이해하기 위해 현재의 성격에 초점을 맞춘 것처럼 동기를 설명하는데 있어서도 과거에 가졌던 동기보다 현재 그 사람을 움직이고 있는 동기에 대해 중요성을 부가하고 있다. 정상적이고 성숙한 성인에게 있어서 동기란 과거의 경험에 의하여 발생하는 것이 아니라 이미 그 상황과는 독립되어 자율적으로 존재하는 것이다. 즉 성인의 동기는 아동기의 경험과 독립적이라는 것이다. 우리는 부모와 여전히 관계하지만 우리는 기능적으로 부모에게 더 이상 의존적이지 않고 부모는 더 이상 우리의 삶을 통제하거나 인도하지 않는다는 것으로 Freud 이론과 반대적인 입장을 취하고 있는 것으로 볼 수 있다.

2) 성격발달

Allport는 Freud와는 달리 초기 유아기의 경험이 성격 형성에 그다지 큰 영향을 끼치지 않으며 생후 6개월이 지나서야 욕구들이 동기화되고 차차 기본적인 정서적 특성들을 드러내기 시작한다고 주장한다. 그는 특질, 태도, 가치, 동기, 그리고 경험을 통합하는 하나의 개념으로 성격을 설명하려고 하였는데 이것이 바로 '고유자아'이다. 고유자아는 한 개인에 속하거나 개인에게 있어서 독특한 그 어떤 것을 가리킨다. Allport는 이를 "느껴지고 알려진 대로의 나(the me as felt and know)"라고 정의하였다. 고유자아는 유아기로부터 청년기에 이르기까지 다음의 상이한 7가지 자아감의 단계를 거처 발달한다고 보았으며, 이들의 궁극적인 통합은 결국 주관적 지식과 감정을 가진 한 대상으로서의 '나'의 존재를 형성한다.

(1) 성격발달단계

① 1단계 : 신체적 자아

약 15개월이 되면서부터 유아는 자신의 실제적 존재를 인식하게 된다. 즉 이 시기에 자기의 고유자아를 인식하게 된다. 복잡한 학습과 지각경험을 통해 자신과 환경의 대상을 구별하게 되는 것이다.

② 2단계 : 자아정체감

변화하는 갖가지의 경험에도 아랑곳없이 자기가 독립된 사람으로서 변함없는 동일한 사람이란 것을 알게 되는 자아정체감의 연속선이다. 이러한 자아정체감은 아이가 자신의 이름을 알고 자신이 다른 사람과 구별되는 독특한 존재라는 것을 알게 될 때 향상된다.

③ 3단계 : 자아존중감

아이는 이 단계에서 스스로 설정한 목표에 도달한 후 성취의 기쁨을 만끽하게 된다. Allport는 이 단계가 매우 중요하다고 보았다. 아이는 그가 접한 환경을 조직하고 적응하며 변화를 통해 자기목표의 성취를 위해 동기화된다. 만약 이 시기에 부모들이 아동의 탐색적인 욕구를 저지시킨다면 자아존중감의 형성에 위협을 받고 수치심과 분노의 감정이 발생하게 된다.

④ 4단계 : 자아확장

아동은 주위의 다른 사람들과 사물, 환경에 대해 알게 되고 그것들 중 일부가 자기에게 속한다는 것을 알게 된다. 즉 아동은 나의 집, 나의 가족 이라는 개념을 깨닫는 것이다.

⑤ 5단계 : 자아상

이 단계에서 아동은 자기 자신을 어떻게 생각하는지를 발견하게 되고 자신에 대한 실제적이며 이상화된 이미지를 발달시킨다. 자아상은 부모와 아동간의 상호작용으로부터 발달하는데, 아동은 자신이 부모의 기대를 만족시키는지의 여부를 부모의 양육방식으로부터 알아차리게 된다.

⑥ 6단계 : 합리적 적응체로서의 자아

보통 아동이 초등학교를 다니는 시기에 해당된다. 아동은 교사와 급우들로부터 새로운 규칙과 기대를 배우게 되며, 일상적인 문제의 해결에 이성과 논리를 적용하기 시작한다. 즉 아이는 논리적이고 합리적인 능력을 문제해결에 적용할 수 있다는 것을 깨닫는다.

⑦ 7단계 : 고유자아 추구

고유자아 발달의 마지막 단계는 청소년기에 해당된다. 이 시기에 청소년은 인생의 장기목표 및 계획을 형성하기 시작한다. 즉 청소년기에 있는 아이들은 미래에 하고자 하는 것과 그것을 실현하기 위한 계획을 형성하기 시작한다.

(2) 건강한 성격

Allport는 건강한 성격발달이란 바로 개인이 자신의 삶에 대해 책임을 느끼고 개인 특유의 개별적인 방법으로 발달하고 성장하고 적극적인 과정으로 생각하고 있다. 성격의 성숙은 계속적이며 평생에 걸친 생성과정이라고 할 수 있다. Allport는 긍정적이고 건강한 성인의 성격을 다음의 6가지로 나누어 설명하고 있다.

① 성숙한 인간은 넓게 확장된 자아감을 가지고 있다.

건강한 인간은 자신으로부터 밖으로 나올 수 있기 때문에 자신의 요구나 욕망에만 집착한 협소한 심리학적 상투적 행동에 영원히 얽매여 있지 않으며 사회적 관심을 가진다. 또한 직업, 가족, 여러 가지 인간관계나 취미, 정치적이고 사회적인 문제, 종교, 그 밖의 가치가 있는 일에는 어디에나 의미를 가지고 참여한다. 이러한 행동은 참된 자아의 개입을 필요로 하며 생의 어떤 방향이 설정된다. Allport에게 있어서 자아에 대한 사랑은 모든 사람의 삶에서 가장 뛰어난 요소이기는 하나 그것이 각자의 생의 방식을 지배할 필요는 없다.

② 성숙된 인간의 사회적 적응은 그가 자기를 다른 사람과 우호적으로 연관시키는 것에서 특징적으로 나타난다.

이 같은 기준에 포함되는 두 가지의 인간관계적 애정이 있는데, 즉 친밀감과 연민이다. 애정에 대한 친밀의 측면은 소유욕과 시기심에서 나오지 않는 자기 가족과 가까운 친구에 대해 깊은 사랑을 보여주는 능력에서 찾아볼 수 있으며, 연민은 남들과의 사이에서 가치나 태도에 관해서 차이를 인내하는 능력에서 나타나는데, 이것은 사람으로 하여금 인간 조건에 대한 깊은 이해와 인정을 나타내고 모든 사람들과 친밀감을 갖도록 해 준다.

③ 정서적 안정과 자아수용은 성숙한 인간의 또 다른 특징이다.

원만한 사람은 근본적으로 긍정적인 자아상을 가지고 있는데, 기분이 상하거나 공격적으로 되지 않고서도 좌절이나 불만스러운 상황은 물론 자기의 약점을 잘 이겨 나간다. 그는 자신을 한 인간으로 수용한다. 이러한 사람은 그의 정서의 상태(우울, 분노, 슬픔)를 다른 사람의 안녕을 방해하지 않고 이겨낸다. 건강한 사람은 남도 생각하면서 자신의 신념이나 기분을 나타내고 그는 정서가 안정되어 있으므로 자신이나 다른 사람의 정서적 표현에 의해서 위협을 받지는 않는다.

④ 성숙한 인간은 현실적으로 지각하고 현실적인 기술을 소유하고 임무수행을 하는 것이 특징이다.

건강한 사람은 사물을 그가 원하는 대로가 아니라 있는 그대로 본다. 그들은 현실에 적극적으로 접촉하며, 자신의 욕구와 상상에 맞도록 빈번히 현실을 왜곡해서 지각하지 않는다. 또한 건강한 사람은 객관적인 문제를 해결하는 적절한 기술을 가지고 있다. 상황적으로 업무가 우선적일 때에는 자신의 사사로운 욕망이나 충동은 제쳐 두고 자신을 잊을 정도로 일에 열중한다.

⑤ 성숙한 인간은 자기를 객관화할 수 있고, 유머에 관한 통찰력이 있다.

성숙한 사람은 자신을 객체로 알며 있는 그대로의 자신과 자기가 바라는 자신과 남들이 보는 자신간의 차이를 이해하는데 Allport는 이를 자기객관화라고 하였다. 유머 또한 자기 이해의 중요한 요소인데, 유머는 잘난 체하는 자기예찬과 뻔한 거짓말을 하는 것을 방지한다. 유머는 자신 및 타인의 삶에 대한 상황의 측면을 이해할 수 있게 한다. 즉 유머는 자신이 소중히 하는 일들을 웃어넘기면서도 여전히 그것을 소중하게 생각하는 것을 말한다.

⑥ 통합적인 삶의 철학이 성숙한 인간의 특징이다.

건전한 사람은 삶의 의미를 분명하고 일관성 있게 그리고 체계적인 방법으로 보고, 이를 통합할 수가 있다. 우리의 삶을 의미 있게 해 주는 중요한 목표, 주제, 또는 대상을 우리에게 제시해 줄 수 있는 여러 가지 우선적 가치가 있다. Allport의 견해에 의하면 유일한 최선의 가치나 철학이 있다면 그것이 그의 삶을 위한 통합된 기초로서의 역할을 하기 때문에, 통합된 삶의 철학은 우리가 하는 모든 것에 실제로 중요성과 의미를 부여하는 일종의 지배적인 가치지향성을 제공한다.

3) 성격평가 및 연구방법

Allport는 다른 성격이론가들보다 성격 평가기법에 대해 많은 내용을 기술했다. 그는 인간의 성격은 너무 복잡해서 그것을 평가하기 위해 모든 적절한 기법을 이용해야 한다고 지적하며 체질적 생리적 진단, 개인적 자료와 사례연구, 자기평가, 행동표본, 등급평가, 검사와 척도, 투사기법, 심층분석, 표현적 행동 등의 다양한 방법을 제안했다. Allport의 개념들은 심리측정학과 법칙 정립적 연구를 강조하는 학문으로서의 심리학과 성격을 이해하는 데 사례연구를 보다 강조하는 임상심리학을 연결하는 다리 역할을 하였으며 특히 Allport가 성격을 이해하기 위해 실시한 언어에 대한 분석은 성격의 5요인 모델(Big Five 요인)의 발달에 임상적이며 개념적인 영향을 끼쳤다.

Tip»»»

Big Five 요인

특성을 나타내는 용어들은 수천 개이다. 따라서 특성심리학자들은 이를 단순화하고 조작화해야 할 필요성을 느끼고 이를 위해 요인분석을 하게 되었다. 그 결과 많은 연구자들은 특성 용어들이 군집으로 묶일 수 있는 5개 유형의 차원 혹은 요인들에 대해 상당한 일치에 도달했는데 흔히 그것을 'Big Five 구조'라고 불렀으며(Goldberg, 1991; John, 1990), 5대 요인들은 다음과 같다.

높은 점수	요인(특성 차원)	낮은 점수
걱정, 초조, 감정의 변덕, 불안정, 부적절한 감정, 심기증이 있음	1. 신경성(Neuroticism : N) 적응 대 정서적 불안정을 측정 심리적 디스트레스, 비현실적 생각, 과도한 열망과 충동, 부적응적인 대처반응을 얼마나 나타내는지를 측정	침착, 이완, 안정, 강건함, 자기충족
사교적, 적극적, 말하기를 좋아함, 사람 중심, 낙관적, 즐거움 추구	2. 외향성(Extroversion : E) 대인관계에서의 상호작용 정도와 강도를 측정, 즉 활동수준, 자극에 대한 욕구, 즐거움 능력 등을 측정	말수가 적음, 냉정함, 과업중심, 조용, 활기 없음
호기심이 많음, 흥미 영역 광범위함, 창의적, 독창적, 상상력 풍부, 관습에 얽매이지 않음	3. 경험에 대한 개방성(Openness : O) 자신의 경험을 주도적으로 추구하고 평가하는지의 여부를 측정, 즉 낯선 것에 대한 인내와 탐색 정도를 측정	관습적임, 흥미를 갖는 영역이 제한됨, 예술적이지 않음, 분석적이지 않음
마음이 여림, 성격 좋음, 신뢰로움, 도움을 잘 줌, 관대함, 잘 속음, 솔직함	4. 수용성(Agreeableness : A) 사고, 감정, 행동에서 동정심부터 적대감까지의 연속선상을 따라 개인의 대인관계 지향성이 어느 위치에 있는지를 측정	냉소적임, 무례함, 의심 많음, 비협조적 앙심 품음, 무모함, 초조함, 조종적임
체계적임, 믿음직함, 근면, 시간을 잘 지킴, 정돈됨, 야망이 큼	5. 성실성(Conscientiousness : C) 목표지향적 행동을 조직하고, 지속적으로 유지하며, 목표지향적 행동에 동기를 부여하는 정도를 측정	목적이 없음, 믿을 수 없음, 게으름, 부주의함, 의지가 약함, 쾌락의 탐닉

출처 : Costa, P. T., Jr. & McCrae, R. R.(1992), 노안영(2002)

나와 타인의 이해를 위한 성격심리 연습과제 6

공통특질과 개별특질

Allport 성격이론의 핵심개념은 특질(traits)이다. 특질은 환경의 자극 측면에 반응하는 일관적이며 지속적인 방식으로 성격의 기본단위가 된다고 보았다. Allport는 사람에게는 주어진 문화와 환경에 따르는 공통된 특질(common traits)과 그 개인만이 소유한 고유의 개별특질(individual traits)이 있다고 보았다.

1. 국적과 출생지를 적어 보자.

2. 국적, 즉 한국인으로서 소유하고 있는 공통 특질은 무엇이라고 생각하는가?(다른 국적을 가지고 있는 경우는 그 국적으로 적용)

3. 출생지(서울, 경상도, 충청도 등)에 따라 소유하고 있는 공통 특질은 무엇이라고 생각하는가?

4. 이것과는 달리 자신이 갖고 있는 고유한 개별적인 특질은 무엇이라고 생각하는가?

주 특질, 중심 특질, 이차적 특질(cardinal, central, secondary traits)

Allport는 사람들은 자신의 행동과 성격의 대부분 측면들에 영향을 미치는 성향을 지니고 있다고 확신하며 이런 매우 일반화된 성향들을 주 특질(cardinal traits)이라고 불렀으며, 주 특질보다는 덜 확산적이지만 여전히 상당히 일반화된 성향들을 중심 특질(central traits), 마지막으로 더 특수하고 제한된 특질들은 이차적 특질(secondary traits) 혹은 태도라고 불렀다.

1. 자신의 기본 성향, 즉 주 특질은 무엇이라고 생각하는가?(대부분 측면에 영향을 미치는 일반적인 성향을 생각해 보자.)

2. 자신의 중심 특질은 무엇이라고 생각하는가?(만약 자기소개서를 쓴다고 할 때 성격 특성으로 제시할 단어들을 생각해 보자.)

3. 자신의 이차적 특질은 무엇이라고 생각하는가?(예를 들어, 특정 종류의 음식을 선호하는 것과 같이 어떤 특수하고 제한적인 상황에서 나타나는 성향을 생각해 보자.)

동기의 기능적 자율성(functional autonomy)

Allport의 성격이론에서 이해해야 할 중요한 개념이 동기의 기능적 자율성(functional autonomy)이란 개념이다. 성인의 동기는 아동기의 경험과 독립적이라는 것이다. 따라서 현재 많은 동기들은 그 동기들이 한 때 가졌던 것과는 다른 의미와 목적을 가진다는 것이다.

* 열심히 정열을 쏟아 하는 일이 있는가를 찾아보자. 그 일을 열심히 한 동

기가 어렸을 적의 삶과 어떠한 연관이 있는지 살펴보자. 더 나아가 지금 그 일을 열심히 하는 목표가 무엇인지 생각해 보고 이것이 어렸을 적의 목표와 어떻게 다르게 변화하였는지 적어 보자.

건강한 성격

Allport는 성숙하고 건강한 성격을 다음의 6가지로 나누어 설명하고 있다.

① 성숙한 인간은 넓게 확장된 자아감을 가지고 있으며 생활에서 광범위한 참여를 한다.

② 성숙된 인간은 다른 사람들과의 친밀성이 증대되어 있으며 사랑하는 능력이 발달되어 있다.

③ 정서적 안정과 자아수용은 성숙한 인간의 또 다른 특징이다.

④ 성숙한 인간은 현실을 지각하고 다루는 능력이 있으므로 욕구와 공상이 성숙한 사람의 판단과 지각을 왜곡시키지 못한다.

⑤ 성숙한 인간은 자기를 객관화할 수 있고, 유머감각과 통찰력이 있다.

⑥ 통합적인 삶의 철학이 있어서 생활에 대한 목표 감각과 방향성이 있다.

1. 위의 특성들에 비추어 자신의 성격의 성숙도에 대하여 평가해 보자. 구체적으로 예를 들어 적어 보자.

2. 더욱 건강하고 성숙한 성격을 갖기 위해 당신이 수정하고 보완할 점은 무엇이 있는지에 대하여 서술해 보자.

요약

지금까지 Allport의 이론을 바탕으로 한 과제를 하고 나서 스스로에 대해 새롭게 알게 된 것이나 깨달은 것이 있다면 적어 보자. 또한 이것은 앞으로 어떠한 영향을 미칠 수 있을 것인지 적어 보자.

※ 지금까지 했던 과제를 현재 당신에게 의미 있는 타인과 함께 해 보고 서로 나누는 시간을 가진다면 서로에 대해 더욱 깊이 이해할 수 있을 것이다.

7. Cattell의 특질이론

Raymond B. Cattell

카텔(Raymond B. Cattell, 1905-1998)은 영국 스태포드셔(Staffordshire)에서 출생하여 아동기를 보냈는데 그의 부모는 자녀에게 요구하는 수행기대 수준은 엄격하였으나 아이들이 어떻게 시간을 보내는가에 대해서는 허용적이었다. 카텔이 9세에 이르러 1차세계대전을 경험하면서 인생의 덧없음을 자각하였고, 16세에 물리학과 화학을 공부하기 위해서 런던대학에 입학하여 3년 후 졸업하였고, 졸업 후에 사회적인 문제에 대한 그의 관심은 증폭되어 1924년에 물리학보다 인간 정신을 연구하는 심리학을 공부하기로 결심하였다. 영국의 정황으로는 쉬운 일이 아니었으나 대학원에 진학하여 요인분석 기법을 개발하여 지능의 이요인설로 유명한 심리학자이며 통계학자인 스피어만(Charles E. Spearman)의 영향을 받았다. 1929년 박사학위 후 8년만인 1937년에 손다이크(Edward L. Thorndike)의 제안으로 그의 실험실에서 일하게 되었다. 이는 그의 인생에서 전환점이 되었으며, 1939년에 클라크대학의 교수가 되었다. 1941년에 하버드대학으로 옮겨갔고, 마침내 40세인 1945년에 일리노이대학의 연구교수로 정착하여 오직 연구에 혼신의 힘을 기울였다.

1) 주요개념

(1) 성격의 정의

Cattell의 성격 연구의 목적은 행동을 예언하는 것이었다. 그에 따르면 성격은 개인이 주어진 상황에서 무엇을 할 것인가를 예언하도록 해 준다. 즉, 성격이란 개인이 어떤 환경에 주어졌을 때 그가 무엇을 할 것인가를 말해 주는 것이라고 정의하였다. 그리고 $R=f(P*S)$라는 하나의 공식을 만들어서 설명하였다. R은 개인의 행동 또는 반응(response or reaction)을, P는 성격(personality)을 그리고 S는 주어진 상황 또는 자극(situation or stimulus)을 나타낸다. 다시 말하면, 위의 공식은 반응=f(성격 · 상황)으로 개인의 행동반응이 그의 성격과 주어진 상황에 의해서 결정되는 함수관계에 있음을 보여 준다.

(2) 특질의 종류

특질은 Cattell의 성격구조의 기본단위로서 개인이 갖는 상당히 지속적인 반응 경향성이다. 그래서 개인의 성격은 특질의 패턴으로 설명될 수 있으며, Allport가 특질을 개인 내에 실재하는 것으로 본 바와는 달리 특질을 행동의 객관적 관찰에서 추론되는 가설적 혹은 상상적 구성개념으로 본다. 따라서 특질은 성격의 기본적 요소이며, 행동을 예언하는 데 매우 중요한 것으로 다음의 세 가지로 분류하여 설명하였다(노안영, 2002).

① 공통특질 대 독특한 특질

공통특질(common traits)은 모든 사람이 어느 정도 소유한 특질로서 일반적인 정신능력 혹은 지능, 외향성, 군거성 등을 말한다. 공통특질이 사람들에게 보편성을 갖는 이유는 모든 사람이 거의 유사한 유전적인 잠재력을 갖고 있으며 유사한 사회적 압력을 받고 많은 공통점을 가진 문화 내에서 생활하기 때문이다. 그리고 독특한 특질(unique traits)은 인간의 개인차를 반영한 것으로 개인 혹은 소수의 사람들이 갖는 특질이다. 독특한 특질 때문에 사람들은 서로 다르며, 각기 다른 관심과 태도를 보인다.

② 능력특질 때 기질특질 대 역동적 특질

능력특질(ability traits)은 개인이 얼마나 효과적으로 어떤 목표를 수행할 것인가를 결정한다. 즉 능력특질은 주어진 상황의 복잡성을 처리하는 개인의 기술을 의미한다. 그러므로 지능은 능력특질로서 개인의 지능수준은 그가 목표를 어떻게 추구할 것인가를 도와 준다. 기질특질(temperament traits)은 개인의 행동에 대한 일반적 스타일과 정서적 상태를 의미하며, 개인이 행동하고 상황에 반응하는 방식에 영향을 주며, 역동적 특질(dynamic traits)은 행동의 추진력인 개인의 동기, 흥미, 야망을 의미한다.

③ 표면특질 대 원천특질

표면특질(surface traits)은 몇 가지의 원천특질 혹은 행동요소로 구성된 성격특성이다. 그러나 표면특질은 단일원천에 의해 결정되지 않기 때문에 성격요인을 구성하지 못한다. 표면특질은 여러 가지 변인들로 구성되기 때문에 안정적이거나 지속적이지 않기 때문에 성격을 이해하는데 원천특질보다는 훨씬 덜 중요하다. 원천특질(source traits)은 훨씬 안정적이며 영속적인 단일 성격요인이다. 각각의 원천특질은 단일요인으로서 행동을 야기하며 요인분석으로부터 도출된 개별요인으로 표면특질을 설명하기 위해 조합된다. Cattell은 요인분석을 통해서 인간의 성격의 기본요인으로서 16가지 원천특질을 확인하였는데 이는 객관적 성격검사로 알려진 16PF(Sixteen Personality Factor)을 구성하고 있는 요인이다. 이 같은 원천특질은 체질특질(constitutional traits)과 환경조형특질(environmental mold traits)로 구별된다. 체질특질은 생물학적 조건에 기원을 두고 있으나 타고난 것은 아니다. 환경조건특질은 사회적 및 물리적 환경의 영향 하에 파생된 것이다. 이 같은 특질은 성격에 어떤 패턴을 강요하는 학습된 특성과 행동이다.

2) 성격발달

Cattell은 인생 전반에 걸친 성격 발달을 6단계로 구분하였는데 이는 유아기, 아동기, 청소년기, 성인기, 성인 후기, 노년기이며 각 단계의 구체적인 내용은 다음과 같다.

(1) 유아기

출생 후 6세까지로 주요한 성격형성이 이루어지는 시기이며, 이유, 대변훈련,

자아, 초자아, 사회적 태도의 형성을 하는 발달과업이 있으며, 아이는 주로 부모와 형제에 의해서 영향을 받는다. 자아, 초자아, 안전감, 불안전감, 권위에 대한 태도, 신경증에 대한 가능 경향성 등의 발달과 함께 사회적인 태도가 형성된다.

(2) 아동기

6~14세까지로 거의 심리적인 문제는 없으며, 두드러진 성격발달은 부모로부터 독립하려는 경향성의 시작과 또래와의 동일시이다.

(3) 청소년기

14~23세로 아동기보다 훨씬 많은 문제와 스트레스를 겪는 시기이며, 독립성, 성(sex), 자기표현 등에 대한 갈등을 겪는다. 특히 정서적 장애와 이탈행동이 나타나는 시기이다.

(4) 성인기

23~50세까지로 직업, 결혼, 가족 등과 관련된 일이 수행되는 만족스럽고 생산적인 시기이다. 성격은 이전 단계와 비교해 볼 때 더 안정적이며 정서적 안정성이 증가하며 이 단계 동안에는 흥미와 태도의 변화가 거의 일어나지 않는다.

(5) 성인 후기

50~65세까지로 신체적, 심리적, 사회적 변화에 대한 반응으로 성격의 변화가 일어나는데, 건강과 열정은 50세 이후에 신체적 매력에 대한 관심의 감소와

더불어 줄어들 수 있다. 이 시기의 사람들은 자신의 가치를 재검토하고 새로운 자기를 찾아야 한다.

(6) 노년기

65세 이후의 시기로 상실에 대한 적응이 주요 발달과업으로 죽음, 은퇴로 인한 상실감, 고독감과 불안전을 경험하는 시기이다.

3) 성격평가 및 연구방법

Cattell은 성격의 중요 차원을 밝히려는 분석에는 생활-자료(L-data), 질문-자료(Q-data), 검증-자료(T-data)의 세 가지 광범위한 자료가 요구된다고 주장하였다. 생활-자료는 개인의 삶의 기록 예를 들어, 학교 성적, 경력 등에서 모아지며, 질문-자료는 질문지와 면접에서 얻어진다. 검증-자료는 투사적인 검사를 통해 수집되는 것이다.

또한 그는 '특질을 측정하는데 있어서의 문제는 너무 많은 특질이 있다는 것이다'라는 입장을 가지며 이러한 문제를 해결하기 위해 요인분석이라는 통계 도구를 사용하여 정교화된 수학적 접근으로 성격을 평가하고자 하였다.

이 같은 맥락에서 Cattell이 성격을 평가하기 위해 개발한 검사 중에서 가장 잘 알려진 검사가 16PF검사이다. 16PF란 요인분석에 의해 도출된 16가지 성격 요인을 의미한다. 따라서 16PF검사란 요인분석을 통해 발견한 주요 16가지 원천특질들을 측정할 수 있는 성격검사이며, 이를 한국 상황에 맞게 표준화한 것이 다요인 인성검사이다(자세한 내용은 2장 참조).

나와 타인의 이해를 위한 성격심리 연습과제 7

16PF검사

Cattell이 성격을 평가하기 위해 개발한 검사 중에서 가장 잘 알려진 검사가 16PF검사이다. 16PF란 요인분석에 의해 도출된 16가지 성격요인을 의미한다. 따라서 16PF검사란 요인분석을 통해 발견한 주요 16가지 원천특질들을 측정할 수 있는 성격검사이다.

1. 양 쪽에 제시된 특질들을 읽어보고 자신의 특성과 가까운 쪽으로 표시를 해 보고 이를 선으로 연결하면 당신의 16PF 프로파일을 작성할 수 있다.

<프로파일의 예> 전형적인 회계사 프로파일

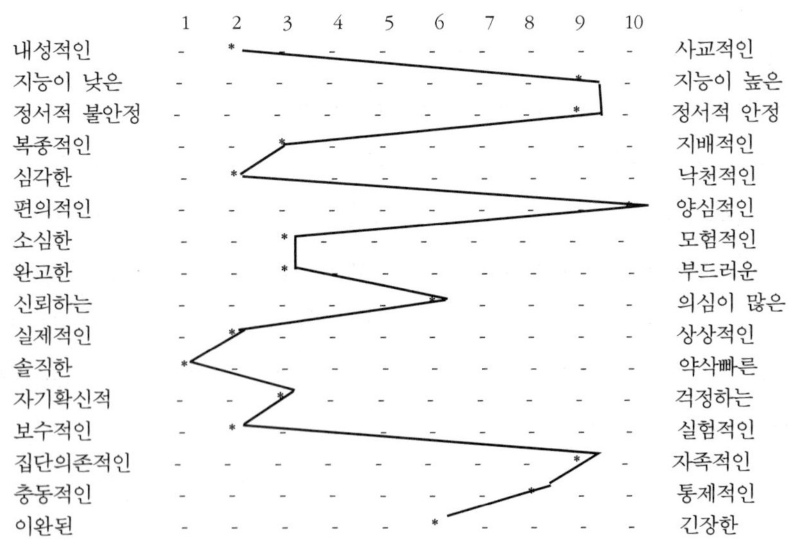

* 출처 : Ryckman, R. M.(2000)

- 앞의 프로파일의 예를 참조하면서 자신의 프로파일을 만들어 본다.

〈나의 특성에 대한 나 자신의 평가〉

내성적인	- - - - - - - - - -	사교적인
지능이 낮은	- - - - - - - - - -	지능이 높은
정서적 불안정	- - - - - - - - - -	정서적 안정
복종적인	- - - - - - - - - -	지배적인
심각한	- - - - - - - - - -	낙천적인
편의적인	- - - - - - - - - -	양심적인
소심한	- - - - - - - - - -	모험적인
완고한	- - - - - - - - - -	부드러운
신뢰하는	- - - - - - - - - -	의심이 많은
실제적인	- - - - - - - - - -	상상적인
솔직한	- - - - - - - - - -	약삭빠른
자기확신적	- - - - - - - - - -	걱정하는
보수적인	- - - - - - - - - -	실험적인
집단의존적인	- - - - - - - - - -	자족적인
충동적인	- - - - - - - - - -	통제적인
이완된	- - - - - - - - - -	긴장한

2. 자신의 프로파일을 다 작성했으면 이제 다른 사람에게 당신에 대해 평가해 줄 것을 요청하여 그 사람이 평가한 당신의 프로파일을 만들어 보자. 가능한 한 많은 사람들에게 이 작업을 반복하여 많은 프로파일을 얻는다면 자신을 객관적으로 이해하는데 더욱 도움이 될 것이다(이 작업은 집단작업으로 해서 서로 돌아가면서 평가를 해 주면 더욱 좋고 그렇지 않을 경우에는 가족이나 친구 등 당신의 주변 인물들에게 도움을 구하여 해 본다).

〈나의 특성에 대한 타인의 평가〉

내성적인	- - - - - - - - - - - - - - - -	사교적인
지능이 낮은	- - - - - - - - - - - - - - - -	지능이 높은
정서적 불안정	- - - - - - - - - - - - - - - -	정서적 안정
복종적인	- - - - - - - - - - - - - - - -	지배적인
심각한	- - - - - - - - - - - - - - - -	낙천적인
편의적인	- - - - - - - - - - - - - - - -	양심적인
소심한	- - - - - - - - - - - - - - - -	모험적인
완고한	- - - - - - - - - - - - - - - -	부드러운
신뢰하는	- - - - - - - - - - - - - - - -	의심이 많은
실제적인	- - - - - - - - - - - - - - - -	상상적인
솔직한	- - - - - - - - - - - - - - - -	약삭빠른
자기확신적	- - - - - - - - - - - - - - - -	걱정하는
보수적인	- - - - - - - - - - - - - - - -	실험적인
집단의존적인	- - - - - - - - - - - - - - - -	자족적인
충동적인	- - - - - - - - - - - - - - - -	통제적인
이완된	- - - - - - - - - - - - - - - -	긴장한

3. 이제 앞에서 한 작업을 검토 정리하여 자신의 성격특성에 대해 이해해 보자. 내가 평가한 나의 특성은 어떠한가? 타인이 평가한 나의 특성은 어떠한가? 이 둘 간에 어떤 유사점과 차이점이 있는가? 이에 관해 스스로 생각해 보고 또한 타인과 대화를 나누어 보며 자신의 성격에 대해 이해하고 그것을 정리해 보자.

요약

지금까지 Cattell의 이론을 바탕으로 한 과제를 하고 나서 스스로에 대해 새롭게 알게 된 것이나 깨달은 것이 있다면 적어 보자. 또한 이것은 앞으로 어떠한 영향을 미칠 수 있을 것인지 적어 보자.

※ 지금까지 했던 과제를 현재 당신에게 의미 있는 타인과 함께 해 보고 서로 나누는 시간을 가진다면 서로에 대해 더욱 깊이 이해할 수 있을 것이다.

제5장

행동 및 사회적 학습 관점

8. Skinner의 행동주의적 성격론
9. Bandura의 사회학습이론

심리학의 제2세력이라고 할 수 있는 행동주의는 인간의 행동을 연구하는 심리학의 주요한 세력으로서 20세기 후반을 지배해 왔다. 행동주의자들은 인간의 관찰될 수 있는 행동만이 과학적 심리학의 연구주제가 된다고 주장하였다. 따라서 행동주의적 접근은 외현적 행동과 그 행동에 영향을 주는 환경에 대한 연구를 강조하며, 인간행동의 원리나 법칙을 설명하는 학습이론에 근거한다. 학습이론에서는 인간의 모든 행동이 주어진 환경에 의해 결정된다고 본다. 또한 특정한 행동이 어떻게 형성되었는가를 실험심리학을 통해 구체적으로 보여줌으로써 문제행동을 변화시키기 위한 상담의 이론적 체계에 공헌하였다.

행동주의적 접근의 기초가 되는 중요한 학습이론으로는 Pavlov의 고전적 조건형성과 Skinner의 조작적 조건형성을 들 수 있다. 행동치료는 이러한 학습원리를 인간활동에 논리적으로 확장한 것으로 간주될 수 있다. 그러나 오늘날의 행동치료는 더 이상 고전적 조건형성과 조작적 조건형성 이론의 임상적 적용이라고 단순히 정의할 수 없을 정도로 발전을 이룩하였다.

한편 행동주의와 학습이론의 전통을 이어받은 Bandura와 Rotter는 급진적 행동주의의 단점을 보완하면서, 인지의 중요성을 내포한 사회적 행동과 학습이론을 행동주의 이론과 통합시키려는 노력을 하였다. 이들은 동물을 대상으로 한 단순한 학습실험에서 발달된 '자극-반응'의 개념을 넘어서서 보다 복잡한 사회적 맥락에서 연구되어야 함을 강조하였다. 근래에는 사회적 인지수준에서의 성격에 대한 연구가 이루어져 왔는데 사회적 인지이론에서는 성격과 사회행동의 많은 측면들을 이해하기 위한 주된 특징으로 사회적 학습원리를 여전히 포함하고 있지만 정서, 인지 및 동기에 더 큰 역할을 부여하며 광범위한 성격현상을 다루고 있다. 본 장에서는 Skinner의 행동주의적 성격이론과 Bandura의 사회학습이론에 대하여 살펴볼 것이다.

♠ 들어가기 전에 생각해 봅시다

- 불안과 공포 등 주요 정서들과 행동 양식들은 어떻게 학습되는가?
- 내가 지금 행하고 느끼는 것은 과거 나의 어떤 경험들의 영향을 받았다고 생각하는가?
- 나의 성격 특성은 내가 처해있는 환경이나 사회적 맥락에 중요한 영향을 받는가?
- 나 자신과 세상에 대해 내가 알고 생각하고 느끼는 것이 내가 행하는 것에 얼마나, 어떻게 영향을 미치는가?
- 나의 생각과 행동에 중요한 영향을 미치는 모델은 누가 있는가?
- 내가 생각하고 행하고 느끼는 방식을 변화시키기 위해 나는 무엇을 할 수 있는가?

8. Skinner의 행동주의적 성격론

Frederick B. Skinner

스키너(Frederick B. Skinner, 1904-1990))는 1904년 펜실베니아 주의 서스키해너(Susqueganna)에서 태어났다. 그의 아버지인 윌리암 스키너는 지역에서 좋은 평판을 받던 법률가로서 성품이 비사교적이고 정직해서 정치에 발을 들여놓지는 못하였다. 어머니 그레이스 스키너는 아름답고 현명한 여자로서 스키너는 그의 어머니를 '가정일에 몰두하고 근검하며 자애스러웠던 것'으로 술회하고 있다. 장남으로 태어난 스키너의 두 살 반 아래인 남동생은 운동도 잘하고 친구들 사이에 인기도 높았으나 16세에 갑자기 죽었다. 이 때 스키너는 동생의 죽음에 대해 별다른 감정을 느끼지 않았다고 털어놓았다. 스키너가 착한 소년이 되어야 한다고 끊임없이 강요받았다는 점(스키너는 이에 반항하기를 즐겼지만)을 볼 때 그의 가정환경은 따뜻하고 안정되었고 전통적이었던 것으로 생각된다. 스키너는 부유하지는 않았지만 일반적으로 가난에서 비롯되는 생활에 대한 치열한 고민은 있을 수 없는 가정 분위기였다. 따라서 그는 어린 시절의 생활에 대한 부담과 어려움에 대한 기억보다는 정서적인 생활에 대한 기억들로 가득 차 있다. 고등학교 졸업 후, 그는 뉴욕의 해밀턴대학(Hamilton College)으로 가서 고전어 교육을 받았다.

그는 일생 동안 문학, 역사, 음악 및 예술을 즐기며 살았다. 해밀턴대학을 졸업한 후 뉴욕의 그린위치 빌리지(Greenwich Village)에 한동안 살면서 소설가가 되려고 하였다. 그러나 이 시도는 실패했고, 파블로프와 왓슨의 연구를 읽고 나서 스키너는 행동과학자가 되기 위해 하버드 대학원에 진학하였다.

하버드 대학원 졸업 후 스키너는 흰쥐를 이용하여 학습 원리를 개발하려 노력하였으며 그 연구결과는 유기체의 행동(The Behavior of Organisms)이라는 제목으로 1938년에 출판되었다. 실험심리학에 있어서 그의 가장 중요한 기여는 아마도 일반적으로 '스키너 상자'라고 불리는 장치의 발명일 것이다. 스키너 상자는 동물(주로 쥐와 비둘기)의 자발적 행동을 분석하기 위한 실험 장치로, 이 실험에 의해 새로운 학습실험의 형식이 생겨났다고 할 수 있다. 이 실험 장치는 스키너가 강화라고 불렀던 것을 받기 위해 동물이 새장에 붙어 있는 지렛대를 누르도록 고안된 장치이다. 나중에 스키너와 다른 연구자들은 이 장치를 비둘기, 원숭이, 인간, 그리고 다른 다양하나 유기체에 적용하였으며, 이 장치는 지금도 다양한 학습 원리를 실험하는데 사용되고 있다.

그러나 행동에 관한 스키너의 관점은 많은 사람들의 감정을 상하게 하였고, 따라서 스키너는 공격을 받게 되었으며 잘못 알려졌다. 자신에 대한 비난보다도 자신의 생각이 오해를 받는 것이 그를 더 괴롭혔다. 사람들은 그가 사고와 감정의 존재를 부인하고, 행동에 있어서 생물학의 역할을 부인하고, 사람이 로봇 같은 기계라고 믿으며, 자유와 존엄을 거부한다는 잘못된 이야기를 거듭했다. 스키너의 비판자들이 쓴 글을 보면 스키너가 정작 말했던 것은 거의 찾아볼 수가 없다.

그러나 스키너의 비판자들조차도 그가 행동에 대한 우리의 이해에 중요한 공헌을 많이 했음은 인정한다. 그는 반응률의 변화를 학습의 표준적인 측정치로 만들었고, 집단보다는 개인을 연구의 대상으로 만들었고, ABA 연구 설계를 사실상 발명했으며, 손다이크의 주관적인 용어들을 오늘날 우리가 사용하고 있는 더욱 정확한 언어로 대체하였고, 행동에 대한 자연과학이 의학, 일, 육아, 교육 및 기타 분야에 적용될 수 있는 방법들을 제안하였다.

이런 업적들을 남기면서 그는 '올해의 미국 휴머니스트 상'을 비롯하여 심리학자에게 주어진 모든 상들을 수상하였다.

1990년 1월 스키너는 백혈병 진단을 받았다. 그는 백혈병이 죽는 데 나쁜 방법은 아니라고 말했다. 1990년 10월 미국심리학회 정기연차총회에서 스키너에게 특별 평생공로상이 수여되었는데, 이 상은 미국심리학회가 최초로 수여한 평생공로상이다. 그것이 스키너가 대중 앞에 섰던 마지막 모습이었다. 그는 강연장을 떠나 집으로 돌아가서 사망할 때까지 매일 일찍 일어나 서재에서 집필하고, 답신을 쓰고, 방문객들을 맞이하는 일을 계속했다.

1) 주요개념

(1) 성격 없는 성격이론

인간은 환경과의 상호작용에 의해서 선하게도 악하게도 될 수 있다고 한다. 학습이론적 관점에서는 인간을 자극에 대한 반응을 보이는 존재로 여긴다. 즉 학습이론에 의하면 성격은 환경과의 상호작용에 의해서 결정되며, 성격은 학습의 소산물이라고 한다. 학습이론가들은 성격발달을 말할 때 아동기의 경험을 중시하는데 이는 후천적인 학습에 의해서 성격이 결정된다고 보기 때문이다. 이 때 강화와 소거의 개념이 적용되는데 정적 강화인지 부적 강화인지에 따라서 지각될 수 있다. 그리고 다른 사람의 행동을 모방함으로써 특정행동을 학습하게 된다.

Skinner는 인간이 아니라 단지 인간에게 영향을 주는 환경 내의 변인과 힘에 초점을 두고 직접적으로 관찰될 수 있는 행동을 연구하였다. 그는 개인의 행동을 결정하고 유지시키는 환경적 결과에 집중해야 한다고 제안했다. 관찰할 수 있는 행동은 환경에 있는 요인에 대한 반응에 의해서 충분히 이해될 수 있다는 것을 강조했다.

따라서 Skinner에게 '성격'이란 용어는 필요 없는 말이었다. 그에게 성격 혹은 자아와 같은 내적 구조에 의해서 행동을 이해하거나 설명하려는 노력은 과학이 아니라 허구를 이야기하는 것이었다.

Skinner가 가정하는 인간은 그의 조건화 역사에 따라서 완전하게 결정되며, 개인의 행동은 이전의 강화의 산물이라는 것이다. 그렇기 때문에 행동의 개인차이는 강화의 결과물이며, 그 이유는 행동의 실험적 분석에 있어서 자유라는 것은 인정조차 될 수 없기 때문이라는 것이다. 그래서 Skinner는 인간행동을 과학적으로 연구하는데 결정론적 가정이 절대적으로 필요하다고 주장하였다.

Skinner는 성격을 행동패턴의 집합이라고 정의하였다. 이런 점에서 일반적으로 다른 성격이론에서 가정하는 관찰할 수 없는 '자아', '특질' 등의 개념은 행동의 과학적 분석을 강조하는 Skinner의 이론적 체계에서 연구대상이 아니었다.

Skinner는 대부분의 인간행동이 내적 충동보다 외적 자극에 의해 동기화된다고 보았다. 이 주장은 인간행동이 그 결과에 의해, 즉 보상과 처벌에 의해 유지된다고 보는 것이므로 인간의 모든 행동은 법칙적이며 예측이 가능하며 통제될 수 있다는 것이다. Skinner는 인간의 인지적 기능을 전혀 고려하지 않았으며, 무의식, 자아, 내면적 동기 등으로 인간행동을 설명하는 것을 거부해 행동에 대한 과학적 분석을 위해서는 자율적 인간의 성격, 심리 상태, 느낌, 성격의 특징, 계획, 목적, 의도 같은 경험적 실증이 불가능한 것을 연구할 필요가 없다고 보았다. 그래서 그의 학문적 관심은 인간행동 중 조작이 가능한 행동에 한정되었다.

(2) 조작적 조건형성(operant conditioning)

고전적 조건형성에서는 무조건자극과 조건자극을 짝지음으로써 조건반응을 학습하게 하는 것과는 달리 Skinner는 새로운 행동을 습득하게 하는 데 관심을 기울였다. Skinner 상자 속에 있는 배고픈 쥐는 원래 지렛대를 누르는 행동을 할 줄 모른다. 이 쥐가 여러 가지 행동을 하다가 우연히 지렛대가 있는 것을 보고 이를 눌러 본다. 그리고 얼마 후 먹이통에 먹이가 있는 것을 보고 먹게 된다. 이런 경험을 거듭하면서 먹이라는 보상이 뒤따르는 지렛대 누르기 행동을 습득하게 된다. 즉 먹이라는 보상을 얻기 위해서 지렛대 누르기라는 새로운 행동을 학습하게 된다. 우리의 정상적인 행동뿐 아니라 이상행동도 이러한 방식으로 학습할 수 있다.

Wolpe, Lazarus, Eysenck가 실험을 한 것과 같은 시기인 1950년대에 Skinner는 미국에서 정신병환자에 대해서 조작적 조건형성 원리의 사용을 체계적으로 연구했으며, 행동 통제에 대한 Skinner의 견해는 행동변화는 그 행동 후에 특정 결과가 따를 때 일어난다고 가정하는 조작적 조건형성의 원리에 기초한다. 즉 조작적 조건화는 Thorndike, Skinner 등에 의해서 체계화된 학습기제이다. 우리에 갇힌 배고픈 고양이는 우리 밖의 먹이에 접근하기 위해서 여러 가지 행동을 해 본다. 그러한 과정에서 우리 문의 빗장을 올리면 문이 열리는 경험을 하게 되는데, 이 문을 여는데 걸리는 시간이 점점 짧아지게 된다. 결국 고양이는 우리 밖으로 나가고 싶을 때는 전혀 주저함이 없이 빗장을 올려서 문을 열줄 알게 된다. 이것이 조작적 조건화이다. 즉, 조작적 조건화는 인간행동의 병리적 현상을 설명하는 기제로 사용하게 되었고, 행동수정이론의 근거가 되었다. 이는 강화의 개념으로 설명되는데 학습의 필수요소라고 하는 것이다.

조작적 조건형성으로 학습이 이루어지려면 강화(reinforcement)가 뒷받침되어야 한다. 행동의 습득을 강화시키는 양식은 지렛대 누르기를 강화시키는 것과 같이 정적 강화라고 한다. 일반적으로 긍정적 행동습관은 이런 정적 강화에 의해서 잘 형성된다. 정적 강화 외에 부적 강화(negative reinforcement) 양식이 있는데, 보상을 얻기 위해서 어떤 행동을 획득하는 것이 아니라 고통으로부터 벗어나기 위해서 어떤 행동을 획득하게 하는 것이다.

아주 드문 반응이 강화되었을 때조차 그러한 행동이 유지될 수 있다는 발견을 통해 강화계획(schedules of reinforcement)에 대한 탐구가 이루어졌다. 강화가 주어지는 수반성에 따라 강화계획은 크게 계속강화와 간헐적 혹은 부분강화(intermittent or partial reinforcement)로 구분된다. 계속강화는 발생한 모든 반응에 강화물을 제공하는 경우로 일반적으로 실제적인 생활상황에서 발견되는 경험이 아니다. 반면에 간헐적 강화는 시간과 비율을 바탕으로 효과적인 행동 통제를 위해 사용되는 것으로 여기에는 고정간격계획(fixed interval schedule), 변동간격계획(variable interval schedule), 고정비율계획(fixed ratio schedule), 변동비율계획(variable ratio schedule) 등이 있다.

고정간격강화계획은 바로 앞의 강화로부터 계산하여 일정한 시간이 경과한 뒤에 일어난 첫 번째 반응에 강화를 주는 방법이다. 변동간격계획은 강화를 주는 평균 시간 간격을 정해 놓지만 실제 강화를 주는 시간 간격을 변동시키는 방법이다. 고정비율계획은 일정한 수의 반응을 한 후에 강화를 주는 방법이며, 변동비율계획은 일정한 횟수의 반응을 한 후 강화가 주어지지만 실제 반응횟수는 평균치를 중심으로 변동시키는 방법이다.

한편 강화 외에 처벌(punishment)에 의해서 학습을 경험시키는 경우가 있다. 이러한 방식은 바람직하지 않은 행동을 할 때 그 행동을 하지 못하도록 바로 고통을 줌으로써 바람직하지 않은 행동을 억제하는 학습을 시키는 것이다. 한편 훈육의 방법으로 강화나 처벌을 사용할 수가 있는데 신체적 및 심리적으로 상처를 주는 정적 처벌의 네 가지 부정적인 결과는 다음과 같다(Nemeroff & Karoly, 1991).

첫째, 처벌은 부적절한 행동을 제거하기보다는 일시적으로 부적절한 행동을 억압하는 것이다. 둘째, 처벌하는 사람과 처벌되는 상황 그 자체가 고전적 조건화된 혐오자극이 되도록 처벌하는 자극은 공포를 유발할 수 있는 것이다. 셋째, 처벌은 문제해결의 방법으로 폭력을 사용하는 것을 인정하거나 본보기가 될 수 있는 것이다. 넷째, 처벌 절차가 하지 말아야 하는 것을 단순하게 보여준다는 점에서는 바람직하지 않은 것이다. 이 같은 사실로 보았을 때 강화가 바람직한 행동을 학습할 수 있도록 하는데 더 효과적일 것이며, 처벌은 부적절한 행동의 감소를 위해서 사용하는 것이 마땅하지만 처벌의 부정적인 결과가 나타날 것을 염두에 두어야 할 것이다.

한편 소거(extinction)라는 개념도 있는데 이는 학습된 행동을 없애는 것으로, 조작적 조건형성이나 고전적 조건형성을 통해서 일단 습득된 행동이 없어지는 것을 말한다. 예를 들면, 떼쓰는 것이 심한 아이의 경우에 이런 행동이 어머니의 관심과 보상으로 습관화된 것이라고 한다면 아이가 떼쓸 때 어머니가 더 이상 관심을 주지 않고 내버려 두면 결국 그런 행동은 없어진다. 그래서 어린아이들이 보이는 바람직하지 않은 행동을 제거하기 위해서 소거의 방식을 적용하는 경우가 많다.

Tip»»»

Pavlov의 고전적 조건형성이론

고전적 조건형성(classical conditioning)이란 Pavlov에 의해서 체계적으로 연구된 이론이며, 개를 대상으로 한 실험을 통해서 학습의 원리를 밝혀 내었다. 개는 고기라는 무조건자극에 대해서 무조건반응인 타액을 분비하는데 이는 개의 자연스러운 반응이었다. 그러나 종소리에 대해서는 타액을 흘리지 않는 것이 자연상태의 반응이지만, 고기와 종소리를 짝지어서 수차례 반복하여 제시하면 개는 곧 종소리에 대해서도 타액반응을 하게 된다. 이렇게 종소리에 대해 타액반응을 하게 되면 고기를 주지 않고 조건자극인 종소리만 들려주어도 조건반응으로서의 타액반응을 보인다. 이 때 개가 종소리에 대해 타액조건반응이 형성되었다고 한다.

달리 말하자면 개는 종소리에 침을 흘리는 새로운 반응을 학습하였다. 사람이 성장하면서 습득한 행동은 이와 같이 조건형성된 것이 많다. 예컨대, 포도라는 말만 들어도 군침이 도는 것이나 착하다는 말만 들어도 기분 좋아하는 것, 호랑이라는 말만 들어도 무서워하는 것 등은 모두 조건형성된 학습의 예이다. 이를 도식으로 나타내면 다음과 같다.

고기(무조건자극) …… 타액분비(무조건반응)
종소리(중성자극) …… 타액분비 X(반응없음)
종소리+고기 …… 타액분비
종소리(조건자극) …… 타액분비(조건반응)

그럼 이해를 돕기 위하여 실생활에서의 예를 하나 들어 보자. 당신은 '학교'라는 곳에 대해 어떻게 생각하는가, 학교는 즐거운 곳인가, 아니면 싫은 곳인가?

학교에 입학하기 전에는 학교라는 곳이 무엇인지 모르기 때문에 학교는 우리에게 아무런 반응도 유발하지 않는 중성자극이었다. 그런데 학교에 입학하고 나면 사람들마다 다르게 학교에 대해 조건형성이 된다. 예를 들어, A는 학교에 갔더니 선생님이 항상 미소지어 주고 머리를 쓰다듬어 주는 등 긍정적인 자극을 주었다. 그러면 A는 선생님의 긍정적인 자극으로 인해 기분이 좋아질 것이고 이것이 반복되다 보면 결국 학교에 대해 즐거운 감정을 조건형성하게 된다. 그러나 B는 학교에 갔더니 선생님이 항상 무섭게 대하고 혼내는 등 부정적 자극을 주었다. 그러면 B는 선생님의 부정적인 자극으로 인해 기분이 안 좋아질 것이고 결국엔 학교가 싫고 유쾌하지 않은 곳으로 조건형성될 것이다.

고전적 조건형성과정에는 주요한 두 가지 학습과정이 포함된다. 즉 일반화와 변별과정이다. 개가 종소리에 침을 흘리는 반응을 학습하였다면 곧 종소리와 유사한 소리에 대해서도 침을 흘리게 된다. 이를 일반화라고 한다. 어렸을 때 개에게 물렸던 경험이 있는 소년이 모든 개를 무서워하게 되는 것을 학습이 일반화된 증거라고 할 수 있다. 그러나 원래 들려주던 종소리와 비슷한 크기의 소리에 대해서는 고기를 주고 원래 종소리보다 큰 소리가 날 때에는 고기를 주지 않으면, 개는 큰 종소리에 대해서는 더 이상 침을 흘리지 않는다. 이를 변별학습이 되었다고 한다.

고전적 조건형성은 개인의 일생을 통해 발달에 영향을 미칠 수 있다. 예를 들면, 아동에게 성적 호기심과 두려움 유발 경험들(심한 처벌과 같은)이 밀접히 연관이 된다면 처벌의 위험이 더 이상 없을 때에도 개인의 다양한 성행동 측면에서 두려움이 생성될 수 있다. 또한 조건형성은 지속될 뿐만 아니라 확산될 수도 있다. 자신의 성기를 만지는 것은 나쁘다고 느끼는 아이는 다른 형태의 성적 표현에 대해서도 걱정하게 되고 따라서 더 큰 두려움으로 발달될 수도 있다.

2) 성격평가 및 연구방법

Skinner는 다른 학자들이 성격의 특징이라고 볼만한 행동들 뿐만 아니라 모든 행동을 모두 연구 자료로 삼아 인간 행동의 일반적인 법칙을 찾고자 하였다. 그리고 그는 동물들의 행동이 근본적으로 사람들과 다르지 않고 인간보다 간단하기 때문에 인간 행동 연구를 위해 동물들의 행동을 연구하였는데 실험대상이 동물이기 때문에 유전적인 요인들과 실험환경을 통제할 수 있고 인간을 대상으로 하는 것보다 더 오랜 시간 동안 관찰할 수 있으며 더 위험한 환경에 노출하거나 실험자를 배제하지 않아도 되는 이점이 있다고 하면서 동물 실험의 장점을 옹호하였다. 이러한 연구방법을 통해 Skinner는 성격이 아니라 행동을 진단하였는데 측정방법으로는 직접관찰, 자기보고, 생체변화의 측정 등을 사용하였다. 직접관찰은 주관적 오류를 극소화하기 위해 두 사람 이상의 관찰자가 대상을 살피는 것이며 자기보고는 행동에 대한 질문에 스스로 대답하는 것이다.

나와 타인의 이해를 위한 성격심리 연습과제 8

Pavlov의 고전적 조건형성

행동주의 학자들에 의하면 인간의 정서도 고전적 조건형성의 절차를 거쳐 학습된다고 한다. 본문에서 살펴본 Pavlov의 고전적 조건형성 절차를 상기해 보자.

고기(무조건자극) …… 타액분비(무조건반응)
종소리(중성자극) …… 타액분비 X(반응없음)
종소리＋고기 …… 타액분비
종소리(조건자극) …… 타액분비(조건반응)

처음엔 중성자극(아무 반응도 유발하지 않는 자극)이었던 종소리가 무조건 반응을 유발하는 무조건자극인 고기와 연합되어 반복적으로 제시됨으로써 결국 종소리는 타액분비 반응을 유발하는 조건자극이 된다는 것이 이 실험절차의 요지이다(본문 참조).

자, 그럼 이제 당신의 실생활에서 고전적 조건형성의 원리가 적용된 예를 생각해 보자.

1. 혹시 무언가에 대한 공포가 있는가? 당신에게 두려움을 유발하는 무언가가 있는가? 어떤 특정한 상황 혹은 사물에 대한 공포증이 있는 경우 왜 그러한 공포가 생겼는지에 대해 고전적 조건형성의 절차를 이용해 설명해 보자.

2. 당신의 행동이나 반응 중에서 고전적 조건형성의 원리가 적용된 또 다른 예를 찾아보자.

Skinner의 조작적 조건형성

Skinner는 우리가 어떤 행동을 한 후에 주어지는 강화에 의해 행동이 조건형성 된다는 조작적 조건형성의 원리를 제시하였다. 예를 들어, 수업시간에 발표를 했더니 칭찬을 들은 학생이 그 다음 수업시간에도 계속 발표를 잘하게 된 것을 생각해 볼 수 있다. 여기서 칭찬이 발표라는 행동을 만들어 내는 강화로 작용한 것이다. 행동 중에서 이러한 조작적 조건형성의 원리에 의해 학습된 것에 대하여 생각해 보자. 즉 어떤 행동을 했더니 강화물이 주어졌고 그래서 계속하게 된 행동에 대해 생각해 보자.

행동수정

행동수정은 행동주의 학습이론에 기초한 체계적인 처치전략을 통해 행동을 변화시키는 것이다. 이러한 행동수정을 통해서 부적응행동은 감소하고 바람직한 행동은 증가하며 새로운 행동이 습득될 수 있다. 일반적인 행동수정의 단계는 다음과 같다.

단 계	구체적 행동사례
1. 문제의 확인	문제행동의 사전 관찰과 기록, 문제행동의 결과, 관련된 환경적 단서를 확인
2. 목표행동 정하기	변화시켜야 할 행동, 새롭게 학습시킬 행동, 또는 소거해야 할 행동이 무엇인지를 결정
3. 강화(혹은 처벌) 방법 정하기	강화물 결정과 강화방법(혹은 처벌) 행동을 강화사키는 가장 효과적인 보상물과 보상(혹은 처벌)이 언제 어떻게 제시될 것인지를 결정
4. 행동수정계획표 작성	1, 2, 3에서 한 것을 토대로 계획표로 작성하기
5. 행동수정의 실제(강화 혹은 처벌 실시)	행동관찰 및 행동보상(혹은 처벌)의 실시 및 기록
6. 평가	처치 후 행동의 변화 및 실천 정도 기록과 평가, 강화의 효율성과 적절성 평가

본 과제에서는 위의 절차에 따라 행동수정을 계획하고 실시해 봄으로써 고치고 싶은 문제행동을 감소시키거나 혹은 습득하고 싶은 새로운 바람직한 행동을 발달시킬 수 있다.

1. 문제의 확인

당신에게는 고치고 싶은 문제행동이 있는가? 혹은 새롭게 습득하고 싶은 바람직한 행동이 있는가? 여기에는 이와 관련된 현재 상태에 대해서 자세하고 구체적으로 적어 보자. 예를 들어, 어떤 문제행동이 있다면 그 문제 행동이 언제부터 시작되었고 현재 언제, 얼마나, 어떤 식으로 나타나는지에 대하여 구체적이고 상세하게 적어 보자.

2. 목표행동 정하기

1에서 적은 내용과 관련하여 당신이 행동수정을 통하여 변화시킬 행동에 대해서 마찬가지로 자세하고 구체적으로 적어 보자. 예를 들어, 문제행동을 변화시키길 원한다면 그 문제행동을 얼마간의 기간 동안, 즉 언제부터 시작해서 언제까지 어느 정도로 변화시킬 것인지에 대하여 구체적으로 적어 보자.

3. 강화 혹은 처벌의 방법 정하기

목표행동이 나타날 때마다, 즉 계획대로 잘 실행했을 때 주어질 강화방법을 정한다. 혹은 목표행동이 일어나지 않을 경우, 즉 계획한대로 실행하지 않았을 경우 주어질 처벌에 대하여 생각해 보자. 이 때 강화물이나 처벌로 이용할 것은 자신에게 가장 효과적인 것이어야 한다. 예를 들어, 강화물로는 내가 정말 좋아하는 것들이나 혹은 좋아하는 행동으로 정할 수 있고 처벌로는 내가 싫어하는 것이나 행동으로 정할 수 있다. 만약 컴퓨터 사용시간을 줄이기로 했다면 그것을 지킬 때마다 내가 좋아하는 뭔가를 할 수 있게 계획하는 것이다.

4. 위의 단계에서 작업한 것을 토대로 해서 행동수정계획표를 작성한다.

5. 행동수정계획에 의해 행동수정을 실행하며 기록한다.

6. 행동수정의 결과를 평가한다.

목표행동을 얼마나 달성했는지, 강화(처벌)계획은 효과적이었는지 등에 대해서 전반적으로 평가한 후 혹시 목표행동을 달성하지 못했다면 부족했던 부분을 수정, 보완하여 다시 실시해 본다.

〈행동수정계획표의 예〉

1. 문제의 확인
문제행동 : 늦잠자기
문제행동의 사전관찰에 의한 평가 : 일주일에 5일 이상 늦잠(8시 이후에 일어남)을 잔다.

2. 목표행동 정하기
목표행동 : 최종적인 목표행동은 기상 시간을 6시 30분으로 하는 것.
행동수정 실시 첫째 날에 7시 30분에 일어나는 것을 시작으로 해서 하루에 10분씩 일찍 일어나 최종적으로는 6시 30분에 일어나는 것을 목표로 한다.

3. 강화(혹은 처벌) 방법 정하기

강화와 처벌 방법 : 계획대로 실행했을 경우, 즉 전날보다 10분씩 일찍 일어났을 경우에는 점심식사 후 내가 좋아하는 **커피를 사서 마신다(정적강화).
계획대로 실행하지 못했을 경우는 내가 좋아하는 **커피뿐만 아니라 다른 커피 한 잔도 마시지 못한다(처벌).

4. 행동수정계획
이 행동수정계획은 ○월 ○일에 시작하여 ○월 ○일에 마친다. 마치는 날에는 전반적인 평가를 한다.
※ 이 예는 가장 단순하게 작성한 것으로써 실제로는 이보다 더 자세하고 정확하게 작성하는 것이 좋다.

※ 혹시 당신의 주변 사람들 중에서 그들이 가지고 있는 문제행동이 변화하기를 원하는 것이 있다면(예를 들어, 당신의 친구나 가족의 고치고 싶은 습관) 그 사람을 대상으로 위의 행동수정기법을 적용해 보는 것도 좋다.

요약

지금까지 Skinner 이론을 바탕으로 한 과제를 하고 나서 스스로에 대해 새롭게 알게 된 것이나 깨달은 것이 있다면 적어 보자. 또한 이것은 앞으로 어떠한 영향을 미칠 수 있을 것인지 적어 보자.

※ 지금까지 했던 과제를 현재 당신에게 의미 있는 타인과 함께 해 보고 서로 나누는 시간을 가진다면 서로에 대해 더욱 깊이 이해할 수 있을 것이다.

 9. Bandura의 사회학습이론

Albert Bandura

알버트 반두라(Albert Bandura, 1925~)는 1925년 캐나다 앨버타 주의 작은 마을에서 태어났다. 그의 어린 시절은 사람이라고는 거의 없는 밀농장으로 둘러싸여 있었다. 그는 고등학교를 졸업한 뒤에 벤쿠버에 있는 브리티쉬 컬럼비아대학에 진학하여 1949년에 학사학위를 받았다. M. A.(1951)와 Ph. D.(1952) 학위는 아이오아대학에서 받았다. 그는 비록 임상심리학에 흥미를 가졌지만, 그 시절에 아이오아대학에서 Kenneth Spence의 세력과 학문적 영향을 느끼지 않을 수는 없는 일이었다. 이 보편적 Hull적 경향이 맹렬한 개념적 분석 및 실험적 엄밀함의 분위기와 합해진 것이 반두라에게 의심할 바 없이 현저한 효과를 가져왔다.

스탠포드에서의 초기에 연구의 초점은 심리치료과정, 가족패턴이 아동들의 공격성 산출에서 하는 역할 등에 있었다. 그 이래로 그의 관심은 행동수정, 모델링, 관찰학습, 자기조정과정 및 자기효능 등에 있었다. 반두라는 많은 전문적 상을 받았는데, 미국심리학회로부터 우수과학자상(1972)을 수상하였으며 후에 미국심리학회의 회장으로 선출되었다.

1) 주요개념

(1) 상호결정론

Bandura는 행동을 가장 잘 이해하려면 그것을 개인적 변인들과 환경적 변인들의 종합적 산물로 보아야 한다고 했다. 성격에서 이 상호작용에 대한 견해는 전통적으로 세 가지였다. 먼저 개인과 상황을 독립변인들로 취급하여 두 가지가 합해져서 행동을 산출한다고 하는 생각이 있다. 이렇게 볼 때, 어떤 사람이 술집에서 왜 싸움에 말려드는지를 설명하려면, 우리는 그의 특징적 공격성과 그의 옆에 특히 불쾌한 사람이 서 있었다는 상황적 사실을 고려할 것이다. 이 상호작용에 대한 두 번째 견해는 개인적 특징들 때문에 개인이 특정한 상황에 들어가게 되며, 다음에는 그 상황이 바로 그 특징들을 자극시킨다고 보는 것이다. 공격적 욕구가 있는 사람은 바로 그 욕구를 자극하는 기회를 부여하는 상황을 찾아 나설 것이다. 이리하여 공격적인 사람은 남들에게 싸움을 거는 사람의 비위를 맞추는 술집을 거듭해서 찾아간다는 것이다.

그러나 Bandura는 이것이 전부가 아니라고 주장한다. 완전을 기하기 위하여 그는 제3의 견해, 즉 상호결정론을 제시한다. 이것은 세 변인 — 행동, 개인, 상황 — 모두가 서로서로 영향을 미친다는 것을 뜻한다. 이러한 입장에 따르면, 사람들은 단순히 환경 사건에 반응하지 않고, 적극적으로, 자신의 환경을 창조하고 변화시키기 위해 행동한다. 인지요인은 어떤 환경사건이 지각될 것인가와 어떻게 해석되고, 조직화되고, 다루어질 것인가를 결정한다.

예를 들면, 싸움이 시작되면 공격적 욕구가 자극되며, 그 바람에 그 사람이 후에 그 술집을 다시 찾지 않을 수 없게 되며, 그 술집은 공격적 욕구들을 충족시킬 기회를 제공하며, 그런 식으로 진행되는 것이다. 행동은 욕구에 영향을 미치며, 그 욕구는 행동에 영향을 미치고, 그 행동은 욕구에 영향을 미치고, 그 욕구는 환경에 영향을 미치고, 그 환경은 다시 행동에 영향을 미치게 되는 것이다.

만일 복잡한 사회적 행위들에서 모든 반응단위 하나하나가 따로따로 발생하고 나서 강화를 받아야 한다면, 우리가 무엇이든 한 가지를 학습하는 데는 시간이 무한정 걸릴 것이다. Bandura는 강화의 중요성을 인정하지만, 강화가 행동을 습득하게 하는 '유일한' 방식은 아니라고 생각한다. 사람들은 단지 남들을 관찰하기만 해도 학습할 수 있으며 그리고 나서 그들이 본 것을 반복할 수 있는 것이다.

(2) 관찰학습

사회학습이론의 중요한 가정은 모델링이 주는 정보적 기능을 통해서 학습이 발생한다는 것이다. 즉 노출되어 있는 동안에 관찰자는 주로 적절하거나 부적절한 행동의 표본이 되는 모델행동의 상징적 표상을 습득한다. 관찰학습은 때때로 모델링이라 불리는데, 학습자가 직접적인 외적 강화를 받지 않고서도 일어나는 학습이다. 한 마디로 타인의 행동을 관찰함으로써 학습하는 것이다. 관찰이 행동의 학습에 중요한 역할을 하는 것과 마찬가지로 바람직하지 못한 행동을 수정하는 데에도 유용한 역할을 한다. 따라서 Bandura는 행동의 변화를 도모하는 모델링을 체계적으로 사용하였다. 특히 아동 및 성인에게 있어 공포증을 감소시키는데 사용하였고 지배적이고 과잉공격적인 아동을 보다 협조적인 아이로 교육시키거나 자폐아에게 언어기술을 가르치거나 반사회적인 환자에게 의사소통의 기술을 가르치는데 적용하였다. 관찰학습의 과정에 대해서 설명하면 다음과 같다.

① 주의집중과정

우리는 모델의 행동에 주의하고, 중요한 측면들을 인식하고, 뚜렷한 특징들을 서로 변별해야만 관찰을 통하여 학습한다. 그러나 우리는 어떻게 해서 주의를 집중하게 되는 것일까?

분명히 중요한 것은 관찰의 기회이다. 거의 상대하지 않거나 거의 보지 않는 사람들의 행동을 본뜰 수는 없다. 집에서 누가 신문을 읽는 것을 한 번도 보지 못하는 아동은 그러한 행동에 주의를 집중할 기회가 거의 없다. 지위가 낮은 모델들, 혹은 남들이 중요하지 않거나 가치가 없다고 여기는 모델에게는 주의가 집중되지 않을 것이다. 사람들 사이에서 매력 있거나 인기 있는 모델은 우리에게 영향을 미칠 가능성이 훨씬 더 크다. 또 유능한 사람도 보다 흔히 우리의 주의를 끈다.

② 기억과정

두 번째 과정은 '파지과정'이다. 관찰자는 모델의 행동을 나중에 모방하여 반복하기 위해서 모델의 행동을 기억하거나 유지해야 한다. 그러기 위해서는 모델 행동의 중요 요소들을 회상할 수 있는 능력이 결정적이며 어떤 식으로라도 관찰 내용을 부호화하고, 상징적으로 마음에 새겨야 한다. Bandura는 우리의 '파지과정'이 두 가지 주된 방식으로 촉진된다고 가정한다. 하나는 심상체계이고 다른 하나는 언어체계이다. 심상체계를 통해, 우리는 모델을 관찰하는 동안에 보고 있는 내용에 대한 생생한, 쉽게 기억해 낼 수 있는 심상을 형성한다. 언어체계를 통해, 개인은 관찰했던 내용을 언어로 부호화하여 저장하는 것이다. 이러한 심상 및 언어 상징은 관찰된 행동을 저장하고 유지시켜 주는 수단으로서 작동한다.

③ 운동재생과정

세 번째 과정은 '재현과정'이다. 이 과정에서는 앞서 부호화된 심상들과 언어적 단서들이 운동적 재생으로 옮겨진다. 사람들이 모델행동의 상징적 표상을 주의 깊게 형성하고, 기억하고, 여러 번 그 행동을 연습하여도, 그 사람은 아직 그 행동을 올바르게 수행할 수 없을지도 모른다. 이것은 특히 운전, 스키타기, 기계조작, 비행기조종과 같이 개인적 반응의 실행이 고도의 숙달된 운동행위를 요구하는 경우에 특히 그러하다.

우리는 세련되고 미묘하게 균형잡힌 동작들을 다른 사람을 관찰해서 학습할 수 있고 또 모델행동의 상징적 표상은 우리가 여러 번 내재적으로 반복할 수는 있으나 이것을 처음에 실제행동으로 변환시키는 것은 아마 서툴고 통합이 잘 되지 않을 것이다. 즉 단순한 관찰은 부드럽고 조화된 행동을 수행하기에는 충분하지 않다. 따라서 연습을 통해서 완숙한 수행을 할 수 있게 되는 것이다.

재현과정은 네 가지 하부단계, 즉 반응의 인지조직화(cognitive organization of response), 반응시작(initiation of response), 반응조성(monitoring of response), 반응정교화(refinement of response)로 구성되어 있다. 다시 말하면 우리는 이러한 재현과정을 통해서 시행착오를 거치게 되고 서투른 행동을 조정하면서 정교한 행동으로 재현할 수 있게 되는 것이다.

④ 동기과정

마지막 과정은 강화요인들과 관계가 있다. Bandura가 관찰학습은 강화가 없어도 발생할 수 있다고 하였으나 결코 동기과정이 중요하지 않다고 하는 것은 아니다. 이러한 요인들은 사람이 가장 주의를 기울이는 모델링의 단서의 형태에 선별적 통제를 가함으로써 관찰학습에 영향을 미치고, 그 요인들은 또한 사람들이 학습을 실제적인 행동으로 전환시키려고 노력하는 정도에도 영향을 미친다.

(3) 자기효능감

Bandura는 자기효능감(self-efficacy)의 개념을 발달시키고 정교화시켰다. 자기효능감은 Bandura의 인간 동기와 정서적 반응을 이해하는 가장 기본적인 구성개념이다. 자기효능감은 특정한 상황에서 요구되는 행동을 자신이 성공적으로 잘 해낼 수 있다는 개인의 신념을 말한다. 자기 자신의 효능감에 대한 지각은 그 사람의 행동을 안내하고 방향 지운다. 또한 지각된 자기효능감은 사람들이 자신을 위해 세운 목표들과 기꺼이 감수하려는 위험에 영향을 미친다. 즉 지각된 자기효능감이 클수록 더 높은 목표를 선택하고 이를 추구하는데 있어서 더욱 강하게 전념하고 인내한다는 것이다(Bandura, 1997, 2001). 반대로 인생의 과제에 대처하는 효능감이 결여되었다고 자신을 보는 사람들은 불안에 취약하고 두려움을 감소시키기 위해 설계된 회피 양식을 발달시킬 수도 있다.

자기효능감은 한 개인의 능력의 지표라고 여겨지는 과거의 성취경험, 타인과의 비교를 통해 자신이 지닌 신념을 변화시키는 대리경험 그리고 신체적 및 정서적 상태뿐 아니라 사회적 영향력(예를 들면, 언어적 설득)으로부터 비롯된다.

Bandura는 이상행동을 하는 사람들은 대체로 자기효능감의 수준이 낮음을 발견하였다. 즉 자신들이 상황에 잘 대처하지 못할 것이라는 믿음이 이들의 문제를 야기했다고 보는 것이다. 따라서 Bandura의 사회적 인지이론을 이용한 치료 목적은 자기효능감을 높임으로써 행동수정에 대한 자신감을 유발하고 강화시키는 것이다(Engler, 1999).

2) 성격평가 및 연구방법

Bandura는 직접관찰, 자기보고식 검사, 신체반응 측정 등의 기법을 사용하고 특히 통제된 실험실에서 통계적으로 처리할 수 있는 다수의 참여자를 동원한 실험연구를 즐겨하였다(김영애, 1988).

나와 타인의 이해를 위한 성격심리 연습과제 9

모델링

모델링을 통한 학습을 주장한 Bandura는 인간행동이 처벌과 강화의 조작적 조건형성에 의해 학습된다는 Skinner와는 달리 오히려 관찰을 통한 복잡한 인지과정을 통하여 이루어진다고 주장했다. 즉 직접적인 경험이 없이 관찰하는 것만으로도 행동이 학습될 수 있다는 것이다.

1. 당신의 행동 중에서 모델링에 의해 학습된 것이 있는지 생각해 보자(부모의 영향은 제외한다. 이는 다음 단계에서 살펴볼 것이기 때문이다). 여러 가지를 생각하여 적을수록 좋다. 그리고 나서 각각의 행동에 대해 누구를 모델로 삼았던 행동인지, 왜 모방을 하게 되었는지, 어떤 과정을 통하여 모방을 하게 되었는지에 대하여 기술하여 보자.

2. 모델링에 의한 학습의 시작은 아무래도 가정이라 할 수 있다. 우리는 많은 부분을 가족들의 영향 특히 부모의 영향을 받기 때문이다. 당신의 감정 표현 방법이라든가 인간관계를 맺는 방식이라든가 아니면 습관이나 버릇 등을 부모의 그것들과 함께 비교해 보자. 어떤 것이 어떻게 비슷하고 어떻게 다른가?

3. 위에 적은 행동 중에서 부정적인 행동이 있다면 이의 교정을 위해 누구를 모델로 삼아 다시 모방학습을 할 수 있을지 생각해 보자. 즉, 당신의 현재 문제행동과 반대되는 바람직한 행동을 하는 사람을 떠올려 보고 그 사람을 모델로 삼아 어떻게 하면 그리고 어떤 식으로 당신의 행동을 변화시킬 수 있을 지에 대하여 적어 보자.

4. 지금까지 당신의 행동이나 성격형성에 가장 큰 영향을 미친 모델이 누군지에 대하여 생각해 보고 그 사람이 나에게 영향을 미친 부분에 대하여 구체적으로 적어 보자.

5. 앞으로 내가 인생을 살면서 모델로 삼고 싶은 인물에 대하여 생각해 보고 모방하고 싶은 부분에 대하여 구체적으로 적어 보자.

자기효능감

Bandura는 인간의 동기와 정서적 반응을 이해하는 가장 기본적인 구성개념으로 자기 효능감을 제시하였는데, 이는 특정한 상황에서 요구되는 행동을 자신이 성공적으로 잘해 낼 수 있다는 개인의 신념을 말한다. 따라서 자기효능감을 높게 지각하는 사람들은 자신이 세운 목표를 실현하는데 인내심을 가지고 전념할 수 있는데, 자기효능감이 결여된 사람들은 낮은 자신감으로 인해 문제에 맞서지 못하고 회피하는 경향이 있다. 이러한 자기 효능감은 과거의 성취경험, 대리경험 그리고 신체적 및 정서적 상태뿐 아니라 언어적 설득(예를 들면, 타인을 통해 받게 되는 피드백으로 지지, 격려, 냉소 등)으로부터 비롯된다.

1. 다음의 자기효능감 평가 도구를 이용하여 당신의 자기효능감을 평가해 보자.

각 문항에 대하여 당신은 어느 정도 동의하는지 답항에 체크하여 보자.

문 항	답항				
	매우 그렇다	그렇다	보통이다	그렇지 않다	매우 그렇지 않다
1. 나는 계획을 세울 때, 내가 이 계획을 달성할 수 있다고 확신한다.	5	4	3	2	1
2. 나에게 있어 문제는 일에 집중해야 할 때 그럴 수 없다는 것이다.	1	2	3	4	5
3. 나는 한 번 시도해서 일을 성공하지 못하면 할 수 있을 때까지 계속 노력한다.	5	4	3	2	1
4. 나는 스스로 중요한 목표를 세우더라도 달성하는 경우는 거의 없다.	1	2	3	4	5
5. 나는 일을 완료하기 전에 포기한다.	1	2	3	4	5
6. 나는 어려운 난관에 직면하는 것을 싫어 한다.	1	2	3	4	5

7. 어떤 일이 매우 복잡하게 꼬이면, 나는 시도조차 하지 않을 것이다.	1	2	3	4	5
8. 비록 재미없는 일이라도 나는 끝까지 해낸다.	5	4	3	2	1
9. 무슨 일을 하기로 결정하면, 나는 바로 시작한다.	5	4	3	2	1
10. 어떤 새로운 것을 배우려고 할 때, 처음에 성공하지 못하면 나는 곧 그만 둔다.	1	2	3	4	5
11. 예기치 못한 문제가 발생하면, 나는 잘 처리하지 못한다.	1	2	3	4	5
12. 나에게 너무 어려운 것처럼 보이면, 나는 새로운 것을 배우려고 시도하는 것을 포기한다.	1	2	3	4	5
13. 실패하면 나는 더 열심히 노력한다.	5	4	3	2	1
14. 나는 어떤 일을 하는 내 능력에 대하여 믿을 수 없다.	1	2	3	4	5
15. 나는 내 자신을 믿는다.	5	4	3	2	1
16. 일생 동안 직면하게 되는 대부분의 문제들을 처리할 수 있는 능력이 없다.	1	2	3	4	5
17. 나는 쉽게 포기한다.	1	2	3	4	5

* 출처 : Sherer, M. 등(1982) 중 일반적 자기효능감 척도 사용.

당신이 매긴 점수를 합산하여 적어 보자.

_______________ 점

2. 당신의 점수를 다른 사람과 비교해 보자. 다른 사람들보다 높은 편인가 아니면 낮은 편인가? 점수가 높을수록 자기효능감을 높게 지각하는 것으로 볼 수 있다.

3. 당신의 자기효능감에 영향을 미친 요인은 무엇일까?

4. 자기효능감이 낮은 편에 속한다면 이를 높이기 위해 당신이 할 수 있는 방법에는 어떤 것들이 있을지 생각해 적어 보자(예를 들면, 성공경험, 긍정적 자기암시 등).

요약

지금까지 Bandura의 이론을 바탕으로 한 과제를 하고 나서 스스로에 대해 새롭게 알게 된 것이나 깨달은 것이 있다면 적어 보자. 또한 이것은 앞으로 어떠한 영향을 미칠 수 있을 것인지 적어 보자.

※ 지금까지 했던 과제를 현재 당신에게 의미 있는 타인과 함께 해 보고 서로 나누는 시간을 가진다면 서로에 대해 더욱 깊이 이해할 수 있을 것이다.

제6장

현상학적 관점

10. Maslow의 자아실현 접근
11. Rogers의 인간중심 접근

심리학의 제1세력인 정신역동주의의 근간을 이루는 프로이트의 정신분석은 인간의 본능적 욕구에 지배된다는 결정론적인 입장 때문에, 그리고 제2세력인 행동주의는 단순한 동물행동의 연구결과를 복잡한 인간에게 적용하려고 한다는 기계론적인 입장 때문에 비판을 받아왔다. 이러한 두 입장에 대한 비판을 제기하면서 인간의 자유의지를 강조하는 학자들을 중심으로 심리학의 제3세력인 인본주의가 탄생되었다. 인본주의 심리학자들은 개인이 세상을 어떻게 지각하고 생각하고 해석하고 경험하는지를 이해하려고 했는데, 즉 개인이 지각하고 범주화하는 개인의 경험—개인의 현상학(phenomenology)—에 가장 많은 관심을 보인다. 즉 인본주의적 관점은 현상학과 실존주의를 바탕으로 인간의 가치와 자유의지를 강조하는 입장이다. 현상학은 인간의 주관적 가치를 강조하며 실존주의는 존재론적 입장에서 인간을 이해하려는 철학적 사조이다.

인본주의의 바탕이 되는 현상학적 관점에서는 개인이 지각하고 이해하는 내적인 심리경험들을 이해하는데 전념한다. 즉 우리가 우리 자신, 타인 및 사회적 세계를 어떻게 보고 경험하는지에 초점을 둔다. 또한 현상학적 관점에서는 자기의 본질과 자신, 타인 및 사회적 세계의 관계들에 관심을 가진다. 현상학적 관점에서 이론을 제기한 학자들로는 개인적 구성개념 이론(personal construct theory)을 제시한 Kelly, 자기이론과 최적의 성장과 충족을 허용하는 조건을 발전시킨 Rogers, 인간의 성장 동기를 강조한 Maslow 등을 들 수 있다. 본 장에서는 Maslow의 자아실현 접근과 Rogers의 인간중심 접근에 대하여 살펴볼 것이다.

♠ 들어가기 전에 생각해 봅시다

- 나의 성장을 위해 중요한 동기로 작용하는 것은 무엇인가?
- 나는 어떤 사람이 되기를 원하는가?
- 나는 얼마나 자기를 실현하고 있는가?
- 나는 나 자신을 어떻게 보는가?
- 나의 부모는 나에게 무엇을 기대하는가? 이러한 부모의 기대는 나에게 어떤 영향을 미치는가?
- 나의 실제 모습과 내가 원하는 이상적인 모습은 어떻게 다른가?

10. Maslow의 자아실현 접근

Abraham Maslow

아브라함 매슬로우(Abraham Maslow, 1908-1970)는 오로지 인간 경험의 긍정적 측면에만 연구의 초점을 맞추었다. 그는 어떻게 해서 일부 사람들이 삶에서 탁월한 성취를 이루고 다른 사람들이 실패한 분야에서 성공을 거둘 수 있었는지에 관심을 가졌다. 그는 성장과 인간 잠재력 실현이라는 이슈에 관심을 가졌다. 이러한 관심은 그의 생의 사건들에 의해 영향을 받은 것이었다. 매슬로우는 1908년 러시아계 유태인 이민자의 일곱 아이들 중 맏이로 브룩클린에서 태어났다. 분명 그의 가정생활은 인간적 성장을 촉진시킬 만한 것이 못 되었다. 그의 아버지는 그를 경멸하였으며 심지어는 드러내 놓고 그의 외모를 조롱하기까지 하였다. 매슬로우의 아버지가 그를 나쁘게 취급했다면 그의 어머니는 그를 더 나쁘게 생각했다. 그녀는 아이들이 접근하지 못하도록 냉장고에 자물쇠를 채웠다. 매슬로우는 자기 어머니에 대해서 잔인하고 무식하고 적대적인 인물, 즉 자신의 아이들에게 거의 정신착란을 일으킬 정도로 사랑을 주지 않은 인물로 묘사했다. 후에 매슬로우는 성격의 긍정적인 면에 관한 그의 초점이, 어머니가 그를 다룬 방식의 직접적인 결과라고 말했다. 그의 어머니가 했던 일들과 그녀가 보인 특성들에 대한 반동형성이었던 것이다. 그래서 고난으로 시작된 인생으로부터 인간 경험에서 가장 고상하고 좋은 점을 이해하려고 하는 결심이 나왔다.

매슬로우는 부모의 뜻에 따라 법학을 공부하기 위해 뉴욕시립대학에 입학하였지만 흥미를 못 느끼고 일년 만에 학교를 그만두었다. 집을 떠나 매슬로우는 코넬 대학으로 갔으며 다시 심리학을 공부하려고 위스콘신대학으로 이동하였다, 위스콘신에서 그가 사랑했던 베르싸(Bertha)와 20세에 결혼하였다. 결혼은 Maslow에게 소속감과 방향감을 제공하는 전환점이 되었다. 그는 후에 "내가 결혼을 하고 위스콘신에서 공부를 시작할 때까지 삶의 의미가 거의 없었다"라고 기술했다.

인본주의 심리학의 창시자인 매슬로우로 하여금 처음에 심리학에 매력을 느끼게 했던 것은 왓슨의 행동주의 심리학이었다. 1930년대 초기에 다른 많은 사람들처럼 Maslow는 행동주의가 세상의 모든 문제를 해결해 줄 수 있다고 생각했다. 그는 원숭이를 대상으로 애착연구로 유명한 할로우와 함께 일하면서 실험심리학으로 훈련을 받았다. 1934년에 위스콘신대학에서 박사학위를 받은 후 매슬로우는 뉴욕 시에 있는 브룩클린대학으로 돌아와 1951년까지 머물렀다. 매슬로우는 제2차 세계대전 동안에 이러한 연구의 관심을 인간에게 옮겼다. 1930년대와 40년대의 뉴욕은 나치 독일에서 탈출한 가장 지적인 유럽인들이 모이는 자리였다. 매슬로우는 이 사람들 중 몇몇에게 매혹되었으며, 그들에 관하여 그가 찾을 수 있는 모든 것을 찾기 위해 노력하였다. 어떻게 그런 삶에 도달했는지를 이해하기 위한 연구에서 매슬로우는 미래를 위한 더 형식적인 연구의 씨앗을 뿌리고 있었다. 이 형식적 연구는 부분적으로는 전재의 종결에 의해 촉진되었다. 즉 매슬로우는 전쟁으로 인한 고통과 고뇌에 의해 심각하게 동요되었기 때문에 인간이 전쟁 편견 증오보다 나은 어떤 것을 할 역량이 있다는 것을 입증하는데 그의 생을 헌신하기로 맹세했다. 이는 자기실현의 과정을 연구함으로써 바로, 그렇게 살기 시작했던 결과이다.

1) 주요개념

(1) 욕구의 위계

Maslow는 다섯 가지의 기본적인 인간 동기의 수준을 가정하였다. 가장 강한 것에서부터 가장 약한 것에 이르기까지 수준이 있는데, 이는 기본 생리적 욕구, 안전욕구, 소속감과 사랑욕구, 자존감 욕구, 자기실현 욕구이다.

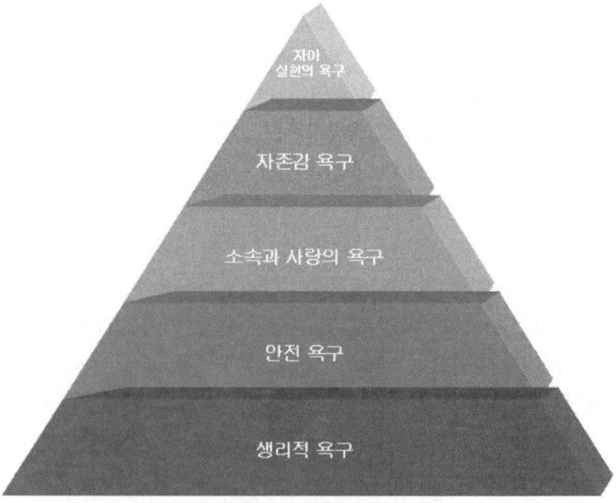

〈Maslow의 욕구위계 모형〉

욕구위계가 낮을수록 생존을 위해서는 가장 기본적인 것이다. 낮은 욕구는 우리의 행동에 폭넓은 영향을 미친다. 욕구위계가 높을수록 덜 기본적인 것이며 잠재력 영향력도 더 약하다. 또한 욕구위계가 높을수록 그런 욕구를 가진 사람은 소수이다. 인간은 모든 동물과 마찬가지로 생리적 및 안전욕구를 공유하고 있고, 인간과 고등동물 종 모두는 소속감과 사랑욕구를 공유하고 있지만 인간만이 오로지 자존감과 자기실현의 욕구를 가지고 있는 것으로 보인다.

① 생리적 욕구

우리의 가장 기본적인 욕구인 생존욕구는 음식, 물, 산소, 배설, 휴식 등의 생리적인 것이다. 생리적 욕구는 생존과 직접적인 관련이 있으므로 이러한 욕구들은 가장 강력한 인간의 욕구이다. 기본 욕구가 충족되지 못한다면 개인의 관심은 그 곳에 전적으로 쏠리게 된다. 음식은 배고픈 사람의 삶에서는 가장 중요한 관심거리가 되며 그 사람의 행동, 사고 및 공상에 널리 영향을 미친다.

② 안전 욕구

안전 욕구는 신체적 안전과 심리적 안정 모두를 다 포함한다. 안전 욕구는 안전성, 예측가능성, 일상생활의 친숙성에서 오는 심리적 안정뿐 아니라 안전한 장소와 따뜻함같은 기본적 요소도 포함된다. 대부분의 안전 욕구는 사회적 시설을 통해 충족된다. 일반적으로 서구 문화에서는 안전 욕구가 수많은 인간 행동을 동기화시키지 않는다.

③ 소속감과 사랑의 욕구

생리적 및 안전 욕구가 충분히 만족되면 친밀감과 사랑에 관련된 소속 욕구가 충족되어야 할 필요성을 느낀다. 수많은 사람들은 친구나 가족과 같은 사회적 연결고리가 없으면 심한 외로움을 느낀다. 그래서 핵가족과 같은 1차 집단에서 친밀한 관계와 안전한 장소를 찾게 된다. 소속감과 사랑 욕구가 우세할 때 사람들은 거절과 사회적 고립을 민감하게 인식하고 충격을 받게 된다.

④ 자존감 욕구

Maslow는 자존감 욕구를 두 가지 형태로 구분하였는데, 자기존중과 다른 사람으로부터의 존경이 그것이다. 전자는 개인이 자신이 가치 있다고 생각하는 것을 말하며, 후자는 자기의 행위나 인격에 대해 남으로부터 인정받고 칭찬과 존경을 받고 싶어하는 욕구를 말한다. 타인에 의한 자존감에는 인정, 칭찬, 주목, 명성, 평판, 지위, 명예에 대한 욕구 등이 포함된다. 개인은 자신의 성취와 공헌에 대하여 타인으로부터 존경받고 가치 있는 사람으로 느끼고 싶어한다. 자기존중감은 능력, 숙달감, 성취, 자신감, 독립심에 관한 개인적 욕구이다. 자아존중의 욕구를 충족시킨 사람은 자신의 힘, 가치, 적절함에 대해 확신을 갖는다. 반면에 자아존중감이 결여된 사람은 자신이 남보다 못하다고 생각하고 자신을 구제불능이라고 여긴다. 따라서 이런 사람은 용기를 잃게 되어 여러 가지의 자기 문제에 맞설 수 있는 확신을 잃게 된다. 참된 자아존중은 자신의 능력과 경쟁력에 대한 현실적인 판단 위에 기초해야만 한다고 Maslow는 지적하였다. 사회적 지위와 명성, 그리고 훌륭한 평판은 노력하지 않고 얻어지는 것이 아니라 개인의 유능감과 숙달로 인해 얻어지는 것이다.

⑤ 자아실현의 욕구

이상과 같은 모든 욕구가 충분히 만족된다면, 자아실현에 대한 욕구가 등장한다. 자아실현의 욕구는 개인의 전체적, 인격적 욕구로서 인간의 최상의 욕구이다. 자아실현이란 자기 자신이 잠재적으로 지닌 것을 실현하려는 것으로 참된 삶의 추구로서 자신이 성취할 수 있는 모든 것을 성취하고 싶은 것이다. 자아실현의 욕구는 이 세상에서 태어날 때부터 지니고 있는 잠재력을 최대한으로 실현함으로써 인생의 최대 가치와 목적을 이루려는 욕망이다. 또한 사회적, 경제적 지위야 어떻든 간에 나름대로 소망한 직업에서 만족과 행복감을 추구하려는 것이다. 이 욕구가 잘 충족된 사람이 바로 사회적으로 건강한 사람이 된다.

(2) 욕구의 특성

Maslow가 제안한 욕구위계에서 살펴본 것처럼 하위에 있는 욕구는 보다 생존에 필요하고 상위에 있는 욕구는 성장에 필요함을 알 수 있다. 여기서는 이러한 욕구의 특성에 대해서 알아보고자 한다.

① 욕구위계에서 하위에 있는 욕구가 더 강하고 우선적이다. 즉 하위에 있는 욕구일수록 강도와 힘이 세고, 우선순위가 높다.

② 욕구위계에서 상위의 욕구는 인생의 나중에 나타난다. 즉 생리적 욕구와 안전의 욕구는 유년기에, 소속과 존중의 욕구는 청년기에 나타나며 자아실현 욕구는 인생의 중반에 접어들기 전까지는 나타나지 않는다.

③ 욕구위계에서 상위의 욕구는 생존을 위해 덜 필요하기 때문에 그러한 욕구의 만족은 지연될 수 있다. 즉 상위의 욕구를 만족시키지 못하더라도 하위의 욕구를 충족시키지 못했을 때처럼 즉각적인 비상사태나 위급한 반응은 일어나지 않기 때문에 하위욕구를 결핍욕구라 부른다.

④ 욕구위계에서 상위의 욕구는 생존을 위해 덜 필요하지만, 그러한 욕구는 생존과 성장에 기여한다. 상위의 욕구가 충족되었을 때 갖게 되는 성취감은 보다 건강한 삶을 만들 수 있으며 생명도 연장할 수 있고 생물학적인 효율성도 증가시킬 수 있기 때문에 상위의 욕구를 성장 욕구라고 한다.

⑤ 욕구위계에서 상위의 욕구 만족은 하위의 욕구 만족보다 더 좋은 외적(사회적, 경제적, 정치적) 환경을 요구한다. 표현과 기회의 자유는 개인의 안전보다는 자아실현에 필요한 것이다.

⑥ 어떤 욕구는 위계의 다음 욕구가 중요하게 되기 이전에 충분히 만족될 필요가 없다. Maslow는 욕구위계에서 위로 올라갈수록 각 욕구의 반복 비율이 낮아진다고 보았다. 예를 들어, 생리적 욕구에서 85%의 만족감을 갖는 사람은 안전의 욕구에서 70%, 사랑과 소속감의 욕구에서 50%, 자아존중감에서는 40%의 만족감을, 그리고 자아실현의 욕구에서는 10%의 만족감을 얻게 된다는 것이다.

(3) 결핍 및 성장심리학

Maslow는 인간행동을 설명하고 이해하려는 심리학을 크게 두 종류로 구분하였다. 결핍심리학은 기본적 욕구충족 영역에서 인간행동에 관심을 두는 반면, 성장심리학은 가장 높은 자각의 상태 및 자아실현 욕구의 추구에서 인간행동과 경험을 조사한다. 절정경험(peak experience) 및 자아실현자의 특성은 성장심리학 영역에 속한다.

① 결핍동기와 성장동기

결핍동기는 유기체 내에 있는 부족한 어떤 것을 충족시키려는 욕구를 말한다. 불만족 때문에 현재 상태를 변화시키려는 욕구가 결핍동기이다. 기아, 고통, 공포 등이다. 성장동기는 유기체가 일차적으로 현재 상태서 즐거움과 만족을 느끼면서 긍정적으로 가치 있는 목표를 추구하는 것을 의미한다. 성장 동기는 기본적 욕구가 충족된 후에 나타나는 개인의 독특한 삶을 향상시키는 방향으로 지향된 자아실현 동기이다. 즉 성장동기는 정의, 선, 미, 질서, 조화, 완전, 자기충족 등과 같은 타고난 가치에 대한 욕구로 우리의 체험을 확장하고 삶을 풍부하게 하는 것이다.

② 결핍사랑과 성장사랑

결핍사랑은 타인이 자신의 욕구를 충족시켜 주기 때문에 타인을 사랑하는 것이다. 이러한 사랑은 이기적인 관심에서 비롯된 것으로 결핍사랑은 낮은 자존감, 섹스를 위한 욕구, 고독의 두려움 등에서 비롯된다. 성장사랑은 타인의 성장을 위한 사랑이다. 성장사랑을 가진 사람은 비소유적이며 이기적인 만족보다는 타인의 행복과 성장에 더욱 관심을 가진다.

(4) 자기실현을 이룬 사람의 특성

Maslow에 의하면, 모든 사람은 자기실현의 잠재력을 가지고 있으며, 자신이 장차 그렇게 될 만한 역량이 있는 인간이 되고 싶은 본질적인 욕망을 가지고 있다. 자기실현은 너무나 보편적인 특성이기 때문에, 이것은 실질적으로 어떤 종류의 행동으로도 나타날 수 있다. 그것은 단지 자기실현적인 화가, 음악가, 작가, 배우가 아니다. 그것은 한 사람의 인간으로서 더욱 일치되고 통합되고 완전하게 되는 과정에 있는 어떤 사람이다. 모든 사람이 이러한 잠재력을 가진다는 믿음에도 불구하고, Maslow는 다른 사람들보다 더 자주 자기실현을 하는 사람들이 있음을 인정했다. 그는 다른 사람들이 삶에서 자기실현의 경험을 깨달을 수 있도록 돕기 위해서 자기실현의 특성을 자주 보이는 특성의 사람을 연구하고 그 특징들을 기술하였다.

① 현실의 효율적 지각

자아실현자는 현실에 대한 보다 정확한 지각과 그것에 대해 보다 수월하고 안정된 관계를 가지고 있다. 세계를 있는 그대로 보며 선입관에 치우쳐 상황을 파악하지 않는다.

② 자신, 타인, 자연의 수용

그들은 자아, 자연, 타인을 잘 받아들인다. 자신의 강점뿐만 아니라 약점까지도 왜곡하지 않고 있는 그대로 받아들일 수 있으며 실패한 일에 대해서도 죄악감, 수치심, 또는 불안에 휩쓸리지 않는다. 또한 다른 사람들이나 일반적인 사회의 약점에 대해서도 있는 그대로 수용한다.

③ 문화화에 대한 저항

자아실현자는 자발적이고 독립적이며 자부심이 매우 강하여 일정한 틀에 맞추어 생각하라고 강요하는 사회 문화적인 압박에 자유스럽게 저항할 수 있다.

④ 창의성

그들의 행동은 비교적 자발적이며 자연스럽고 솔직하며 꾸밈이 없고 노력으로 인한 긴장같은 것이 없다.

⑤ 감각의 신선함

자아실현자는 주위의 세계를 늘 새로움, 놀라움, 경외심을 갖고 받아들이고 경험하는 능력이 있다.

⑥ 사회적 관심

Maslow는 Adler의 개념인 사회적 관심을 인용하여 자아실현자는 성격의 구성요소로서 보편적으로 갖추는 동정과 공감을 보여주는 사회적 관심을 가진다고 보았다.

⑦ 자율성, 단순성, 자연스러움

자아실현자의 행동은 개방적이고 솔직하고 자연스럽다.

⑧ 민주주의 철학

자아실현자는 지극히 관대하여 모든 사람들을 받아들이며 인종적이거나 종교적 사회적 편견을 갖지 않는 민주주의적 태도를 가지고 있다.

⑨ 깊은 대인관계

대인관계는 심오하고 매우 순수하며, 정열, 애정, 그리고 동일시를 수반하여 자기경계선이 크게 축소되어 있다.

⑩ 유머에 대한 철학적 감각

비웃거나 냉소적인 것이 아닌 유머와 감각을 가지고 있다.

⑪ 절정경험

절정경험이란 끝없이 확트인 경험, 이전의 어떤 때보다도 더욱 힘이 있고 도움이 필요하지 않다는 느낌 그리고 황홀하고 감동스럽고 경외로운 감정을 경험하는 "짧고 강렬한 느낌"을 말한다. 즉 자기실현이 명확히 일어났던 순간이라 할 수 있다. 전통적인 의미의 시간과 공간은 사라진다. Maslow는 절정경험이 모든 형태의 성장을 증진시킨다고 믿었다. 이것은 경험 그 자체를 넘어서서 개인에게 어떤 영향을 미친다. 그러나 절정경험이 그 개인을 최대한 증진시키기 위해서는 그 자신이 그 경험을 매우 중요한 것으로서 인식해야 한다. Maslow는 사람들이 특히 겸손, 숭배, 불가사의, 놀라움, 경악의 감정들에 압도되지 않고 자신을 보호하려 하기 때문에 절정경험의 존재나 그 중요성을 거부한다고 추측하였다. 절정경험은 수동적인 방식(이를테면, 위대한 예술 작품을 감상하면서)으로도 나타날 수 있다. 그러나 보통 그것은 사람들이 어떤 종류의 행위에 종사할 때 일어난다(Czikszentmihalyi, 1975; Privette & Landsman, 1983). 여가 시간보다는 일하는 시간에 절정경험을 더 많이 한다는 증거가 있다. 절정경험을 하는 사람은 어떤 활동에 너무나 열중해서 그 활동이 그 사람이 되는 것처럼 보인다. 칙센트 미하일리는 그러한 최상의 경험에 몰입(flow)이라는 용어를 부여했다. 절정경험은 예술적 창조 같은 활동을 꼭 포함하는 것이 아니며 행해지는 어떤 활동보다 그것이 일어나는 방식이 중요하다. 만일 무엇에 완전히 몰두하게 된다면, 그것은 절정경험이 될 수 있다.

2) 성격평가 및 연구방법

Maslow는 인터뷰, 자유연상, 투사적 검사, 자서전 등을 통해서 성격이론을 형성하였다. 예를 들어, 자아실현자를 확인하기 위하여 Maslow는 역사적으로 유명한 인물들에 대한 자서전적 연구를 실시하였다. 또한 3,000명의 대학생을 자아실현자와 비자아실현자로 나누어 로르샤하 잉크반점검사, 주제통각검사, 자유연상, 심층면접 등의 방법을 사용하여 대학생들이 자아실현자의 특성을 소유하고 있는지의 여부를 결정하기 위한 사례연구를 실시하였다. 다른 성격이론가들과 마찬가지로 그의 사례연구 방법론 역시 주관적 측면 때문에 비판받기는 하지만 Maslow의 성격이론은 많은 이들에게 영향을 끼치고 있다.

나와 타인의 이해를 위한 성격심리 연습과제 10

욕구의 위계

Maslow는 생리적 욕구, 안전 욕구, 소속감과 사랑의 욕구, 자존감 욕구, 자아실현의 욕구 등 5가지로 욕구위계설을 주장하였다.

1. Maslow의 5가지 욕구들 각각에 대하여 현재 당신의 욕구는 어느 정도 충족되고 있는지 평가해 보자. 가장 만족스러운 상태가 100%라고 했을 때 각각 몇 %정도 충족하고 있는지에 대하여 생각해 보고 왜 그렇게 생각하는지 그 구체적인 내용에 대하여 기술하여 보자.

2. 평가 결과, 현재 당신의 부족한 욕구는 무엇이며 이를 충족시키기 위하여 무엇을 할 수 있을지에 대하여 생각해 보자.

3. 당신이 충족하고 싶은 자아실현의 욕구에 대하여 생각하고 적어 보자.

몰입(flow)경험

몰입(flow)경험이란 Maslow가 강조한 절정경험과 밀접하게 관련된 개념으로서 최근 긍정심리학의 주요주제로 떠오르고 있는 개념이다. 사람들은 일상적인 삶을 살면서 때때로 만족감, 황홀감 등의 긍정적인 감정을 경험하게 되는데 이러한 경험은 이후의 혹은 그 밖의 수행에도 긍정적인 영향을 미칠 수 있다. 즉 뭔가에 몰입하여 성공적으로 끝마친 경험을 한 사람은 그 경험이 이후에 다른 일을 할 때 긍정적인 영향을 미치게 된다는 것이다. 예를 들어, 어려운 수학문제를 각고의 노력 끝에 결국 풀어냈던 경험이 있는 사람은 이후 다른 어려운 문제를 만났을 때 또 한번 해결하고자 하는 의지가 생겨 도전할 수 있다.

1. 당신이 경험했던 몰입경험에 대하여 상기해 보자. 언제 어떤 경험이었는가? 그 때의 당신에게는 어떤 생각, 감정, 행동이 나타났는가?

2. 그 경험이 이후에 당신에게 어떠한 영향을 미쳤는가?

결핍사랑과 성장사랑

Maslow는 사랑을 결핍사랑과 성장사랑의 두 가지로 유형화했다. 본문에서 학습했듯이 결핍사랑은 타인이 자신의 욕구를 충족시켜 주기 때문에 타인을 사랑하는 것이다. 반면에 성장사랑은 타인의 성장을 위한 사랑으로, 비소유적이며 이기적인 만족보다는 타인의 행복과 성장에 더욱 관심을 가지는 사랑이다. 이에 대하여 좀 더 살펴보면 다음과 같다.

결핍사랑(Deficiency Love, D 사랑)

D 사랑을 하는 사람들은 불건전한 방식으로 서로에게 의존한다.

D 사랑을 하는 사람들은 빈번한 의견 충돌이 있다. 그 관계에 고도의 불안과 적개심이 존재한다.

D 사랑을 하는 사람들은 그 관계에서 변화, 성장 및 성숙을 하지 못한다.

D 사랑을 하는 사람들은 소유적이고 구속적이다.

성장사랑(Being Love, B 사랑)

B 사랑을 하는 사람들은 경험에서 변화하고 성장한다. 광범위한 치료효과를 갖는다.

B 사랑을 하는 사람들은 서로에게 독립적이다. 보다 덜 질투적이다.

B 사랑을 하는 사람들은 서로에게 불안과 적개심을 거의 갖지 않는다.

B 사랑을 하는 사람들은 비소유적이다.

B 사랑을 하는 사람들은 서로에게 언제나 기쁨을 주려고 하며 본질적으로 유쾌하다.

위의 특성들을 읽어 보면서 다음의 질문에 답하여 보자.

1. 당신이 경험한 결핍사랑에 대하여 생각해 보자. 즉 당신이 경험한 사랑 중에서 가장 불건전하고 부정적인 사랑 경험에 대하여 적어 보자(단, 가족이나 부모님과의 사랑은 제외). 그리고 그 사람과 나의 어떠한 성격 특성이 이런 결핍사랑을 유발했는지에 대하여 생각하고 적어 보자.

2. 당신이 경험한 성장사랑에 대하여 생각해 보자. 즉 당신이 경험한 사랑 중에서 가장 건강하고 긍정적인 사랑 경험에 대하여 적어 보자(단, 가족이나 부모님과의 사랑은 제외). 그리고 그 사람과 나의 어떠한 성격 특성이 이런 성장사랑을 유발했는지에 대하여 생각해 적어 보자.

3. 당신이 현재 혹은 앞으로 사랑을 한다면 어떤 사랑을 하고 싶은지에 대하여 적어 보고 그러기 위해 당신이 변화될 부분이나 성장해야 하는 부분에 대하여 적어 보자.

요약

지금까지 Maslow의 이론을 바탕으로 한 과제를 하고 나서 스스로에 대해 새롭게 알게 된 것이나 깨달은 것이 있다면 적어 보자. 또한 이것은 당신에게 앞으로 어떠한 영향을 미칠 수 있을 것인지 적어 보자.

※ 지금까지 했던 과제를 현재 당신에게 의미 있는 타인과 함께 해 보고 서로 나누는 시간을 가진다면 서로에 대해 더욱 깊이 이해할 수 있을 것이다.

11. Rogers의 인간중심 접근

Carl R. Rogers

로저스(Carl R. Rogers, 1902-1987)는 1902년 일리노이호의 오우크 파크에서 출생하였다. 그는 6남매의 넷째로 태어나 경제적으로 윤택한 가정에서 자라났다. 로저스가 12살 때에 토목 건축가이자 청부업자인 그의 아버지는 가족들을 시카고 외각의 농장으로 이사시켰다. 로저스의 가족은 독실할 정도로 종교적이었다. 따라서 로저스에게는 별로 친구가 없었고 대부분의 시간을 혼자서 아니면 책을 읽으며 보냈다. 고등학교 시절 그는 탁월한 학생이었으나 사교적인 면에서는 보잘 것이 없었다. 1919년 그는 위스콘신대학에 들어가 농학을 전공하였다. 이 시절 중국 페킹에서 열리는 세계학생기독교연맹회에 참가하였다. 생전 처음으로 그는 문화적 · 종교적 다양성에 접할 기회를 가졌다. 이 때문에 그는 자신이 가졌던 전통적인 가족관을 버리고 가족들에 대해서 덜 전통주의적인 생각을 가지게 되었다. 1924년 그는 역사학으로 학위를 받았다. 그 뒤에 그는 헬렌 엘리어트와 결혼, 두 자녀를 낳았다. 결혼 후 이들은 뉴욕시로 이주하였고 로저스는 2년간 유니언 신학대학에 다녔다. 종교적 교리에 대한 회의가 점점 커지고 또한 남들을 돕고자 하는 소망이 있었으므로, 로저스는 콜럼비아대학의 사범대에서 임상심리학 학위과정에 들어갔다. 그는 1931년에 Ph. D를 받았다. 학위를 받고 로저스는 뉴욕시의 로체스터에 있는 아동지도진료소에 심리학자로 근무하게 되었다. 이즈음 로저스는 Otto Rank의 견해에 접하게 되었고, 이는 치료에 관해 그가 전개시키고 있던 견해에 아주 큰 영향을 미쳤다. 로저스는 이 아동진료소에서 10년간 재직하였고 1945년 로저스는 시카고대학의 심리학과 교수이자 상담소장으로 옮겨 갔다. 여기에서 그의 관점이 이론과 실제의 세계에서 주요 세력의 하나로 등장하게 되었다. 1957년 그는 위스콘신대학으로 옮겨 갔으며 거기서 자신의 이론을 정신분열증 치료에 적용해 보고자 하였다. 그러나 이 일은 잘 되지 않았다. 더구나 그는 이곳의 학문연구체제가 대학원 교육에 관한 자신의 인본주의적 견해를 별로 따르고 있지 않다는 것을 알게 되었다. 시간이 지나면서 로저스의 이론은 인정을 받기 시작하였으며 1956년에 미국심리학회가 심리학에 기여한 우수과학자에게 주는 첫 번째 공로상을 수상했다. 로저스는 1963년에 켈리포니아의 라 졸라로 옮겨 '인간연구센터'를 설립했다. 생의 마지막 15년을 사회갈등의 문제 및 세계 평화를 위해 공헌한 로저스는 1987년 2월 사망할 때까지 많은 집필을 하였으며 심리학의 발전에 기여하였다.

1) 주요개념

(1) 유기체

Rogers의 인간 이해를 위한 철학적 입장은 현상학의 영향을 받아 형성되었다. 철학에서 현상학은 즉각적인 경험에 대한 자료를 기술하는 것을 추구하는 것을 의미하지만, 심리학에서 현상학은 인간의 자각과 지각에 대한 연구를 의미한다. 즉 현상학자에게 중요한 것은 대상 혹은 사건 그 자체가 아니라 개인이 대상 혹은 사건을 어떻게 지각하고 이해하는가이다. 현상학적 장은 경험의 전체를 의미한다.

유기체, 즉 전체로서의 개인은 모든 경험의 소재이다. Rogers는 "경험은 나에게 최고의 권위이다"라고 말한 것처럼, 그는 유기체의 경험을 중시하였다. 이러한 경험의 전체가 현상적 장을 구성한다. 현상적 장은 단지 경험하는 개인에게만 알려질 수 있는 자신의 참조의 틀이다. 개인이 행동하는 방식은 외적 현실인 자극조건이 아니라 자신의 현상적 장에 의존한다.

Rogers는 '의식 혹은 자각은 우리가 경험하는 어떤 것의 상징화'라는 점에서 현상적 장은 의식의 장과 동일하지 않다는 것을 지적하였다. 즉 어떤 주어진 순간에 현상적 장은 의식적(상징화된) 및 무의식적(상징화되지 않는) 경험으로 구성된다. 그러므로 유기체는 상징화되지 않은 어떤 경험을 변별하고 그러한 경험에 반응할 수 있다. 유기체의 다양한 경험을 통해 현상학적 장을 마련하고 다양한 자극에 대응할 수 있음으로 유기체의 경험은 매우 중요하다.

(2) 실현화 경향성

실현화 경향성(actualization tendency)은 단지 유기체를 유지하는 것 이상이다. 그것은 또한 유기체의 성장과 향상, 즉 발달을 촉진하고 지지한다. 실현화란 개념은 유기체가 단순한 실체에서 복잡한 실체로 성장해 나가고, 의존성에서 독립성으로, 고정성과 경직성에서 유연성과 융통성으로 변화하고자 하며, 자유롭게 표현하고자 하는 유기체의 경향성을 나타낸다. 즉 "유기체를 유지하고 증진시키려는 방향으로 모든 능력을 발달시키는 유기체의 선천적 경향성"이라 할 수 있다. 실현화는 개인이 자신의 욕구와 긴장을 줄이려는 경향성을 포함하지만, 그것은 유기체를 향상시키는 활동으로부터 도출된 기쁨과 만족을 강조한다.

실현 경향성은 두 가지 측면을 가진다. 첫 번째 측면은 우리를 신체적으로 보호하고 유지하려는 공통된(대체로 생물학적인) 경향성이다. 또 다른 측면은 자율성, 자기충족감, 개인적 성장을 증진시키려는 개인의 독특한(심리적인) 경향성이다. 이러한 독특한 심리적 측면은 Rogers의 이론의 중심적 인지적 개념인 자기(self)의 유지와 증진을 내포하고 있으며 자기실현을 뜻한다.

(3) 자아

Rogers의 성격이론에서 핵심적인 구조적 개념이 자아(self)이다. Rogers는 개인은 외적 대상을 지각하고 경험하면서 그것에 의미를 부여하는 존재임을 강조한다. 개인의 지각과 의미의 전체적 체계는 그로 하여금 자신의 현상적 장을 구성하게 한다. 개인이 자신 혹은 자기로서 보는 현상적 장의 이러한 부분이 자아이다.

자아 혹은 자아개념은 조직화되고 일관된 지각의 패턴을 나타낸다. 비록 자아가 변하지만 자아는 항상 패턴으로 형성되고 통합되고 조직화된 특성을 가진 자아개념을 유지한다.

Rogers의 자아와 관련하여 알아 두어야 할 두 가지 점은 다음과 같다. 첫째 개인은 행동을 통제하는 어떤 자아를 가지고 있는 것이 아니라 현상적 장의 일부로서 조직화된 일련의 지각인 자아를 가진다. 둘째, 자아로서 알려진 경험과 지각의 패턴은 일반적으로 자각이 가능하다. 즉 그것은 의식화될 수 있다. 개인이 의식하지 못하는 경험을 가지고 있지만, 자아는 일차적으로 의식적이다. 자아와 관련된 구조적 개념은 이상적 자아(ideal self)이다. 이상적 자아는 개인이 가장 소유하고픈 자아개념으로 잠재적으로 자아와 관련되고 개인이 높게 가치를 부여하는 지각과 의미를 포함한다. 이상적 자아는 Freud의 초자아(superego)와 비슷한데, 초자아는 이상적인 자신의 모습, 즉 사회규범과 윤리에 어긋나지 않은 자신의 모습을 말한다. 현실적인 자기와 이상적인 자기의 일치 정도가 크면 클수록 진정한 자기가 되며, 건강하고 성숙한 사람이라고 한다. Rogers는 이와 같은 일치된 자기가 되기 위해서 타인과의 교류를 통한 체험을 강조한다. 이를 위해서는 무조건적 긍정적인 존중을 경험해야 한다. 왜냐하면 개인은 경험을 통해서 자신이 수용하기 어려운 어떤 행동이 있을 때 타인으로부터 무조건적이고 긍정적인 존중을 통해서 있는 그대로 받아들여지게 되며 좀 더 자발적이고 융통성이 있는 성격이 되기 때문이다.

(4) 일관성과 긍정적 존중

Rogers는 두 가지 체계, 즉 자기와 유기체를 제안한다. 그 두 체계는 반대 입장에 있거나 조화를 이룰 수도 있다. 그 체계들이 반대되거나 불일치될 때의 결과는 부적응이다. 왜냐하면 자기는 실제 유기체 경험과의 접촉을 상실하고 경직되게 조직되고, 긴장으로 차이가 있기 때문이다. 우리는 자기 개념과 일관성 있는 방식으로 경험들을 지각하려고 한다. 따라서 자기 개념은 유기체의 실제 경험을 평가하고 탐지하기 위한 참조 체제로 기여한다. 자신이 생각하는 자기개념과 환경을 통해 받아들이는 비일관된 경험은 위협으로 지각될 수 있으며, 위협이 많을수록, 그 자체를 보존하려는 자기 구조가 더 경직되고 방어적으로 된다. 동시에 자기 개념은 유기체의 현실과 덜 일치되고 유기체의 실제 경험과 접촉을 상실하게 되어 비현실적인 자기상을 형성하게 된다.

Rogers는 긍정적인 존중에 대한 보편적인 욕구를 가정한다. 이 욕구는 자기에 대한 자각이 나타날 때 그리고 개인으로 하여금 그의 인생에서 중요한 사람들로부터 수용과 사랑을 바라도록 이끌 때 발달한다.

(5) 가치의 조건화

일상생활에서 우리가 받는 조건적 · 긍정적 관심은 행동에 대한 외적 표준과 기대에 따른 것이다. 이것은 개인의 독특한 실현 경향성에 의해 일어나는 행동과는 대조되고 종종 그런 행동과 직접적으로 병행한다. 이러한 갈등과 경쟁 때문에 조건적 · 긍정적 관심은 무조건적 · 긍정적 관심보다는 개인을 유지하고 증진시키는 경우가 적은 것 같다. 그럼에도 불구하고 긍정적 관심에 대한 우리의 욕구가 매우 크기 때문에 우리는 가능한 어떤 형태의 긍정적 관심이든 받으려고 한다. 우리는 또한 조건적 · 긍정적 관심과 상반되는 비난, 처벌에 의해서도 영향을 받는다. 개인의 특정 행동에 대한 외적 가치를 가치의 조건(conditions of worth)이라고 부른다. 가치의 조건은 조건적 · 긍정적 관심 또는 조건적 · 부정적 관심에 의해 드러나게 된다. 가치의 조건은 어떤 측면에서는 칭찬받는 느낌을 주지만 다른 측면에서는 그렇지 않다(Rogers, 1959).

가치의 조건은 종종 유기체적 가치화 과정을 대치시키기도 하고 경쟁하게 한다. 따라서 외적 기준에 근거한 가치의 조건은 실현화를 통해 자기증진을 추구하는 '최적' 기능을 방해한다. 가치의 조건화는 아동이 주로 하는 눈에 보이는 행동, 즉 외적 준거에 따라 아동을 평가하는 데서 비롯된 것이다. 의미 있는 대상으로부터 긍정적 자기존중을 받기 위해 자기의 의지와 관계없이 겉으로 최선을 다하는 꼴이 된다. 따라서 아동은 착한 아이가 되기 위해 내적 경험을 무시하게 된다. 이것은 우리가 모든 경험에 개방적으로 되어 인간성장을 도모하는 것을 방해하게 된다. 인간중심 접근에서 강조하는 개인의 주관적인 경험을 왜곡하고 부정하게 만듦으로써, 우리가 독특한 존재로서 자기성장을 이루지 못하게 한다. 이런 점에서 우리가 형성한 가치의 조건화는 끊임없이 우리 자신이 성숙된 인간이 되는 것을 방해하는 주요 원천이라 할 수 있다.

2) 성격발달

Rogers는 실제로 체계적인 성격발달 단계에 대한 이론을 갖고 있지 않았으며, 이에 관한 장기간의 연구나 부모-자녀 상호작용 등에 관한 연구를 하지 않았다. 기본적으로 Rogers는 성장의 힘은 모든 개인들 안에 존재한다고 믿었다. 자아는 현상학적 장에서 분리된 부분이고, 점차적으로 복잡하게 성장한다. 자아가 출현할 때 개인은 긍정적 존중에 대한 욕구를 발달시킨다. 만약 타인에 의한 긍정적 존중에 대한 욕구가 자신의 감정에 맞추어지는 것보다 더 중요하게 되면 개인은 다양한 경험들을 의식 밖으로 내보내게 되고 부조화에 빠지게 된다. 근본적으로 Rogers의 주요 발달적 관심은 아이가 자아실현을 위한 조화의 상태에서 자유롭게 성장했느냐 아니면 아이가 방어적이 되거나 부조화의 상태에서 기능하느냐이었다. 자아의 건강한 발달은 부모들이 아이의 특정 행동을 용납하지 않을 때에도 아이가 충분히 경험하고 그 자체를 수용할 때 이루어진다. 또한 부모도 아이의 특정 행동을 용납하지 않을 뿐이지 아이의 전부를 거부하지 않은 분위기에서 아이는 건강하게 발달한다.

3) 성격평가 및 연구방법

현상학적 입장에 있는 Rogers는 사람들을 이해하는데 가장 중요한 것은 그 사람 자신의 의식적 차원의 내적 경험이라고 보았기 때문에 개인에 대해 집중적인 연구를 하였고, 따라서 과학적인 실험연구를 통한 성격에 대한 연구를 중요시하지 않았다. 그는 치료상담 회기를 기록하고 자아를 대표하는 모든 단어들을 목록화 함으로써 성격을 연구하였는데, 특히 Stephenson(1953)에 의해 개발된 Q 분류기법(Q-sort)을 사용하였다. Q 분류기법은 "나는 순종적인 사람이다",

"나는 호감을 주는 사람이다", "나는 충동적인 사람이다" 등과 같은 진술문이 인쇄된 많은 카드로 이루어져 있다. Q 분류기법은 자기 — 기술에 사용될 수 있는데, 예를 들어, 자신과 가장 유사한 속성들로부터 자신과 가장 유사하지 않은 속성에 이르기까지 분류할 수 있으며 또는 개인이 가장 되고 싶어하는 이상적인 특성과 가장 가까운 것에서부터 가장 먼 것에 이르기까지 분류하는 식으로 해서 자기 — 분류를 할 수 있다.

나와 타인의 이해를 위한 성격심리 연습과제 11

이상적 자아 vs 현실적 자아

이상적 자아는 개인이 가장 소유하고픈 자아개념으로 이상적인 자신의 모습을 나타낸다. Rogers에 의하면 현실적 자아와 이상적 자아의 일치 정도가 크면 클수록 진정한 자기가 되며, 건강하고 성숙한 사람이라고 한다.

1. 당신의 이상적 자아, 즉 당신이 원하는 이상적인 모습에 대하여 적어 보자.

2. 당신의 현실적 자아, 즉 현재 모습에 대하여 적어 보자.

3. 당신의 이상적 자아와 현실적 자아간의 일치 정도를 평가해 보고 이 둘 간의 차이를 줄이기 위해, 즉 현실의 내가 이상적인 나에 가까워질 수 있기 위해 노력해야 할 부분들에 대하여 적어 보자.

가치의 조건화

가치의 조건화는 실현화를 통해 자기증진을 추구하는 최적 기능을 방해한다. 의미있는 대상(어린 시절에는 주로 부모)으로부터 가치 조건화가 주어질 때 우리는 그로부터 긍정적 자기존중을 받기 위해 자기의 의지와 관계없이 내적 경험을 무시한 채 겉으로 최선을 다하는 꼴이 된다. 이것은 결국 우리가 모든 경험에 개방적이고 독특한 존재로서의 자기성장을 이루지 못하게 한다.

1. 당신이 가진 자기실현 의지와 반대되는 가치 조건을 부여받았던 경험에 대하여 언제, 어떤 상황에서, 누구에 의해 그랬는지 떠올려 적어 보자.

2. 그 때 당신은 어떤 선택을 하였는가, 외부의 가치조건을 따랐는가, 아니면 자기의 의지대로 실현하고자 하였는가? 그리고 당신 성격의 어떠한 특징이 그렇게 하도록 하였는지에 대하여도 생각해 보자.

3. 그 결과는 어떠하였는가?

4. 다시 그와 비슷한 상황이 반복된다면 이번엔 어떻게 해 보고 싶은가, 그리고 그렇게 했을 때 예상되는 결과는 어떠한가?

공감적 이해, 일치, 무조건적 긍정적 존중

Rogers는 치료적 변화에 필수적인 세 가지 요소로 공감적 이해, 일치, 무조건적 긍정적 존중을 강조하였다. 즉 치료자는 내담자의 변화를 위해 공감적으로 이해해 주어야 하며(상대방의 감정을 그대로 함께 느낌), 겉치레나 거짓이 없이 진솔함을 보여주고(일치) 가치평가를 하지 않고 무조건적 긍정적으로 존중해 주어야 한다는 것이다. 내담자는 상담자와의 이런 치료적 관계의 경험을 통해 자신에 대해 힘이 생기며 문제를 극복하고 성장할 수 있게 된다는 것이다.

1. 당신이 지금까지 살면서 공감적 이해, 일치, 무조건적 긍정적 존중을 느껴 본 적이 있는가? 언제 누구에게 그러한 것을 경험하였는지 적어 보자.

2. 이러한 경험이 당신의 생활 및 성격에 미친 영향에 대하여 생각하고 적어 보자.

3. 당신 속에 혹시 여전히 표현하지 못하고 해결하지 못한 감정이 있는가? 그렇다면 이것을 누구에게 가장 표현하고 공감받고 이해받고 싶은가?

4. 3번에 대하여 먼저 '자기 공감'의 시간을 가질 필요가 있다. 즉 나 스스로가 먼저 나의 감정을 공감해 주고 이해해 주고 받아들여야 한다. 그것이 분노, 슬픔, 외로움 등의 부정적인 감정이어도 상관없다. 나의 그런 감정에 대하여 스스로를 공감해 주자.
(※ '자기 공감'의 방법 : 거울을 꺼내어 가만히 자신의 눈을 몇 분간 바라보며 힘들었던 기억을 떠올린다. 그러다 보면 올라오는 감정이 있을 것이다. 이에 대해 거울 속의 나에게 이름을 부르며 말로 공감을 표현해 준다. "○○야, 네가 그 때 그런 일이 있어서 정말 화가 많이 났구나. 그래, 그럴만도 했지. 얼마나 화가 났니. 그거 표현하지 못하고 마음 속에 담고 사느라 정말 힘들었지? ……" 이런 식으로 자신의 감정을 읽어 주며 공감해 준다. 눈물이 나면 실컷 우는 것도 좋다.)

요약

지금까지 Rogers의 이론을 바탕으로 한 과제를 하고 나서 스스로에 대해 새롭게 알게 된 것이나 깨달은 것이 있다면 적어 보자. 또한 이것은 당신에게 앞으로 어떠한 영향을 미칠 수 있을 것인지 적어 보자.

※ 지금까지 했던 과제를 현재 당신에게 의미 있는 타인과 함께 해 보고 서로 나누는 시간을 가진다면 서로에 대해 더욱 깊이 이해할 수 있을 것이다.

III

성 격 장 애

제7장 성격장애

제7장

성격장애

1. 이상행동에 대한 이해
2. 대표적인 이상행동의 이해
3. 성격장애

사람은 누구나 고유한 생활양식이나 행동방식을 갖고 있다. A군은 꼼꼼하고 빈틈이 없는가 하면 B군은 이기적이고 자기밖에 모르는 행동을 할 수도 있다. 이처럼 개인의 독특한 행동방식을 성격특질이라고 하며 이는 그 사람의 개인생활이나 사회생활에 지속적으로 영향을 미치게 된다. 부적응적인 인간관계를 나타내는 사람 중에는 성격 자체가 특이하여 다른 사람에게 배척당하고 잘 어울리지 못하는 경우가 있다. 이렇게 한 개인이 지닌 지속적인 행동양식, 즉 성격특질 때문에 사회생활에 적응하지 못하고 심각한 문제를 야기할 경우 성격장애가 진단된다.

성격장애를 보이는 사람은 첫째, 스트레스를 경험할 때 융통성 없이 부적응적 반응을 반복하고, 둘째, 일이나 사랑하는 데 어려움을 드러내며 정신건강 수준이 아주 낮아져 있고, 셋째, 대인관계 갈등을 심하게 드러내며, 마지막으로 다른 사람을 난처하게 만드는 성향을 지니고 있는 것이 특징이다(Vaillant & Perry, 1985). 이러한 성격장애는 만성적인 행동양식으로서 거의 사춘기에 시작되고 성인초기에는 그 특성들이 뚜렷하게 드러난다.

이 장에서는 성격장애에 대하여 살펴보기 전에 우선 일반적인 부적응행동 혹은 이상행동에 대하여 간략히 소개하고 그 다음에 성격장애에 대하여 살펴보고자 한다.

1. 이상행동에 대한 이해

1) 적응과 부적응

부적응적 행동이란 심각한 적응 실패에 의해 야기되는 건강하지 못한 행동이라고 할 수 있으며 보통 심리장애, 이상행동, 또는 정신질환이라고 표현하기도

한다. 사람들은 흔히 심리장애나 정신질환이라고 하면 이상하고 창피하고 심각한 것이라고 여겨, 전염성이 있는 것이 아닌데도 불구하고 그런 장애가 있는 사람들을 꺼려하거나 멀리하려는 경향이 있다. 그러나 정신질환도 다른 질병과 마찬가지로 일종의 병이며 따라서 치료와 회복이 가능하다. 따라서 우리는 심리장애에 대한 선입견이나 편견을 버리고 오히려 이에 대하여 정확히 이해할 필요가 있다. 그렇다면 무엇이 부적응 행동이고 무엇이 적응행동인가? 다시 말하면 심리장애나 정신질환을 분류하는 준거는 무엇인가? 이에 대하여는 정신장애를 진단하고 분류하는 학자마다 견해를 달리하므로 그 견해를 통합하기는 쉽지 않다. 하지만 대개의 경우 다음의 기준들을 그 준거로 삼아 적응과 부적응을 구분하게 된다.

(1) 통계적 기준

통계적으로 보았을 때 정상의 기준에서 일탈되어 있을 때를 부적응 행동으로 보자는 견해이다. 물론 여기서의 일탈은 평균이나 정상범주에서 심하게 일탈되어 있을 경우를 말한다. 예를 들어, 대부분의 지능검사는 평균이 100이고 표준편차가 15점으로 되어 있는데, 만약 지능 점수가 평균치에서 심하게 일탈되어 아주 낮게 나온 경우(대략 70점 미만인 경우) '정신지체(혹은 지적장애)'로 분류하여 부적응 행동의 범주에 포함시킨다.

(2) 사회문화적 규범의 일탈

우리는 각자 자기가 속한 사회 속에서 생활을 영위해 나간다. 따라서 한 개인의 일생은 그가 속한 사회에 적응하는 과정이라고 할 수 있다. 사회에 적응을 한다는 것은 그 사회의 규범을 받아들이고 그 사회에서 요구하는 적절한 행동양식과 행동규범을 지키며 생활한다는 것이다. 하지만 만일 어떤 사람이 그가 속한 사회의 규범을 어기고 부적절하고 삐뚤어진 행동을 한다면 그는 적응을 못하는 사람이 될 것이다. 이렇게 한 사회의 규범에 적응하지 못하고 일탈된 행동을 하는 경우를 부적응 행동으로 보자는 것이 사회적 규범의 기준이다. 예를 들어, 약물남용, 알코올 중독, 성문제 등이 여기에 해당된다.

(3) 주관적 불편감과 개인적 고통

스스로 심리적으로 불편감과 괴로움을 느낄 때를 부적응 행동으로 보자는 것이다. 이를 증상에 의한 기준이라고도 하는데 대체로 주관적 불편감은 증상으로 경험되기 때문이다. 주관적으로 느끼는 불편감에는 불안, 우울, 분노, 고독 등이 있으며 여러 가지 유형으로 나타날 수 있는데, 대개 불안의 강도가 크고 지속기간이 길며 이러한 불편감 때문에 일상생활, 인간관계, 직업적인 수행에 어려움이 있을 경우에 부적응 행동이라 할 수 있다.

(4) 이상하고 기괴함

인간이 사회생활을 하면서 일반적으로 받아들여지기 힘든 이상하고 기괴한 행동을 할 때를 부적응 행동으로 보자는 견해이다. 예를 들어, 망상이나 환각을 보인다던지, 공중 앞에서 옷을 벗는 행동을 한다든지 하는 경우이다. 이처럼 일반인들은 하지 않는 이상하고 기괴한 행동을 하는 경우에 부적응이라 할 수 있다.

(5) 적응적 기능의 저하 및 손상 - 비효율성

인간의 사회생활에서는 각자 맡은 바 역할이 있다. 그리고 일반적으로 이런 역할을 책임 있게 수행할 것을 기대한다. 즉 직장의 일을 잘 하고, 인간관계를 원만히 수행하고, 자기의 삶을 잘 영위해 가면 효과적으로 기능하는 것으로 볼 수 있는데 그렇지 못하고 이러한 생활인으로서의 기능을 효율적으로 수행하지 못한다면 부적응 행동이라고 보자는 것이다. 예를 들어, 사회공포증이 너무 심해서 집 밖으로 나가지도 못하고 그래서 직장생활도 하지 못하게 되는 경우가 해당된다.

2) DSM-5에 포함되어 있는 정신장애의 범주와 유형

미국정신의학회의 정신장애의 진단 및 통계편람(DSM)은 심리적 증상과 증후군을 위주로 한 정신장애의 분류체계와 진단기준을 제시하였으며, 증상의 기술적 특징에 근거하여 이루어졌다. 1952년에 DSM-Ⅰ이 처음 발행되었고, 1994년에 네 번째 개정판인 DSM-Ⅳ가, 2013년에는 DSM-5가 나왔다. DSM-5에서는 DSM-Ⅳ에서 사용했던 다축 진단체계가 임상적 유용성과 타당성이 부족하다는 이유로 폐기되었으며, 범주적 진단체계의 한계를 보완하기 위해서 차원적 평가를 도입한 혼합모델을 적용하여 모든 환자의 주된 증상과 다양한 공병증상을 심각도 차원에서 평가하도록 되어 있다.

따라서 DSM-5는 정신장애를 20개의 주요한 범주로 나누고 그 하위범부로 300여 개 이상의 장애를 포함하고 있다.

DSM-5[1]에 포함되어 있는 정신장애의 범주와 유형은 신경발달장애(Neurodevelopmental Disorders), 정신분열 스펙트럼 및 기타 정신증적 장애(Schizophrenia Spectrum and Other Psychotic Disorders), 양극성 및 관련 장애(Bipolar and Related Disorders), 우울장애(Depressive Disorders), 불안장애(Anxiety Disorders), 강박 및 관련 장애(Obsessive-Compulsive and Related Disorders), 외상 및 스트레스 사건 관련 장애(Trauma and Stressor Related Disorders), 해리장애(Dissociative Disorders), 신체증상 및 관련 장애(Somatic Symptom and Related Disorders), 급식 및 섭식장애(Feeding and Eating Disorders), 배설장애(Elimination Disorders), 수면-각성장애(Sleep-Wake Disorders), 성기능장애(Sexual Dysfunctions), 성 불편증(Gender

---

1) DSM-5란? Diagnostic and Statistical Manual of Mental Disorders-5th edition, 미국 정신의학회에서 2013년에 발표한 정신장애의 분류체계로 현재 우리나라에서도 이 분류체계를 지침으로 많이 사용하고 있다.

Dysphoria), 파괴적, 충동통제 및 품행장애(Disruptive, Impulse Control, and Conduct Disorders), 물질-관련 및 중독장애(Substance-Related and Addictive Disorders), 신경인지장애(Neurocognitive Disorders), 성격장애(Personality Disorders), 성도착장애(Paraphilic Disorders), 기타 정신장애(Other Mental Disorders)이다.

2. 대표적인 이상행동의 이해

1) 범불안장애

현대사회는 급속도로 발전하고 변화하고 있으며 이러한 변화들은 때로 현대인의 삶을 위협할 정도이다. 따라서 현대사회에서 살아가기 위해서는 어느 정도의 긴장과 불안은 필수적이라고 할 수도 있다. 불안은 불쾌하게 느껴지지만 우리에게 도움이 되는 감정이다. 즉 불안은 위협하거나 위협적인 상황에서 우리 자신을 보호하기 위하여 경계태세를 취하게 하는 적응적인 반응인 것이다. 그러나 불안의 정도가 너무 심하여 과도한 심리적 고통을 느끼거나 일상생활에 적응하는 데, 그리고 원만한 인간관계를 맺는 데에 지장을 초래할 정도라면 불안장애라고 할 수 있다. 여기에는 범불안장애, 공포증, 공황장애, 강박장애, 외상 후 스트레스 장애, 급성 스트레스 장애가 있다.

(1) 범불안장애

〈사례〉

30대 주부인 K씨는 왠지 늘 불안하고 초조하다. 무언가 불길한 일이 벌어질 것 같고 매사에 걱정 근심이 많다. 남편이 출장이라도 가면 혹시 사고가 나지 않을까, 아이들이 밖에서 놀다가 다치거나 집을 잃어버려 돌아오지 못하지 않을까, 시집 식구들이 나를 싫어하면 어쩌나, 도둑이 들지는 않을까 등 일상적인 걱정, 고민들이 끊이지가 않는다. K씨는 이러한 걱정이 때로는 불필요하고 과도하다는 것을 알고 있지만 걱정을 멈출 수는 없고 이로 인해 하루하루 생활이 힘들고 고통스럽다.

범불안장애란 일반화된 불안장애라고도 하며, 다양한 상황에서 만성적 불안과 과도한 걱정을 나타내는 경우를 말한다. 즉, 일상생활에서 겪게 되는 여러 가지 사건이나 활동에 대해 지나치게 걱정함으로써 지속적인 불안과 긴장을 경험하는데, 이러한 증상이 최소한 6개월 이상 지속되어야 한다.

(2) 공포증

공포증은 어떤 대상이나 상황에 대한 강렬한 공포와 그러한 대상이나 상황에 대한 회피반응을 특징적으로 나타내는 장애를 말한다. 공포증은 범불안장애의 경우보다 심한 강도의 불안과 두려움을 포함하며, 특정한 대상이나 상황에 한정되며 회피행동을 유발한다. 공포를 느끼는 대상과 상황의 종류에 따라 특정공포증, 광장공포증, 사회공포증으로 구분한다. 사회공포증은 흔히 대인공포증이라고도 하며 다른 사람들을 만나거나 다른 사람들 앞에서 무엇인가를 수행해야 할 때 두려움을 경험하는 장애이다.

〈사례〉

대학생인 A양은 약간 내성적이고 소심하긴 했지만 평소에 공부도 잘하고 똑똑한 학생이었다. 하지만 그녀는 다른 사람들 앞에서 자기소개를 하거나 과제 발표를 해야 할 때가 되면 몹시 긴장하고 불안해하였다. 자기 차례가 올 때까지 심한 불안과 긴장 때문에 심장이 빨리 뛰었으며 이 심장 뛰는 소리가 다른 사람들에게 들리지나 않을까 하여 더욱 불안해졌다. 그리고 막상 자기 차례가 되면 얼굴이 빨개지고 식은땀이 나며 정신이 멍해져서 제대로 발표를 하지 못하는 등 자신의 실력발휘를 할 수가 없었다. 따라서 가능하면 자기를 내세워야 하는 상황이나 발표를 해야 하는 상황은 피하도록 애썼고 그렇기 때문에 점점 더 내성적인 학생이라는 소리를 듣게 되고 친구들과의 교류도 적어졌다.

대인관계적 상황이나 여러 사람들 앞에서의 수행상황에서 현저한 두려움을 호소하는 경우를 사회공포증이라 할 수 있다. 이러한 사회공포증이 있는 사람들은 사람들 만나기를 꺼려해서 대인관계를 회피하려 하기 때문에 인간관계가 위축되고 일상생활에 큰 지장을 받게 된다. 공포증의 진단기준은 다음과 같다.

① 특정한 대상이나 상황(비행, 높은 곳, 동물, 주사 맞기, 혈액을 보는 것)에 대한 현저한 공포나 불안을 경험한다.

② 공포를 유발하는 대상이나 상황에 노출되면 거의 예외 없이 즉각적인 공포반응을 유발한다.

③ 특정공포증을 지닌 사람은 공포를 느끼는 대상과 상황을 회피하려고 한다.

④ 특정한 대상이나 상황에 의한 실제적인 위험과 사회문화적 맥락을 고려할 때, 이러한 공포나 불안은 지나친 것이어야 한다. 이러한 공포와 회피행동이 6개월 이상 지속되어 심한 고통을 경험하거나 사회적, 직업적 활동에 현저한 방해를 받을 경우 특정공포증으로 진단된다(DSM-5, 2013).

(3) 강박장애

강박장애는 강박적 사고(강박관념)나 강박행동을 수반하는 장애이다. 강박관념이란 본인도 불합리하다고 인정하지만 통제할 수 없는 어떤 생각이나 심상이 반복적이고 지속적으로 떠오르는 것을 말한다.

〈사례〉

B군은 20세로 고2 때부터 강박증세가 시작되었다. 현재 B군이 주로 보이는 증세는 다음과 같다. 잠자기 전에 숫자를 세는데 1에서 9까지 세다가 자기도 모르게 9를 넘으면 다시 1부터 9까지 세는 행동을 반복한다. 한 장소에서 한 가지 생각을 끝내야 하는데 계단을 오르다가 어떤 생각이 떠오르면 기분이 찜찜하여 그 생각이 완전히 끝날 때까지 그 계단의 그 자리에 가만히 서 있는다. TV를 켤 때에는 리모콘을 들고 숫자 1부터 9까지를 한 번씩 차례대로 눌러 본 다음 자신이 원하는 채널에 고정시킨다. 세수할 때, 양치질할 때, 머리 감을 때에도 꼭 9번씩 물로 헹구어내야 안심이 된다. 그러지 않으면 지저분한 것들이 다 씻겨나가지 않고 몸에 붙어 있어서 자신을 괴롭힐 것 같다는 두려움이 있기 때문이다.

강박행동이란 손씻기, 정돈하기, 확인하기 등의 어떤 의식 행동이나 기도하기, 숫자 세기, 주문 외우기 등의 정신적 활동을 몇 번이고 되풀이하여 반복하려는 억제할 수 없는 충동에 따른 행동이다. 강박관념은 불안을 증가시키는 한편 강박행동은 불안을 감소시켜 주는 역할을 하지만 이는 일시적인 효과에 지나지 않는다. 강박증 환자들은 이러한 강박관념이나 강박행동 때문에 많은 시간을 소모하며 일상생활에서 현저한 고통이나 지장을 느끼게 된다.

강박장애의 진단기준은 다음과 같다.

① 강박적 사고 혹은 강박적 행동 또는 둘 다 존재

② 강박사고나 강박행동이 많은 시간(하루에 1시간 이상)을 소모하게 하거나 현저한 고통을 유발하거나 사회적, 직업적 기능 또는 다른 중요한 영역의 기능에 심각한 손상을 초래한다.

③ 강박증상은 물질(예: 남용하는 물질, 약물)이나 일반적인 의학적 상태의 생리적 효과로 인한 것이 아니다.

④ 이 장해는 다른 정신장애의 증상(예: 범불안장애에서의 과도한 걱정, 신체변형 장애에서의 외모집착, 저장장애에서의 물건 버리기 어려움, 섭식장애에서의 의식화된 섭식행동, 질병불안장애에서의 질병에 대한 집착 등)에 의해서 더 잘 설명되지 않는다(DSM-5, 2013). 강박증 환자들은 강박관념

이나 강박행동 때문에 일상생활에 적응하는 것이 어렵게 되며, 또한 그들이 보이는 강박관념이나 강박행동이 다른 사람들에게 이상하고 기이하게 보여지기 때문에 원만한 사회적인 관계를 맺기도 어려워진다.

(4) 외상 후 스트레스 장애

〈사례〉

회사원 L씨는 대구 지하철 방화사건이 발생했을 때 극적으로 구출되어 생존한 사람이다. 그 사건이 발생한 지 몇 년이 흐른 지금도 그는 지하철 근처에도 가지 못하고 있으며 자주 그 때의 두려운 경험을 꿈 속에서 재현하여 잠을 잘 못 잔다. 또한 평소에 늘 예민해 있으며 누가 조금만 잘못을 해도 크게 화를 내며 불안한 증상을 보이고 있다.

외상 후 스트레스 장애는 충격적인 사건이나 사고를 경험한 후에 불안상태가 지속되는 경우를 말한다. 외상이란 죽음이나 심각한 신체적 손상을 초래하는 매우 충격적인 사건을 의미하는데 대표적인 예로 교통사고, 강간, 폭행, 유괴, 상인, 화자, 전쟁, 자연재해 등이다. 이러한 외상적 사건을 경험하고 난 후 다음의 네 가지 유형의 심리적 증상을 특징적으로 나타낸다. ① 침투증상(intrusion symptoms)으로서 외상 사건과 관련된 기억이나 감정이 자꾸 의식에 침투하여 재경험되는 것을 말한다. 즉, 과거가 현재 속으로 끊임없이 침습하는 것이다. ② 외상 사건과 관련된 자극을 회피한다. 외상사건의 재경험이 매우 고통스럽기 때문에 그와 관련된 기억, 생각, 감정을 떠올리지 않으려고 노력한다. ③ 외상 사건과 관련된 인지와 감정에 있어서 부정적인 변화가 나타난다. 예컨대, 외상 사건의 중요한 일부를 기억하지 못하거나 외상 사건의 원인이나 결과를 왜곡하여 받아들임으로써 자신이나 타인을 책망한다. ④ 각성과 반응성의 현저한 변화가 나타난다. 평소에도 늘 과민하여 주의집중을 잘 하지 못하고 사소한 자극에 크게 놀라는 반응을 보인다. 사소한 일에도 크게 짜증을 내거나 분노를 폭발하기도 하고 잠을 잘 이루지 못하거나 쉽게 잘 깨는 등 수면의 곤란을 나타낸다. ⑤ 외상 사건을 경험하고 난 후 이러한 네 가지 유형의 증상들이 1개월 이상 나타나서 일상생활에 심각한 장해를 받게 될 때 외상후 스트레스 장애로 진단된다(DSM-5, 2013).

2) 기분장애

기분장애란 기분이나 감정이 극단적인 양상을 보여서 일상생활이 어려운 정도에 이르는 경우를 말한다. 기분장애는 크게 우울장애와 양극성장애(조울증)로 분류할 수 있는데 우울장애는 기분이 지나치게 침울한 상태를 말하고 양극성장애는 우울증과 조증(기분이 지나치게 고양되어 있는 상태)이 번갈아 가며 나타나는 상태를 말한다. 여기에는 우울장애, 양극성장애가 있다.

(1) 우울장애

〈사례〉

준석이 엄마는 지금 몇 개월 째 기분이 침체되어 있다. 전에도 가끔씩 기분이 가라앉았던 적은 있었지만 이번처럼 오래가지는 않았다. 어제 밤도 잠이 오지 않아 몇 시간이나 뒤척이다가 새벽에나 겨우 잠이 들었으나 얼마를 자지 못하고 다시 깨어서 아침까지 잠을 이루지 못하였다. 그래서인지 남편을 출근시키고 아이들을 학교에 보내고 난 뒤에는 정신이 몽롱하고 잠에 취한 듯 피곤한 채로 소파에 거의 눕다시피 한 채로 앉아 있다. 빨래며 청소며 집안일이 산더미처럼 쌓여 있는데도 도무지 손과 발이 움직여지질 않아 무슨 일을 시작하기가 너무 힘이 든다. 입맛이 떨어져 맛있게 음식을 먹어 본 기억도 오래되었고 크게 웃어 본 기억도 오래전이다. 예전에 좋아하던 TV의 연속극도 이젠 흥미가 없어졌으며 신문이나 책의 글도 눈에 들어오지 않는다. 남편과 아이들과의 대화도 점점 줄어들고 아이들이나 남편 모두 자신과 아예 얘기를 하려들지도 않으며 관심도 가져 주질 않는 것 같아 서운하고 그래서 더 외롭다. 오랜만에 친구들이 만나자고 해도 집안에서 한 발짝도 나가기가 힘들어 싫다고 하고 혼자 집에만 틀어박혀 있다. 아내로서 엄마로서 역할을 제대로 해내지 못하는 것 같다는 죄책감으로 살아서 뭐하나 싶고 모든 것이 무가치하게 여겨진다. 갑자기 이 세상 모든 것으로부터 벗어나고 싶다. 그래서 오늘도 10층 아파트 베란다에서 바닥을 내려다보며 한숨짓고 있다.

우리들은 살다보면 일상생활 속에서 침울한, 슬픈, 기가 죽은, 불행한 등의 부정적인 기분을 느끼는 경우가 많이 생기고 이 때 한 번쯤 우울증을 의심해 보는 경우가 있다. 이렇듯 우울증은 '심리적 감기'라고 할 정도로 많은 사람들이 경험하는 흔한 장애라고 할 수 있다. 하지만 그렇다고 해서 우울증을 가볍게 여겨서는 안 된다. 우울증이 심각해지면 자살에까지 이를 정도로 심각한 장애라고 할 수도 있기 때문이다.

살다보면 누구나 우울한 기분을 경험하게 되며 특히 스트레스 사건이나 실패나 좌절 등의 경험을 하게 되면 우울해지는 것은 당연한 현상이라고 볼 수 있다. 따라서 우울한 증상이 생겼다고 해서 다 우울증이라고 진단할 수는 없다. 따라서 Mahoney(1980)는 우울증을 부적응 행동으로 진단하려면 다음과 같은 기준이 적용되어야 한다고 주장하였는데,

① 경험한 스트레스에 비하여 우울증이 지나치게 심하게 나타나는 경우
② 우울증을 일으킬 수 있는 선행 사건이 전혀 불분명할 경우
③ 우울증 증상이 너무 심해 일상생활을 못할 만큼 혼란될 경우
④ 우울증상이 심한 상태에서 만성화되어 장기간 지속될 경우

의 4가지 기준이 그것이다.

우울증의 증상은 정상인에게서 보이는 기분의 고저와는 달리 기분이 심하게 저조해서 일상생활을 못할 정도이고 식욕을 잃어서 체중도 감소하고 신체적으로 초조하거나 활동이 지체되는 것으로 나타나는데, 이를 몇 가지 영역으로 나누어 살펴보면 다음과 같다.

정서적으로는 슬픔, 불행감, 절망감, 외로움, 무가치감, 걱정, 죄책감을 보인다. 인지적으로는 극히 약한 자존감을 보이며 부정적, 비관적, 무능력함, 열등

감, 자기비하 등의 사고를 보이며, 주의집중, 기억력, 사고력의 어려움 등을 호소하기도 한다. 심한 경우 죽음에 대한 생각이나 자살 생각을 자주 반복하는 경향이 있다. 행동적으로는 무슨 활동이던지 시작하기 무척 어려워하고 쉽게 지치고 피곤하며 즐거운 활동에도 흥미를 잃게 된다. 신체적으로는 식욕을 잃어 체중이 감소하는가 하면 반대로 너무 많이 먹어 살이 찌기도 한다. 불면증을 호소하는 경우도 많고 반대로 과다수면을 보이는 경우도 있다. 소화불량이나 두통을 호소하며 성적 욕구도 사라진다.

우울증은 보통 남자보다 여자에게서 발생률이 2배 정도 높게 나타나며, 특히 여성에게는 산후 우울증이나 폐경기에 즈음하여 갱년기 우울증도 많이 나타날 수 있다. 우울증에 걸리게 되면 만사가 귀찮고 의욕이 생기지 않기 때문에 사회적인 활동을 하지 않는 경우가 많고 집안에만 틀어박혀 지내기도 한다. 따라서 인간관계가 점점 위축되고 그래서 더욱 고립감이나 외로움을 느끼게 되기도 한다.

우울증과 관련하여 주목해야 할 문제는 자살이다. 자살을 하는 사람의 약 90%는 정신장애를 지니고 있으며 이들 중 약 80%가 우울증을 지니고 있으며 나머지는 정신분열증이나 알코올 의존의 문제를 지니고 있다(권석만, 2003).

DSM-5의 주요우울장애 진단기준은 다음과 같다. ① 하루의 대부분 그리고 거의 매일 지속되는 우울한 기분이 주관적 보고나 객관적 관찰을 통해 나타난다. ② 거의 모든 일상활동에 대한 흥미나 즐거움이 하루의 대부분 또는 거의 매일같이 뚜렷하게 저하되어 있다. ③ 체중조절을 하고 있지 않은 상태에서 현저한 체중감소나 체중증가가 나타난다. 또는 현저한 식욕감소나 증가가 거의 매일 나타난다. ④ 거의 매일 나타나는 불면이나 과다수면이 나타난다. ⑤ 거의 매일 나타나는 정신운동성 초조나 지체를 나타낸다. 즉, 좌불안석이나 처져 있는 느낌이 주관적 보고나 관찰을 통해 나타난다. ⑥ 거의 매일 피로감이나 활력상실을 나타낸다. ⑦ 거의 매일 무가치감이나 과도하고 부적절한 죄책감을 느낀다. ⑧ 거의 매일 사고력이나 집중력의 감소, 또는 우유부단함이 주관적 호소나 관찰에서 나타난다. ⑨ 죽음에 대한 반복적인 생각이나 특정한 계획없이 반복적으로 자살에 대한 생각이나 자살기도를 하거나 자살하기 위한 구체적 계획을 세운다. 이상의 9가지 증상 중 5개 이상의 증상이 거의 매일 연속적으로 2주 이상 나타나야 한다. 또한 이러한 5개 증상 중 적어도 하나는 위의 ①의 지속적인 우울한 기분과 ②에 제시된 흥미나 즐거움의 현저한 저하가 반드시 포함되어야 한다.

Tip»»»

자 살

자살은 전 세계적으로 10대 사망 원인 중의 하나이며 우리나라의 경우도 유명 인사나 연예인들의 자살이 연일 보고되는 등 자살률이 해마다 증가하고 있는 실정이라 주요한 사회적 문제가 아닐 수 없다. 자살은 심리적 고통으로부터 벗어나기 위한 도피수단으로서 절망감이 자살을 유발하는 중요한 심리적 요인이다. 절망감은 고통스러운 상황이 해결될 수 없거나 앞으로 더 악화될 것이라는 미래에 대한 비관적인 예상을 의미한다. 이처럼 절망적이고 고통스러운 상황에서 벗어날 수 있는 최선의 해결방법으로 자살을 선택하게 된다. 특히 자살에 대한 취약성 또는 위험 요인을 지니고 있는 사람이 부정적인 생활사건에 직면하여 자살하게 된다. 자살에 대한 위험요인으로는 과거의 자살기도 경험, 가족구성원의 자살기도 경력, 충동성과 같은 성격요인, 우울증과 같은 정신장애증이 있다. 자살의 예방을 위해서는 우선 자살의 위험성을 정확하게 평가해야 한다. 자살의 위험성이 심각한 사람은 신속하게 입원시켜 집중적 감시를 통해 자살을 방지해야 한다. 아울러 고통스러운 상황을 개선할 수 있는 현실적 방법을 강구하는 동시에 가족, 직장동료, 친구들의 심리적 지지를 통해 고통을 덜어 주어야 한다. 또한 자살이 아닌 다른 방법으로 고통스러운 상황에 대처할 수 있는 방법을 제시해 주는 것이 필요하다.

자살에 관해 우리가 잘못 알고 있는 미신이 있는데 예를 들어, 대개 "자살하겠다고 말하는 사람은 자살하지 않는다"고 알고 있으나 여러 조사 연구에 의하면 자살자 10명 중에서 8명은 자살의 의도를 어떤 방식으로든 알린다고 한다. 예를 들어, 갑자기 신변을 정리한다든가 자실 의도를 드러내는 암시적인 말을 한다든가 은밀하게 유서를 작성한다든가 하면 의심을 해 볼 필요가 있다.

3) 신체증상 및 관련 장애

신체증상 및 관련 장애는 심리적 원인에 의해서 다양한 신체적 증상을 나타내는 경우를 말하며, 이러한 장애를 지닌 사람들은 다양한 신체적 증상을 나타내지만 의학적 진단을 받기가 어렵다. DSM-5에서는 신체증상 및 관련 장애가 신체증상장애, 질병불안장애, 전환장애, 허위성장애 등의 하위유형으로 구분하고 있다.

(1) 질병불안장애

〈사례〉

평소에 성실하고 깔끔한 성격이었던 회사원 C씨는 얼마 전 회사 동료들과 함께 술을 많이 마시고 취한 상태에서 낯선 여자와 하룻밤을 보내게 되었다. 그런데 그 이후로 자신의 몸에서 이상한 점을 발견하게 되었다. 붉은 반점들이 몸의 이곳 저곳에 생긴 것이다. 곧 그는 의학 서적을 뒤져 보게 되었고 그것이 AIDS 반점이라는 확신을 하게 된다. 두려움으로 병원에 가서 검사를 받은 C씨에게 의사는 AIDS가 아니라 지루성 피부염이며 아마도 스트레스 때문에 생긴 것 같다고 하였다. 그러나 C씨는 이를 믿지 못하고 자신은 AIDS에 걸린 것이 확실하다며 다른 병원을 찾아가 또 검사를 했지만 결과는 마찬가지였다. 그래도 C씨는 검사결과가 또 잘못 나온 것이라며 자신은 AIDS에 걸린 것이 확실하고 그래서 이제 얼마 살지 못할 것이라는 두려움에 직장일도 제대로 하지 못했다.

질병불안장애는 건강염려증이라고도 한다. DSM-5의 진단기준에 따르면 ① 심각한 질병을 지녔다는 생각에 과도하게 집착한다. ② 신체적 증상이 존재하지 않거나 존재하더라도 그 강도가 경미하다. ③ 건강에 대한 불안 수준이 높으며 개인적 건강상태에 관한 사소한 정보에도 쉽게 놀란다. ④ 건강과 관련된 과도한 행동이나 부적응적 회피행동을 나타낸다. ⑤ 이러한 질병 집착은 적어도 6개월 이상 지속되어야 하며 두려워하는 방법이 이 기간 동안에 변화해야 한다.

(2) 신체증상장애

특별한 이상을 발견할 수 없는데도 다양한 신체 증상을 호소할 때 신체화장애라 진단한다. DSM-5에 따르면 신체증상에 대한 과도한 사고, 감정 또는 행동이나 증상과 관련된 과도한 건강염려를 다음 중 하나 이상의 방식으로 나타낸다. ① 자신이 지닌 증상의 심각성에 대해서 과도한 생각을 지속적으로 지닌다. ② 건강이나 증상에 대해서 지속적으로 높은 수준의 불안을 나타낸다. ③ 이러한 증상과 건강염려에 대해서 과도한 시간과 에너지를 투여한다. 신체증상에 대한 이러한 걱정과 염려가 6개월 이상 지속될 때, 신체증상장애로 진단된다. 그리고 이들이 호소하는 주요 증상은 다양한데 예를 들어, 두통, 피로감, 알레르기, 비뇨기 증상, 위장 관련 증상, 가슴 두근거림, 구토 등의 증상을 보인다.

〈사례〉

1남 1녀를 키우고 있는 30대 후반의 D씨는 몸의 이곳 저곳이 아파 병원에 자주 다니는데, 이런 현상은 대학생 시절부터 계속되어 왔다. 결혼하기 전 직장에 다닐 때에는 동료들에게 조금이라도 스트레스를 받게 되면 여러 가지 증상이 나타났었다. 결혼한 후에는 주로 시댁 일로 스트레스를 받게 되면 여러 가지 증상이 나타나는데, 시어머니가 집에 하루라도 다녀가고 나시면 두통이 생기고 온 몸이 쑤시는 등 몸살이 나고 시어머니나 시누이의 잔소리를 듣게 되는 날이면 어김없이 소화가 안 되어 병원에 가서 소화제를 처방받아 먹어야 했다. 제사가 있는 날이나 명절이 가까워 오게 되면 그 며칠 전부터 두통이 생기고 소화가 안 되는 증상이 생긴지도 오래 되었다. D씨는 시댁 식구들에게 불만이 있거나 부당한 대우를 받아도 이를 표현하지 못하고 속으로만 불평을 하고 삭이는데 이런 것이 여러 신체 증상으로 나타나는 것 같다고 스스로도 생각하고 있다.

보통 사춘기 후기부터 해서 30세 이전에 발병하며 여자에게서 많이 나타나며 우리나라의 경우 명절 전후로 주부들에게 나타나는 '명절증후군'이 여기에 해당된다.

(3) 전환장애

〈사례〉

대학에서 피아노를 전공하고 있는 E양은 중요한 테스트를 앞두고 먹고 자는 시간을 제외하고는 온통 연습에 몰두하였다. 드디어 테스트를 받게 된 날 여러 심사위원들이 지켜보는 가운데 피아노 앞에 앉은 E양은 건반 위에 손을 올려놓고 피아노를 치기 시작하려 하였다. 그런데 어찌된 일인지 손가락 마디마디가 뻣뻣하게 굳어 피아노를 칠 수가 없었다. 그리하여 E양은 결국 테스트를 받지 못하게 되었고 후에 가족들이 테스트 받기가 겁이 나서 엄살을 부린 것이 아니냐고 하자, E양은 버럭 화를 내며 진짜로 손가락이 굳어서 피아노를 칠 수가 없었다고 괴로워하며 말했다.

전환장애는 심리적인 갈등이나 압박이 신체증상 또는 신체장애를 일으키는 경우로 다음 두 가지 기준에 일치할 경우를 말한다. 첫째로 신체적 장애를 호소하는데 머무르지 않고 실제로 감각의 상실이나 마비 등 뚜렷한 신체증상이 있어야 하고 이런 증상이 심리적 갈등과 관련이 있어야 한다. 둘째로는 이런 증상의 신체적인 원인이 없어야 한다. 전환장애는 주로 감각기관의 장애나 운동기관의 장애로 나타나는데 예를 들어, 신체 생리적인 원인이 없이 눈이 멀거나 귀머거리가 되거나 손에 감각이 없어지는 경우이다. 전환장애는 보통 10세 이전이나 35세 이후에는 드물게 발병하며 일반적으로 급성으로 발병하는 경우가 많아 증상이 갑자기 시작된다. 전환장애로 병원에 입원하는 환자들은 대체로 2주 내에 증상이 회복되는데 1년 내에 재발되는 경우가 20~25%에 이르기도 한다. 또한 급성으로 발병된 경우와 발병 전 스트레스가 분명한 경우 예후가 양호한 것으로 알려져 있다.

4) 해리장애

해리장애는 의식, 기억, 행동 및 자기정체감의 통합적 기능에 갑작스러운 이상을 나타내는 장애이다. 해리란 자기 자신, 시간, 주위환경에 대한 연속적인 의식이 전달되는 현상을 말한다. 해리는 감당하기 어려운 충격적 경험으로부터 자신을 보호하는 기능을 가지고 있는데, 이러한 해리 현상이 지나치거나 부적응적 양상으로 나타날 경우 해리장애라고 한다. 여기에는 해리성 기억상실증, 해리성 둔주, 해리성 정체감 장애, 이인증 장애가 있다.

(1) 해리성 기억상실증

중요한 과거 경험을 기억하지 못하는 경우를 말하는데, 이 때 기억되지 않은 경험내용은 심리적 고통을 야기하는 정보이거나 충격적이었던 것과 관련된 경우가 많으며, 기억상실의 원인이 뇌손상이나 뇌기능 장애로 유발된 것이 아니어야 한다. 따라서 심리적 요인에 의해 발생되었다고 판단되는 기억상실이 1회 이상 발생되고 이러한 기억상실로 인해 개인의 적응에 현저한 고통과 장해를 초래할 경우에 해리성 기억상실증이라고 한다. 기억상실은 갑작스럽게 나타나고 대부분 일시적으로 지속되다가 역시 갑작스럽게 회복되는 경우가 많다.

(2) 해리성 둔주

해리성 둔주는 갑자기 가정과 직장을 떠나 방황하거나 예정에 없던 여행을 하며 이에 대한 기억상실을 나타내는 경우를 말한다. 흔히 며칠간 행방불명되었다가 가족이나 경찰에 의해 발견되는 경우가 많으며 해리성 둔주의 기간에 난잡한 행위를 하거나 범죄를 저지르기도 한다. 이런 둔주 상태가 짧게는 수시간, 길게는 수년간 나타날 수 있으며 대부분 자연적으로 회복되며 회복시에는 빠르게 회복한다.

(3) 해리성 정체감 장애

해리성 정체감 장애는 한 사람 안에 서로 다른 정체성과 성격을 가진 여러 사람이 존재하면서 상황에 따라 각기 다른 사람이 의식에 나타나서 말과 행동을 하는 것 같은 모습을 나타낸다. 각각의 인격은 각기 다른 이름과 과거경험, 자아상과 정체감을 갖고 있는 것처럼 행동하며 교체되는 인격들은 일차적 인격과는 대조적인 성격을 지니는 경우가 많다. 또한 한 인격이 의식에 나타나 경험한 것을 다른 인격이 경험 못하는 경우가 많다.

5) 정신분열증과 기타 정신증적 장애

정신분열증의 가장 대표적인 증상은 망상이다. 망상은 자신과 세상에 대한 잘못된 강한 믿음이다. 외부세계에 대한 잘못된 추론에 근거한 그릇된 신념으로서 분명한 반증에도 불구하고 견고하게 지속되는 신념을 망상이라고 한다. 망상의 주제는 다양하고 그 내용에 따라 피해망상, 과대망상, 관계망상, 애정망상, 신체망상 등으로 구분된다. 정신분열증의 또다른 핵심적인 증상은 환각으로서 왜곡된 비현실적인 지각을 말한다. 외부자극이 없음에도 불구하고 어떤 소리나 형상을 지각하거나 또는 외부자극에 대해서 현저하게 왜곡된 지각을 하는 경우에 환각이라고 할 수 있다. 환각은 감각의 종류에 따라 환청, 환시, 환후, 환촉, 환미로 구분되며 정신분열증에서 가장 흔한 것은 환청이다. 이러한 망상과 환각 외에도 정신분열증 환자들은 와해된 언어를 사용하고 긴장성 운동행동을 보이며 정서적 둔마, 무언어증, 무욕증 등의 다양한 음성증상을 나타낸다. 여기에는 정신분열증, 정신분열형 장애, 단기 정신병적 장애, 분열정동장애, 망상장애가가 있다.

3. 성격장애

Ⅱ부 성격이론에서 살펴보았듯이, 개인의 독특한 행동방식을 성격특성이라고 하는데 이는 태어나서부터 오랜 시간 동안 여러 원인들의 영향을 받으며 형성된다. 그런데 개인의 성격특성 자체가 특이하여 부적응적인 삶이 지속되는 경우가 있는데 이처럼 어린 시절부터 서서히 발전하여 성인기에 개인의 성격으로 굳어진 심리적 특성이 부적응적 양상을 나타내는 경우를 성격장애라고 한다. 다시 말하면 한 개인이 지닌 지속적인 행동양식, 즉 성격특질 때문에 사회생활에 적응하지 못하고 심각한 문제를 야기할 경우 성격장애가 진단된다. 성격장애의 양상은 대개 청소년기나 성인기 초기에 나타나며 많은 하위 유형들이 있어서, 임상적 증상의 유사성에 따라 군집 A, 군집 B, 군집 C 성격장애의 세 가지로 크게 분류할 수 있다(DSM-5, 2013). 여기에서는 각 성격장애의 사례와 임상적 특징들 그리고 이 장애의 원인을 앞서 살펴본 성격이론의 각 관점에 의해 설명해 보고자 한다.

1) 군집 A의 성격장애

이는 사회적으로 고립되어 있고 이상하고 기이한 성격특성을 나타내는 성격장애로 조현형 성격장애, 조현성 성격장애, 그리고 편집성 성격장애가 속한다.

(1) 조현형 성격장애

〈사례〉

40대 중반의 독신인 F씨는 가까이 지내는 사람도 없이 늘 혼자 지내 왔으며 주위 사람들은 그를 가리켜 이상하고 기이한 사람이라고 하였다. 그는 거리를 다닐 때 혼자 뭔가를 중얼거리는 버릇이 있었고, 물건을 사기 위해 상점엘 가면 한 코너에서 한 시간이고 두 시간이고 물건을 고르고 서 있다가 결국은 아무것도 사지 못한 채 상점을 나오곤 하였다. 최근에 실직을 당하자 그의 증세는 더욱 심해졌는데, 누군가 자신에게 해를 입히고자 하는 음모를 꾸며 실직을 하게 만들었다는 말을 주위사람들에게 하면서 다니는 것이었다.

조현형 성격장애는 친분관계를 급적스럽게 불편해하고 조절 능력이 감태 및 인지 또는 지각의 왜곡, 행동의 괴이성과 구별되고 사회적 및 대인관계 결함의 광범위한 형태로, 이는 성인기 초기에 시작되며 여러 상황에서 나타난다. 이는 다른 성격장애보다 더 심각한 사회적 부적응을 경험하게 한다. 또한 심한 스트레스를 받게 되면 일시적으로 정신병적 증상을 나타내기도 하여 망상에 가까운 이상한 생각을 보이기도 하고 때로는 마술적 사고나 텔레파시, 천리안 등의 초능력에 지대한 관심을 보이기도 한다.

<조현형 성격장애의 DSM-5 진단기준>

A. 친분관계를 급작스럽게 불편해하고 그럴 능력의 감퇴 및 인지 지각의 왜곡, 행동의 괴이성으로 구별되고 사회적 및 대인관계의 결함의 광범위한 형태로, 이를 성인기 초기에 시작되며 여러 상황에서 나타나고 다음 중 5가지(또는 2 이상)로 나타난다.
① 관계적 사고(심한 망상적인 관계망상은 제외)
② 행동에 영향을 주며, 소문화권의 기준에 맞지 않는 이상한 믿음이나 마술적 사고, 예를 들어 미신, 천리안, 텔레파시, 육감, 타인이 자신의 느낌을 똑같이 느끼고 있다는 믿음, 아동이나 청소년에서는 기이한 공상이나 생각에 몰두하는 것
③ 일상적이지 않은 지각경험, 예를 들면 신체적 착각
④ 막연하고 우회적이며 은유적이거나 지나치게 상세하거나 혹은 상투적인, 기태로운 사고와 언어표현
⑤ 의심 혹은 망상적 사고
⑥ 부적절하거나 제한된 감정
⑦ 기묘하고 상식을 벗어난 특이한 행동이나 외모
⑧ 가족 이외에는 가까운 사람이나 절친한 친구가 없음
⑨ 친근감을 감소시키거나 자신에 대한 부정적 판단보다는 편집성 공포와 연관되는 과도한 사회적 불안

B. 정신분열병, 정신병적 양상을 보이는 기분장애, 다른 정신병적 장애 혹은 전반적 발달장애의 경과 중에 발생한 것은 제외되며 다른 신체적인 상태에 의한 직접적인 생리적 효과로 인한 경우도 제외된다.

장애의 원인

조현형 성격장애는 유전적 요인과 생리적 요인에 의한, 즉 가족직접성을 보이고 일반 인구보다 직계가족에서 유병률이 높으며 이 장애를 지닌 사람의 가족에는 정신병적 장애의 유병률이 높다. 따라서 이 장애는 정신병적 장애와 매우 밀접한 유전적 소인이 관여하는 것으로 추정되고 있다.

환경적인 원인에서는 후기 Freud 학파의 학자들은 조현형 성격장애는 유아기에 경험한 부모와의 불안정한 애착관계에 기인한다고 주장한다. 또한 사회학습이론적인 관점으로 설명할 수 있는데 이들은 어린 시절에 부모의 무관심이나 무시에 의해서 자극을 제대로 받지 못해 그 결과 인간관계에 필요한 기본적인 행동을 학습하지 못했을 가능성이 있다. 또한 조현형 성격장애자가 성장한 가족 분위기는 가족 간의 정서적 교류가 적고 냉담하여 타인과의 관계형성에 대한 강화를 받지 못하였을 뿐만 아니라 의사소통 기술도 제대로 학습하지 못했기 때문이라는 주장도 있다.

(2) 조현성 성격장애

<사례>

23살의 G군은 중학생시절부터 주변 사람들과 관계를 거의 맺지 않고 혼자 지내왔다. 그는 학교에서도 늘 혼자만 지내는 경우가 많아 교사들은 늘 그를 다른 아이들과는 동떨어져 있는 외로운 학생이라고 묘사하곤 했다. 하지만 정작 그는 별로 외로움을 느끼지 못하는 듯이 보였다. 요즘도 그는 하루 종일 거의 집에서 홀로 보낸다. 낮에는 잠을 자고 밤에는 이상한 책들을 보면서 무언가 메모를 하곤 한다. 아버지나 어머니가 그와 이야기를 하려고 애써도 G군은 도통 관심을 보이지 않았다. 그는 늘 말이 없고 무감각해 보였으며, 같은 질문을 적어도 두 번은 반복해야 대답을 했다. 물론 대부분의 대답은 한 마디였고 무표정에서 나오는 말들이었다.

조현성 성격장애는 다른 사람과의 관계를 갖지 않고 혼자 지내는 것이 특징적이다. 이들은 혼자 일하기를 선호하고 타인에 대해서 무관심하며 칭찬이나 비판 또는 다른 사람이 표현한 감정 등에 대해 무감각하거나 반응하지 않는다. 그들은 기쁨이나 고통 등을 경험하지 않는 것처럼 보이며 감정이 메말라 있는 듯한 인상을 준다. 따라서 친밀한 인간관계를 잘 맺지 않으며 아예 사회적 관계에 대한 동기가 없는 것처럼 보인다.

이들이 지니는 두드러진 인지 도식은 다음과 같다.

"왜 내가 다른 사람과 친해야 하나?" "다른 사람과 친하게 지내는 것은 중요하지 않다", "나의 가장 친한 친구는 나일 뿐이다", "다른 사람이 무슨 말을 하든 상관없다."

<조현성 성격장애의 DSM-5 진단기준>

A. 다양한 형태의 사회적 유대로부터 반복적으로 유리되고, 대인관계에서 제한된 범위의 감정 표현이 전반적으로 나타나며, 이러한 양상이 성인기 초기에 시작되며 여러 상황에서 나타나고 다음 중 4가지 이상에 해당될 때 조현성 성격장애로 진단한다.

① 가족구성원이 되는 등 절친한 관계의 형성을 바라지도 않으며 즐거워하지도 않는다.
② 거의 언제나 혼자서 활동하는 것을 선택한다.
③ 타인과 성적 경험을 갖는 것에 거의 아무런 흥미가 없다.
④ 거의 모든 활동에서 즐거움을 갖지 못한다.
⑤ 가족을 제외한 다른 절친한 사람이나 막역한 친구가 없고 있어도 단 한 명 뿐 이다.
⑥ 다른 사람의 칭찬이나 비난에 무관심하다.
⑦ 감정표현이 갑갑하다. 즉 멍하거나 차고, 미소나 긍정적 고개짓 등 언어표현에 상응하는 제스처나 표정이 거의 없다.

B. 조현병, 정신병적 양상을 보이는 기분장애, 다른 정신병적 장애 혹은 전반적 발달 장애의 경과 중에 발생한 것은 제외되며 다른 신체적인 상태에 의한 직접적인 생리적 효과로 인한 경우도 제외된다.

장애의 원인

정신분석적 입장에서는 조현성 성격장애를 기본적 신뢰의 결여에서 기인한 것으로 본다. 이런 성격장애를 지닌 사람은 어려서 부모로부터 충분히 수용되지 못하거나 거부당한 경험으로 인하여 조용하고 수줍은 특성을 보인다. 또래관계 등의 사회적 관계를 피하고 좌절된 욕구를 흔히 내면적인 공상세계 속에서 해소하려는 경향이 있다.

또한 이들의 가정은 형식적이고 경직된 분위기를 가지고 있을 수 있으며, 무엇보다도 가족구성원들이 싸우지는 않지만 애정표현은 결여되어 있을 뿐만 아니라 매우 형식적인 최소한의 상호작용만 있을 뿐이다. 그러한 결과로 가족구성원들은 서로 상관없는 타인들이고 단지 동거하는 것 이상의 의미가 없다. 아동들은 그들이 가정에서 이처럼 반복적으로 경험하는 형식적이고 경직된 대인관계 패턴을 모방하게 되어 사회적 부적절성, 무감각, 무감동, 대인 친화감의 결여 등의 뿌리 깊은 습관을 발달시키게 된다.

(3) 편집성 성격장애

〈사례〉

H씨는 머리가 좋은 고등학교 물리선생님이었다. 그는 학교에서 매우 우수하고 열성적인 교사라는 평판을 얻고 있었다. 그러나 그는 항상 자신의 부인이 바람을 피우고 있다는 부정망상에 사로잡혀 있었고, 따라서 부인이 바람을 피운다는 증거를 수집하는 일에 몰두하

였다. 그는 학교에 있을 때 하루에도 집에 수십 번씩 전화를 하여 부인의 행방을 체크했으며, 부인이 누군가와 전화를 하면 누구와 전화를 하는지 몹시 궁금해 하며 혹시 다른 남자에게 전화하는 것 아니냐고 의심을 하여 부인과 다투는 일도 많았다. 심지어는 출근할 때 주차장에 세워둔 부인의 차바퀴 앞에 종이를 놓아 두고 퇴근할 때 그것이 있는지 확인하여 부인이 낮에 차를 가지고 나갔었는지를 확인하였다. 차를 가지고 나갔었다고 의심이 되는 날엔 부인에게 외출했었느냐고 물어 보는데, 부인이 무심결에 나간 데가 없다고 하면 뭔가 숨기는 게 있는 거라고 혼자서 고민하며 밤을 새우곤 했다. 그러다 최근에 입시출제위원이 되어 한 달 간 집에 못 들어가는 바람에 부인과 떨어져 있게 되자 의심이 더욱 증폭되어서 불안이 심해졌다.

편집성 성격장애는 전반적이고 근거 없는 의심을 많이 하고 사람을 믿지 않으며 극도로 다른 사람들을 경계하고 정서는 메말라 있는 것이 두드러진 특징인 장애이다.

이들은 타인의 성의나 진심을 그대로 받아들이지 못하고 숨은 동기를 찾는데 몰두하는 경향을 보이며 늘 누군가를 경계하고 위협 상황에 대해 대처할 준비가 되어 있는 것처럼 보인다. 타인을 믿지 못하고 의심이 많기 때문에 대인관계에서는 잘 싸우고 다른 사람의 분노를 불러일으키는 경우가 있다. 또한 자신의 약점이나 잘못을 받아들이지 않고 모든 잘못을 상대방에게 돌리는 경향이 있어서 상대방의 분노를 사기도 한다. 따라서 이 장애를 지닌 사람들은 친밀한 대인관계를 맺기가 어려우며, 지나치게 사람들을 경계하기 때문에 비밀이 많거나 냉정한 사람으로 보여진다.

이들이 지니는 두드러진 인지 도식은 다음과 같다.

“사람들은 결국 나를 해치려 할 것이다”, “사람들은 언제나 나를 이용하려 들기 때문에 믿을 수 없다”, “누가 나를 모욕한다면 사소한 일일지라도 꼭 복수를 해야 한다”, “다른 사람과는 거리를 두어야 한다. 가까이 하면 나의 약점을 잡을 것이므로.”

<편집성 성격장애의 DSM-5 진단기준>

A. 사람들의 행동을 일부러 명예를 손상하거나 위협하는 것으로 해석하는, 전반적으로 부정적인 경향이 청년기에 시작하여 여러 측면에서 존재하며 다음 중 적어도 네 가지 이상 있어야 한다.

① 충분한 근거없이 타인들에 의하여 이용당하고 해를 입을 것이라고 예측한다.

② 정당한 이유없이 친구나 동료의 충성심이나 신뢰성을 의심한다.

③ 어떤 정보가 자신을 반대하기 위하여 사용될 것이라는 두려움 때문에 타인을 쉽게 믿지 못한다.

④ 친절한 말이나 아무렇지도 않은 사건들에 대하여 모멸하고 위협하는 숨은 의미를 읽으려고 한다.

⑤ 쉽게 원한을 품고 자신을 모욕하거나 냉대하는 것을 용서하지 못한다.

⑥ 다른 사람에게는 그렇게 보이지 않는 것도 인격이나 명성에 대한 공격으로 받아들이고 짧은 시간에 분노로 반응하거나 역으로 공격을 가한다.

⑦ 정당한 이유없이 배우자나 상대방의 행실을 반복해서 의심한다.

B. 조현병, 정신병적 양상을 가진 기분장애나 다른 정신병적 장애의 경과 중에 일어난 것이 아니어야 하며, 정신적인 내과질환의 직접적인 신체적 효과에 의한 것이어서는 안 된다. 조현병의 발병 이전에 진단기준이 충족된다면 "병전"이라는 용어를 진단에 추가한다.

장애의 원인

Freud는 편집성 성격장애가 무의식적인 동성애적 욕구에 기인한다고 본다. 즉 동성애적 욕구에 대한 불안을 제거하기 위하여 부인, 투사, 반동형성 등의 방어기제를 사용함으로써 편집성 성격특성이 나타난다는 것이다. 또한 정신역동적 입장에서는 조현성 성격장애와 마찬가지로 편집성 성격장애를 기본적 신뢰의 결여에서 기인한 것으로 본다. 편집성 성격장애를 지닌 사람은 어린 시절에 부모로부터 가학적인 양육을 받는 경향이 있으며 이 과정에서 자신과 타인에 대한 가학적 태도를 내면화한다. 따라서 증상의 기저에 수치나 수모에 대한 두려움이 있고 그러다 보니 타인의 공격, 경멸, 비판에 예민하여 자신을 보호하기 위해 타인의 공격과 속임을 경계하게 된다. 아울러 이들은 자신의 적대감과 비판적 태도를 자각하지 못하는 특징이 있기 때문에 타인이 자신에게 적대적인 태도를 나타내는 이유를 이해하지 못하고 타인은 믿지 못할 악한 존재라는 생각을 강화하게 된다는 것이다. 또한 환경적인 요인으로는 부모의 성격특성과 양육태도가 편집성 성격을 발달시키는 원인이 될 수 있다고 한다. 편집성 성격장애자의 부모는 그 자신이 강한 분노감을 지니고 있는 경우가 많다고 보고되었다. 어린 시절에 아이는 불합리한 부모의 엄청난 분노에 짓눌려 성장하면서 자신을 자신의 부모와 동일시함으로써 누적된 분노를 다른 사람에게 투사하게 되는 것이다. 매우 가혹하고 학대적인 부모의 양육태도에 계속적으로 노출된 아동은 타인에 대한 깊은 불신을 학습하게 된다. 결과적으로 자신만이 결정의 주체임을 확신하게 되는 것이다. 따라서 아무도 신뢰하지 않으며 부모나 사회의 통제는 거부하고 대신 충동적이고 공격적인 삶의 방식을 발달시키게 된다. 이들 중 몇몇은 자신이 지각한 환경의 위협에 직접적으로 대처하지 못하고 증가된 긴장을 적대감, 망상 등으로 표출하기도 한다.

2) 군집 B의 성격장애

극적이고 감정적이며 변덕스러운 것이 특징인 장애로 연극성 성격장애, 자기애성 성격장애, 반사회성 성격장애 그리고 경계선성 성격장애가 포함된다.

(1) 연극성 성격장애

〈사례〉

A양은 외모가 화려하고 능력 있는 무용수였지만, 자신보다 인정받는 동료를 시기하고 질투하고 험담을 하곤 하여 동료들과 싸움이 잦고 항상 문제를 일으켰다. 그녀는 평소에도

기분의 변화가 심했으며 다른 사람에게 지는 것을 싫어해서 공연의 주인공역을 맡기 위해 수단과 방법을 안 가렸다. 그리고 주인공역을 못 맡게 될 때에는 우울해하며 주변 사람들에게 분노를 표현했다. 그녀는 다른 사람들이 항상 칭찬을 해 주어야 신이 났으며 혹시 약점을 꼬집어 말해 주게 되면 몹시 속상해하고 화를 냈다.

연극성 성격장애는 자기 연출적이며, 자신이 다른 사람들의 주의를 끌지 못하면 불편하게 느끼고 자신이 인정받지 못한다고 생각한다. 이들은 타인과의 관계에서 개방적이며 열정적이므로 처음에는 주의 집중의 대상이 될 수 있다. 그러나 남을 조종하려 들고 과시적이며 피상적이고 변덕스럽고 끊임없이 뭔가를 요구하는 경향을 보여서 처음의 좋은 인상을 계속 유지하지 못한다. 또한 대인관계에서는 다른 사람의 칭찬이나 관심에 너무 의존되어 있어서 다른 사람들의 보살핌이나 관심이 없으면 견딜 수 없을 만큼 불안해진다. 또 성적으로 남을 유혹하고 용모에 관심이 많아 외모를 치장하는 데 시간과 돈을 낭비한다. 감정표현의 깊이가 얕고 정서적으로 변화가 심해 금방 신이 났다가도 권태로워하고, 관계에서도 금방 좋아 했다가도 분노를 드러낸다.

이들이 보이는 주요 인지 도식은 다음과 같다.

"외모가 중요해", "나는 언제나 다른 사람의 주의를 끌어야 해", "내가 원하는 것은 무엇이든 어떻게 해서든지 얻어야 해", "감정은 즉각적으로 직접 표현해야 해", "미모가 사람을 판단하는 데 가장 우선시되는 기준이야."

<연극성 성격장애의 DSM-5 진단기준>

전반적으로 과도한 감정과 관심을 추구하는 양상을 보이며 성인기 초기에 시작하여 여러 측면에서 나타나고 다음 중 적어도 5가지 이상이 있어야 한다.

① 자신이 관심의 초점이 되지 않는 상황은 불편해한다.
② 종종 타인과의 관계가 부적절한 성적 유혹이나 성을 충동하는 행동으로 특징지워진다.
③ 감정의 표현이 편협하고 빠르게 변화된다.
④ 자신에게 관심을 갖게 하기 위하여 지속적으로 자신의 외모를 이용한다.
⑤ 지나치게 인상적으로 언어표현을 하지만 세밀한 면은 결여되어 있다.

⑥ 자신의 일을 극화하고 연극적으로 행동하며 감정을 과장하여 표현한다.
⑦ 피암시성이 높아서 타인이나 상황에 의하여 쉽게 영향을 받는다.
⑧ 실제보다도 더 친밀한 관계인 것으로 생각한다.

장애의 원인

정신분석적 입장에서는 연극성 성격장애를 어린 시절의 오이디푸스 갈등에 기인한 것으로 본다. 연극성 장애를 지닌 여성의 경우, 어머니의 애정부족으로 인해 충족되지 못한 욕구의 충족을 위해 아버지에게 지나치게 집착하게 되고 아버지의 주의를 끌기 위해 애교스럽고 유혹적이며 과장된 감정표현 양식을 습득하게 된다는 것이다. 또한 연극성 장애를 지닌 남성의 경우, 어린 시절 어머니로부터 사랑을 받지 못하고 대신 아버지의 사랑을 구하게 되는데 아버지가 없거나 아버지로부터 그런 애정을 받지 못하면 어머니와의 동일시를 위해 수동적이고 여성적인 정체감을 발달시키거나 여성성에 대한 불안을 회피하기 위해 과도한 남성성을 나타낼 수 있다.

Abraham(1972)은 성격특성이 심리성적 발달단계의 고착현상과 밀접한 관련을 맺고 있다고 주장한다. 구순기의 고착은 의존적 성격과 관련되고 항문기의 고착은 강박적 성격을 초래하며, 남근기의 고착은 연극성 성격을 유발할 수 있다는 것이다. 행동 및 사회적 학습관점으로도 이 장애를 설명할 수 있다. 이 입장에서 보자면 환경적인 요인으로 인해 연극성 성격이 발달된다. 의존추구적인 아동은 부모의 욕구를 충족시키거나 부모의 기대에 맞추기 위해서 연극성 행동을 하게 되는데 그런 후에는 부모의 관심과 애정이 따른다는 것을 알게 되며 이에 따라 연극성 행동을 발달시킨다. 또한 연극성 성격을 발달시키는 데 부모의 강화특성도 작용한다. 부모들이 거의 처벌을 하지 않으며 부모를 즐겁게 해 주거나 기대에 부응했을 때에 정적 강화를 주지만 일관성이 없는 식으로 할 때 연극성 성격이 발달될 수 있다. 또한 부모가 연극성 성격을 가지고 있을 경우에 아이들은 무의식적으로 그 행동을 모방하게 된다. 이들의 부모는 두드러지고 극적인 행동을 하는 경우가 많은데 그런 행동은 아이들에게 쉽게 모방학습이 된다. 또한 어느 연령에서나 타인을 이용하는 것을 학습할 수 있는데 특히 아동기에서는 이 같은 부적응적인 행동은 학습이 잘 되어질 뿐만 아니라 지속적으로 행동화되어진다.

(2) 자기애성 성격장애

〈사례〉

20대 후반의 J양은 항상 '나는 누구보다도 지성적이며 고상한 생각만 하고 또 아무리 둘러보아도 나만한 미모를 가진 여자가 없는데 남들은 왜 그렇게 보는 눈이 없을까'라는 생각을 한다. 하지만 나름대로 그녀는 직장에서 다른 사람들이 모두 자기를 '직장에서 가장 예쁜 여자'로 알아준다고 믿고 있다. 따라서 있는 대로 콧대를 높이고 살았다. 또한 자신은 아주 특별하고 귀한 존재라고 생각했기 때문에 모든 옷과 액세서리는 무조건 유명 브랜드나 명품만을 고집하였고 그것이 너무 비싼 경우에는 이태원의 '짝퉁'이라도 꼭 가져야 했다. 그녀는 요즘 클래식 음악에 심취해 있어서 대중가요를 즐기는 친구들을 지나치리만큼 경멸하였고 자기 수준에 맞는 친구가 없어서 고민이라고 하였다.

그리스 로마 신화에 나오는 미소년 나르시스가 우물에 비친 자신의 모습에 반한 나머지 거기에 빠져 죽었다 하여 '자기에게 반한 상태의 사람', 또는 '자기밖에 모르고 무한한 성공욕에 꽉 차 있는 상태의 사람'을 나르시스시스트(narcissist), 즉 자기애성 성격장애자라고 한다. 이렇게 자기애성 성격장애는 자기가 주요 인물이며 그래서 특별한 대우를 받아야 한다는 과장된 생각과 느낌을 드러내는 것이 특징이다. 이들은 사려가 깊지 못하고 다른 사람을 공감하거나 배려해 주지 못하며 명성이나 부, 성공욕에 집착하고 이를 위해 남을 이용하는 행동양상을 보인다. 또한 이들은 타인의 평가에 극도로 예민하여 부정적 평가를 받을 경우 분노나 부인으로 반응한다. 거만하고 자기중심적이며 자기의 능력을 과장하며 자신보다 더 의미있는 인생을 살아가는 타인들을 시기하거나 경멸하기도 한다.

이들이 보이는 주요 인지 도식은 다음과 같다.

"나는 언제나 내 뜻대로 해야 하며, 다른 사람들은 내 뜻대로 따라야 한다", "나는 어느 누구보다도 특별하고 잘난 존재이다", "나와 비슷한 특별한 사람과만 교제해야 한다", "나는 존경과 숭배를 받아야 한다."

<자기애성 성격장애의 DSM-5 진단기준>

과대성(공상 또는 행동상 숭배에의 요구, 감정이완의 부족이 광범위한 양상으로 있고 이는 청년기에 시작되고 여러 측면에 존재하며 다음 중 적어도 다섯 가지 이상이 나타난다.

① 자신의 중요성에 대한 과대망상적 느낌을 갖는다. 예를 들면, 자신의 성취나 재능을 과장하고 그에 합당한 성취가 없음에도 불구하고 특별한 대우받기를 기대한다.
② 끝없는 성공, 권력, 훌륭함, 아름다움, 혹은 이상적인 사랑에 집착한다.
③ 자신이 특별한 사람이고 독특하며 단지 특별하고 높은 지위의 사람이나 기관에 의해서만 이해될 수 있다고 믿는다.
④ 과도한 숭배를 요구한다.
⑤ 특별한 권리가 있다고 느낀다. 즉 아주 특별한 대우라든지 자신의 기대에 대한 자동적인 충족 등 불합리한 기대를 갖는다.
⑥ 대인간 착취, 즉 자신의 목적을 위하여 타인들을 이용한다.
⑦ 공감의 결핍, 즉 타인들이 어떻게 느끼는지 인식하거나 알아보려 하지 않는다.
⑧ 타인을 질투하거나 타인들이 자신을 질투하고 있다고 믿는다.
⑨ 거만하고 도도한 행동이나 태도를 취한다.

장애의 원인

Freud는 자기애를 '심리적 에너지가 자신에게로 향해져 자신의 신체를 성적인 대상으로 취급하려는 태도'라고 정의했으며, 이러한 성향이 어린 시절에는 정상적일 수 있으나 성장하여 성숙한 형태로 발전하지 못하면 병적인 자기애가 나타날 수 있다고 주장했다. 이렇게 병적인 자기애에 고착되는 과정에 대해서는 후기 프로이트 학파의 Kohut와 Kernberg가 잘 설명하고 있다.

Kohut(1968)에 의하면 신생아는 부모의 전폭적인 애정과 보살핌을 받는 정상적인 발달과정에서 웅대한 자기상을 형성하게 된다. 하지만 점차 성장하면서 부모로부터 규제와 질책을 받게 되고 자신의 한계에 직면하게 되는 좌절경험 속에서 '세상은 나를 중심으로 돌아가지 않으며 나는 그렇게 대단한 존재가 아니다'라는 사실을 아프게 깨닫게 되고 이런 좌절경험을 통한 깨달음은 성숙하고 현실적인 자기애로 발전하는 필수 요소이다. 그러나 부모의 과잉보호나 특이한 성장과정으로 인해 이러한 조절경험을 하지 못하게 되면 유아기적 자기애가 지속되어 자기애성 성격장애로 발전할 수 있다는 것이다.

또한 Kernberg(1975)는 자기애성 성격장애자들이 어린 시절 어머니와의 상호작용 속에서 형성한 이상적 자기상과 어머니상이 혼합된 웅대한 자기상을 통해 자신에 대한 과장된 생각을 갖게 된다고 설명한다. 자기애성 성격으로 발전할 가능성이 있는 아이는 흔히 특별한 재능을 지니고 있거나 가족 내에서 중요한 위치에 있는 경우가 많다. 이러한 아이에게 엄마가 특별한 칭찬이나 특별대우를 해 주면 아이는 이를 중요하게 생각하고 엄마로부터 칭찬받는 것과 그렇지 못한 것에 대해 예민해진다. 따라서 칭찬받지 못하는 것에 대한 불안을 외면하기 위해 아이는 엄마가 칭찬해 주는 자신의 긍정적인 특성을 크게 부풀려서 엄마가 좋아할 거라고 생각되는 이상적인 자기상을 만들어 자주 상상하게 되므로 실제의 자기보다 현저하게 과장된 자기상을 지니게 된다. 나아가서 자신을 칭찬해 주고 특별한 대우를 해주며 헌신적인 사랑을 베풀어 주는 이상적인 어머니상이 혼합되어 자신은 이러한 사랑을 받는 대단하고 특별한 존재라는 생각을 하게 된다. 이러한 병리적 융합과정을 거쳐 자기애성 성격장애자는 웅대한 자기상을 형성하게 된다.

행동 및 사회적 학습관점으로도 이 장애를 설명할 수 있다. 이 장애는 특히 부모들이 자신의 아이는 특별한 존재라는 신념을 가지고 대하기 때문에 이런 환경 속에서 아이들은 특별하고 우월한 자신의 존재를 지각하고 그렇게 행동함으로써 타인과의 관계에 있어서 타인의 권리나 관심을 무시하고 자신의 권리와 관심만을 주장한다. 즉 타인의 권리와 관심을 존중하고 그에 준하는 행동을 어떻게 해야 하는지에 대해 학습할 기회가 상실되었다고 볼 수 있다. 오히려 이들은 이러한 과정에서 시행착오적인 학습과정을 통해서 다른 사람들을 조작하고 착취하는 기술을 발달시켜 어떤 사람과 어떤 상황에서 특별한 관심을 이끌어낼 수 있는지를 배운다. 결과적으로 자기애적 성격장애를 가진 사람들은 스스로를 숭배하도록 학습되는 동시에 대부분의 사람들은 약하고 착취할 만하다고 학습하여 점차 자신에 대한 자기애를 발달시켜 나가게 된다.

(3) 반사회성 성격장애

〈사례〉

K군은 중학교 때부터 폭력을 행사하기 시작하였고 도벽성향도 보였다. 주로 돈이 필요할 때 다른 학생들을 괴롭히거나 폭력을 행사하여 돈을 빼앗았는데, 자기보다 어린아이를 대상으로 하였다. 결국 고등학교 때 학교에서 권고자퇴 처리되었으며 이후에는 같이 자퇴한 친구들과 함께 어울려 다니며 여기저기 싸움을 걸고 돈을 훔치기도 하고, 밤늦게 길을 돌아다니며 남의 집 유리창이나 자동차에 돌을 던져 친구들과 유리창 깨는 시합을 즐기기도 했다. 가출하여 친구들과 밖에서 지낸지는 꽤 오래 되었으며 돈이 없을 때는 종종 노숙도 하였다.

반사회성 성격장애에 해당되는 사람들은 사회적인 규범과는 거리가 먼 공격적이고 폭력적인 행동을 하며 자신의 이득과 쾌락을 위해 남을 조정하거나 속이기 일쑤이다. 이들은 생활 전반에서 남들의 권리를 무시하거나 침해하는 것을 일삼으면서도 자신의 행동에 대해 별로 반성하지 않으며 죄의식을 느끼지도 않는다. 충동적이고 책임성이 없기 때문에 사회적인 역할이나 직업적인 수행상에서 문제를 보인다. 물론 반사회적 성격이라고 해서 모두 범죄행동을 하는 것은 아니지만 이들이 열악한 환경에 처하게 되면 범죄로 이어질 가능성이 많아진다.

이들이 보이는 주요 인지 도식은 다음과 같다.

“타인을 이용하거나 속여서라도 내가 원하는 것을 얻어야 한다”, “때로 법이나 규범은 지키지 않아도 된다”, “내가 공격적이고 폭력적인 행동을 하더라도 잘못된 게 없다.”

<반사회성 성격장애의 DSM-5 진단기준>

A. 15세 이후에 시작되고 다음과 같은 다른 사람의 권리를 무시하는 행동양상이 있고 다음 중 3가지(또는 2 이상)를 충족한다.

① 체포의 이유가 되는 행위를 반복하는 것과 같은 법적 행동에 관련된 사회적 규범에 맞추지 못함

② 반복적으로 거짓말을 하고 가짜이름 사용, 자신의 이익이나 쾌락을 위해 타인을 속이는 사기성이 있음

③ 충동적이거나, 미리 계획을 세우지 못함

④ 신체적 싸움이나 폭력 등이 반복됨으로써 나타나는 불안정성 및 공격성

⑤ 자신이나 타인의 안전을 무시하는 무모성

⑥ 일정한 직업을 갖지 못하거나 혹은 당연히 해야 할 재정적 의무를 책임감 있게 대하지 못하는 것 등의 지속적인 무책임성

⑦ 다른 사람을 해하거나 학대하거나 다른 사람 것을 훔치는 것에 대해 아무렇지도 않게 느끼거나 이를 합리화하는 등 양심의 가책이 결여됨

B. 최소 18세 이상이어야 한다.

C. 15세 이전에 품행장애가 시작된 증거가 있다.

D. 반사회성 행동은 조현병이나 양극성 장애의 경과 중에만 발생되지 않는다.

장애의 원인

반사회성 성격은 유아기의 환경과 유전적 소질의 상호작용으로 인하여 비롯된다고 알려져 있다. 특히 반사회성 성격장애자들은 유아기에 부모로부터 심하게 거부당하고 적대적으로 키워졌으며, 아동기에 부적절한 훈육을 받았거나 방임적으로 키워진 경우도 많다. 그리고 처벌시에는 가혹한 처벌을 받기도 했

다. 이들의 부모 특히 아버지가 반사회성 성격의 경우가 많으며 때로는 아버지가 가족 부양에 대한 책임의식이 없으며 알코올 중독일 경우도 있다. 한편 Eysenck(1970)는 반사회성 성격장애자는 강인성, 외향성, 신경증적 차원의 점수가 높은 것이 특징이라고 하였다. 특히 외향성을 충동성과 사회성으로 구분해서 연구한 결과 충동성이 범죄행동과 관련된다고 하였다. 이러한 결과는 충동통제 성향이 범죄행동과 높은 관련성이 있음을 시사한다.

행동 및 사회적 학습관점에서는 Rotter(1954)가 행동의 결과와 이에 따른 보상에 대한 기대의 중요성을 강조하며 설명하였다. 행동의 결과로 무엇을 얻을 수 있는지에 대한 나름대로의 평가가 행동양상에 결정적인 역할을 하게 되어 특정행동을 반복하도록 한다는 것이다. 따라서 반사회적인 행동 특성이나 범죄행동을 선택하는 데에도 과거 경험에 의해 습득된 기대와 행동의 결과로 인한 보상에 부여하는 개인의 주관적 가치가 중요한 역할을 한다. 또한 Bandura의 관점에서 보자면 주변에서 공격적인 행동을 많이 관찰하게 되면 전반적인 공격성향이 높아지는 것을 알 수 있다. 주변에서 범죄행동을 접할 기회가 많고 그 행동결과가 어떤 식으로든 강화를 수반하게 되면 쉽게 범죄행동을 저지르게 된다. 특히 바람직한 부모의 모델링이 부족한 경우나, 범죄행동에 대한 매스컴의 지나친 보도나 폭력적인 내용의 영화도 공격행동이나 범죄행동을 파급시킬 수 있다. 실제로 Bandura와 Ross(1963)는 공격적인 영화를 보게 한 후 관찰한 결과 유치원생들의 공격행동이 급격하게 증가함을 경험적으로 입증하였다. 우리나라의 경우 몇 년 전 '주유소 습격사건'이라는 영화를 본 청소년들이 이와 비슷한 모방범죄를 저질렀던 사례도 그 대표적인 예라 할 수 있다.

(4) 경계성 성격장애

경계성 성격장애는 정서적인 불안정성과 예측할 수 없이 유동적인 대인관계, 그리고 손상받기 쉬운 자기 개념이나 정체의식 등이 특징적이다. 이 장애에 속하는 사람들은 대인관계에서 특히 타인으로부터 버려진다는 것에 민감하고 혼자 있지 못하며 타인과 함께 있기를 갈망하지만, 항상 거절의 두려움 때문에 친밀한 관계를 급히 형성하였다가도 장기간 지속하지 못하고 금방 관계를 끊는다.

〈사례〉

대학생 L양은 며칠 전 다량의 수면제를 먹고 자살시도를 했다가 식구들에게 발견되었다. 옆에는 자살하기 위해 먹은 수면제통과 한 통의 편지가 있었다. 얼마 전 헤어진 남자친구에게 쓴 유서였다. 그 유서에는 자기를 버린 남자친구를 원망하고 증오하는 글로 가득했다. 원래 감정 조절이 안 되고 우울증과 공허감에 시달리던 L양은 남자친구와 헤어지게 되자 유서를 써 놓고 자살을 기도한 것이다. L양은 항상 관계 맺는 것이 극적이었다. 처음에 사람을 좋아하면 간이라도 빼줄 것처럼 상대방을 숭배하고 집착하다가 상대방에게서 조금이라도 거절의 기미가 보이면 곧 그를 증오하고 비난하였다. 남자친구에게도 처음엔 헌신적이고 열정적으로 잘 해 주었는데, 얼마 전 남자친구가 여자후배와 함께 있는 것을 한 번 목격한 후로는 남자친구가 이젠 자신에 대한 사랑이 식었으며 그래서 이젠 자신을 버릴 것이라는 생각으로 괴로워하면서 끊임없이 남자친구를 괴롭히며 헤어지자고 했다. 처음엔 그게 아니라며 설득을 하던 남자친구도 결국은 견디다 못해 이별 통고를 했고 그 날 L양은 자살 시도를 한 것이다.

이 과정에서 처음엔 상대방을 지나치게 이상화하거나 자신에게 붙들어 두려고 하다가 얼마 안가서 그 사람과의 관계가 자신의 기대에 미치지 못해 실망감이 느껴지면 상대를 무시하고 비난하고 증오하는 등 변덕스러운 반응을 보이므로 친밀한 관계를 지속하기가 어려운 사람들이다. 가까운 타인으로부터 거절이나 이별을 경험하게 되는 등의 공허감이나 권태감에 빠지게 되면 자기파괴적인 행동을 하는 경우가 많은데 심한 경우 자살 시도를 하기도 한다.

이들이 보이는 주요 인지 도식은 다음과 같다.

"세상은 위험할 뿐 아니라 악의에 차 있다", "나는 연약하고 취약하다", "나는 기본적으로 받아들여지지 못한다", "사람들은 나를 사랑해 주든가 아니면 버리든가 둘 중의 하나이다."

<경계성 성격장애의 DSM-5 진단기준>
대인관계, 자아상 및 행동의 불안정성과 현저한 충동성의 광범위한 형태로 성인기 초기에 시작되며 여러 상황에서 나타나고 다음 중 5가지(또는 2 이상)를 충족한다. ① 실제 혹은 상상 속에서 버림받지 않기 위해 미친 듯이 노력함(주의점: 5번 진단기록에 있는 자살 행동이나 자해 행동을 포함하지 않음) ② 과대이상과의 과소평가의 극단 사이를 반복하는 것을 특징으로 하고 불안정하고 격렬한 대인관계의 양상 ③ 정체성 장애: 자기 이미지 또는 자신에 대한 느낌의 현저하고 지속적인 불안정성 ④ 자신을 손상할 가능성이 있는 최소한 2가지 이상의 경우에서의 충동성(예: 소비, 물질남용, 좀도둑질, 부주의한 운전, 과식 등) (주의점: 5번 진단기록에 있는 자살행동이나 자해 행동을 포함하지 않음) ⑤ 반복적 자살 행동, 제스처, 위협 혹은 자해행동 ⑥ 현저한 기분의 반응성으로 인한 행동의 불안성(예: 강렬한 삽화적 불쾌감, 과민성 또는 불안이 보통 5시간 동안 지속되며 아주 드물게 수일간 지속된다.) ⑦ 만성적인 공허감 ⑧ 부적절하고 심하게 화를 내거나 화를 조절하지 못함(예: 자주 울화통을 터뜨리거나 늘 화를 내거나, 자주 신체적 싸움을 함) ⑨ 일시적이고 스트레스와 연관된 피해적 사고 혹은 심한 해리 증상

장애의 원인

후기 정신분석학적 입장인 Kernberg(1975)에 따르면 경계성 성격장애는 발달의 초기 과정인 분리-개별화 단계에서 어머니가 사라지는 것에 대해 강렬한 두려움을 경험하게 된다. 성격발달은 이 시기에 고착되어 있기 때문에 분리에 대한 유아기의 위기를 반복적으로 재경험하는 상태에 있다고 본다. 이 시기의 아이는 어머니의 '좋은' 면과 '나쁜' 면을 통합하여 동일한 존재로 수용할 수 있어야 한다. 그러나 어머니의 특성이나 어떤 환경적 여건에 의하면 이를 성취하지 못한다. 그 결과 분리(splitting)의 방어기제를 통해서 어머니에 대해서 양극적인 표상을 가지게 된다. 따라서 어떤 때는 좋은 어머니로 느껴지다가 어떤 때는 나쁜 어머니로 느껴지는 불안정하고 극단적인 감정이 교차되게 된다. 어머니에 대해서 가졌던 병리적인 양가감정의 대상관계가 내재화됨으로써 원시적인 방어기제를 계속 사용하게 되고 대인관계에서도 모든 사람들을 선과 악이라는 극과 극으로 분리시킴으로써 왜곡된 인간관계를 갖게 된다고 본다. 또한 경계성 성격장애자들은 흔히 어린 시절에 충격적인 외상을 경험한 것으로 보고되고 있다. Zanarini 등(1989)에 따르면, 경계성 성격장애자의 72%는 언어적 학대, 46%는 신체적 학대, 26%는 성적 학대, 76%는 부모의 양육 태만, 74%는 18세 이전에 부모의 상실이나 이별을 경험했다. 이러한 어린 시절의 충격적 외상경험이 부모나 자신에 대한 긍정적, 부정적 경험을 통합시키지 못한 채 분리, 부인, 투사적 동일시와 같은 방어기제를 사용하게 했을 것이라는 주장이 제기되고 있다.

행동 및 사회적 학습 관점에서는 다음과 같이 설명할 수 있다. 양육과정에서 부모가 특정 행동에 대한 보상이 언제 주어질지 모르는 변동비율 강화를 자주 사용하게 되면 아동은 타인의 인정을 받을 때에만 자기가 유능하고 수용받는다고 느끼게 된다. 흔히 연극성 특성을 지닌 부모를 모델로 하였을 때 보호에 대한 외부 근원이 유지되지 못하고, 관심과 지지를 이끌어 내는 능력이 감소하게 된다. 이들은 주기적으로 기분변화를 경험하게 되고 보다 진행되면 기분변화는 더욱 극적이게 되며 궁극적으로는 경계성 성격장애가 형성된다. 이러한 관점에서 Millon(1981)도 사회학습이론을 제의하며 이 장애의 핵심적 주요기제는 분명하고 지속적인 자기 정체의식이 결여된 것이라고 하였다. 이런 자기 정체의식의 결여 때문에 확고한 자기목표가 없으며 충동통제를 못하고 지속적인 성취를 못한다. 또한 자기 정체의식이 결여되어 있어서 끊임없이 다른 사람의 보호와 지원에 의존하며 관계의 분리에 지나치게 민감하게 된다.

3) 군집 C의 성격장애

불안하고 두려우며 근심스러운 것이 특징인 성격장애로 회피성 성격장애, 의존성 성격장애, 그리고 강박성 성격장애가 이에 속한다.

(1) 회피성 성격장애

〈사례〉

대학생 M군은 대인관계의 어려움을 호소했다. 그는 친구들을 사귀기가 너무 힘들었으며, 혹시 사람들과 어울릴 기회가 있으면 어울리는 내내 너무 긴장하고 신경을 써서 녹초가 될 지경이라고 했다. 그는 남을 지나치게 의식하는 자신의 소심한 성격이 너무 싫다고 하며 앞으로 어떻게 사회생활을 해 나가야 할지 걱정이라고 하였다. 친구들을 많이 사귀고 싶고 다양한 인간관계를 맺고 싶지만 왠지 다른 사람들이 자신을 싫어할지도 모른다는 두려움에 선뜻 나서지를 못해 늘 사람들을 피해 다니는 습관이 있다.

회피성 성격장애는 낮은 자존감, 거부에 관한 극도의 예민함, 불안과 불신, 사회적 두려움, 소심함, 사회적인 불편 등이 특징적인 장애이다. 이 장애는 조현성 성격장애와 마찬가지로 사회적 철수 경향을 나타내지만 조현성 성격장애는 사회적 무관심과 정서적 메마름이 주요 특징이다. 반면에, 회피성 성격장애는 사회적 관계를 갖고자 하지만 이에 대한 불안과 근심으로 인해 관계를 잘 맺지 못하는 것이 특징이다. 즉 이 장애를 지닌 사람들은 관계에 대한 요구는 크지만 너무 수줍고 억압되어 있어 관계를 맺기가 두렵고 어려운 것이다.

이들이 보이는 주요 인지 도식은 다음과 같다.

"나는 관계를 잘 맺지 못할 것이다", "나는 다른 사람들과의 관계에서 당황하거나 바보스럽게 행동할지도 모른다", "사람들은 나를 거부할 것이다."

<회피성 성격장애의 DSM-5 진단기준>
사회관계의 억제, 부적절감, 그리고 부정적 평가에 대한 과민성이 청년기에 시작하여 여러 측면에서 나타나고, 다음 중 적어도 4가지 이상의 증상이 나타난다. ① 비난이나 비판 혹은 거절에 대한 공포 때문에 중요한 대인간의 접촉을 해야 하는 직업활동을 회피한다. ② 자신을 좋아하고 있다는 확신이 없다면 다른 사람들의 일에 간섭하려 하지 않는다. ③ 창피를 당하거나 조롱을 받을까 두려워서 친밀한 관계 외에는 갖지 않으려 한다. ④ 사회적 상황에서 비판을 받고 거부당하는 것에 대하여 집착한다. ⑤ 부적절감 때문에 새로운 대인관계적 상황에서는 억제되어 있다. ⑥ 자기 자신을 사회적으로 어리석고 개인적으로는 매력이 없으며 다른 사람에 비하여 열등한 것으로 여긴다. ⑦ 당황하게 될까봐 개인적 위험을 감수하거나 새로운 활동에 참가하는 것을 지나치게 주저한다.

장애의 원인

정신역동적 입장에서는 회피성 성격장애자의 주된 감정은 수치심이라고 본다. 이러한 수치심은 자신에 대한 부정적 자아상과 관련되는데, 수치심이라는 불쾌한 감정으로부터 숨고자 하는 소망 때문에 대인관계나 자신이 노출되는 상황을 회피하게 되는 것이다. 회피성 성격장애자들은 자신의 부모를 수치심과 죄의식을 유발시키는 비판적이고 거부적인 인물로 기억하며 자기보다 다른 형제를 더 좋아한 것으로 여기는 경향이 있다(Stravynski, Elie, & Franch, 1989; 권석만, 2003, 재인용). 정상적이고 건강한 유아들도 부모의 거부를 경험하지만 회피성 성격장애의 경우에는 부모의 거부 정도가 특히 강하고 빈번한 것으로 보인다. 이런 거부의 결과로 아동은 인간이 원래 타고나는 낙천주의를 상실하게 된다. 대신에 자기 비하와 사회적 소외감을 습득하게 된다. 가족에게 거부당한 아동이라도 많은 경우에 적대적인 가족환경을 떠나 다른 사회집단에서 긍정적인 강화를 경험할 수 있지만, 가족의 거부에 이어 또래집단에서조차 거부를 당한다면 그 결과는 회피성 성격장애로 이어진다. 또한 가족에게서 지지를 받고 자란 아이라 할지라도 또래집단에서의 거부는 치명적인 영향을 미친다. 오랜 시간 동안 또래들 사이에게 소외되면 자신감과 자존감이 떨어지고 학업성적도 저하된다. 결과적으로 놀림이나 조롱이 반복되면 자신이 열등하고 매력적이지 않다는 심각한 자기 비하를 낳는다. 따라서 아동기에 경험한 소외감은 청소년기와 성인기에도 계속되며 자신에 대한 불신과 자기 비하를 키워간다.

(2) 의존성 성격장애

〈사례〉

30대 후반의 회사원 N씨는 4남매 중에 막내아들이며 외아들이다. 그래서 늘 어머니와 누나 세 명에게 아기처럼 귀여움을 받으며 응석받이로 자랐다. 어머니와 누나들과 떨어진다는 건 N씨에게는 상상도 못할 일이었다. 초등학교에 처음 입학했을 때는 분리불안으로 인해 등교거부 같은 일이 종종 있어 한동안 학교에 가지 못한 적도 있었다. 청소년기까지 친구들 사이에서 그의 별명은 항상 '아기'였다. 그러나 성인이 되어서도 N씨는 어머니와 누나들의 관심과 보호 아래 지냈으며 결혼을 못하고 노총각으로 지내다가 비로소 얼마 전 어머니가 소개해 준 아가씨와 결혼을 하여 가정을 이루었다. 맞벌이를 하는 아내의 직장이 어머니 집과는 너무 멀어서 어쩔 수 없이 분가를 하게 되었으나, N씨는 무슨 일이 있을 때마다 어머니 집으로 달려갔으며 어머니나 누나들의 확인과 동의를 구했다. 어머니나 누나들 없이는 혼자서 아무것도 결정하거나 선택하지 못했고 그래서 N씨의 부인은 이로 인해 너무 스트레스를 받는다고 하였다.

의존성 성격장애는 일상적인 일이나 사소한 결정에 있어서도 혼자서 하지 못하고 다른 사람에게 의지하는 성향이 특징적이다. 이 장애에 속하는 사람들은 혼자 있을 땐 무력감을 느끼고 자신이 없으며 따라서 매사에 끊임없이 타인의 보증을 필요로 하며, 자기주장을 잘 못하고 다른 사람의 요구에 순종하는 경향을 보인다. 이들은 의존관계를 중시하고 이 관계를 지속하기 위하여 상대방이 무시하거나 학대를 해도 잘 참고 견디며 자신의 지위를 격하시키기도 한다.

이들이 보이는 주요 인지 도식은 다음과 같다.

"나 혼자서는 아무것도 할 수 없다", "내가 잘 했는지에 대해 타인의 보증이 필요하다", "상대방에게 무시를 당하더라도 이 관계를 지속시켜야 한다."

<의존성 성격장애의 DSM-5 진단기준>

전반에 걸쳐 돌보아 주기를 바라는 과도한 요구와 그로 인해 굴복하고 매달리는 행동이나 이별에 대한 공포 등이 청년기에 시작하여 지속되며 여러 측면에서 나타나고 다음 중 적어도 5가지 이상의 증상이 나타난다.

① 타인들로부터 많은 조언과 인정을 받지 않는다면 매일매일의 결정을 할 수 없다.
② 자기 인생의 중요한 부분에 대하여 타인들이 그 책임을 질 것을 요구한다.
③ 지지나 인정을 받지 못할 것이 두려워서 타인들에게 반대를 표현하기가 어렵다.
④ 동기나 에너지가 없어서가 아니라 판단이나 능력에 대하여 자신감이 없기 때문에 자기 스스로의 계획이나 일을 시작하는데 어려움이 있다.
⑤ 타인으로부터 지지와 보호를 오랫동안 얻어내기 위하여 불쾌한 일이라도 자신이 하겠다고 자청한다.
⑥ 자신을 스스로 돌볼 수 없다는 공포가 너무 심하기 때문에 혼자 있을 때는 불편을 느끼거나 절망감에 빠진다.
⑦ 하나의 친근한 관계가 끝나면 지지와 보호를 얻기 위하여 곧바로 다른 관계를 찾는다.
⑧ 자기 스스로가 자신을 돌보지 않으면 안 되게끔 혼자 남겨질 것이라는 두려움에 비현실적으로 집착한다.

장애의 원인

생물학적인 근거는 불충분하지만 의존적인 유아는 선천적으로 겁이 많고 소극적인 기질을 나타낸다. 이들은 지나치게 부모로부터 보호행동을 유발시키고 부모의 그와 같은 양육태도는 생물학적인 요인을 강화시키게 된다. 따라서 유아는 타고난 생물학적인 기질을 고칠 필요를 인식하지 못하게 된다. 또한 의존성은 불충분한 갑상선 기능으로 인한 대사부족 현상으로 설명되기도 한다.

정신분석학자인 Abraham(1972)은 성격특성이 심리성적 발달단계의 고착현상과 밀접한 관련을 맺고 있다고 주장하는데, 구순기의 고착이 의존성 성격과 관련된다고 하였다. 구강기 성격은 의존성, 혼자됨에 대한 불안, 비관주의, 수동성, 인내심 부족, 언어적 공격성 등이다. 환경적인 요인으로는 부모의 과잉보호가 의존성 성격장애의 중요한 요인이 된다는 것을 알 수 있다. 부모에 대한 의존행동은 보상이 주어지고 독립 및 분리하고자 하는 시도에 대해서는 거부당하는 경험이 축적될 경우 자녀는 자율적인 행동을 습득하기가 어려우며 타인에 대해 의존적인 반응양식을 발달시키게 된다. 이렇게 아동기에 자신의 능력부족이나 부적절성을 경험하는 것은 자기 비하, 자기 회의, 사회적인 수치감 등을 초래하게 된다. 따라서 이러한 사건의 반복된 경험을 통해서 경쟁보다는 복종이 더 낫다고 학습하여 의존성이 키워지게 되는 것이다.

(3) 강박성 성격장애

〈사례〉

가정주부 O씨는 그녀의 남편 때문에 너무 힘들다고 했다. 그녀의 표현을 빌리자면 그녀의 남편은 지나치리만큼 꼼꼼하고 완벽주의적이며 고지식하고 융통성이 없는 사람이라고 한다. 또한 지나치게 깔끔하여 퇴근하고 돌아오면 가장 먼저 하는 일이 신발장 선반 위나 창틀 위에 먼지가 있는지를 점검하는 일이라고 한다. 혹 먼지가 조금이라도 있으면 아내에게 잔소리를 하고 청소를 다시 하라고 호통을 친다. 또한 정리 정돈하는 데에 강한 집착을 보여 심지어는 아내의 화장대 정리와 아이들의 방 정리까지 손수해 주며 잔소리를 늘어놓는다는 것이다. O씨는 남편에게 그날그날 가계부 검사까지 받아야 하는데 100원이라도 오차가 생기면 그걸 확인해 낼 때까지 확인 작업을 멈추지 않는다. 지난 밤에는 500원이 비었더니 어디서 오차가 생긴 거냐고 따져 물으며 1시간 가량을 보냈다고 한다.

강박성 성격장애는 정리 정돈을 지나치리만큼 잘하고 완벽주의적이며 엄격하고 대인관계에서도 마음의 통제를 많이 하기 때문에 정서적으로 위축되어 있고 개방적이지 못하며 실수를 용납하지 못하는 특징을 보인다. 이들은 지나치게 양심적이고 고지식하여 융통성이 없고 따라서 자신과 타인 모두에게 엄격한 도덕적인 원칙과 기준을 따르도록 강요한다. 의사결정에 있어서도 최선의 방법이 무엇인지를 고려하고 숙고하는 일에 많은 시간을 소비하게 되어 정작 결정을 잘 내리지 못하게 되고 그래서 오히려 우유부단해 보일 수 있고, 과제를 할 때에도 너무 꼼꼼하게 완벽을 기하려다가 마감일을 놓쳐 할 일이 계속 누적되는 경우가 많다. 하지만 이들은 스트레스에 취약하기는 하지만 정도가 심하지 않으면 그 완벽주의적인 성향으로 인해 성공적인 생활을 하는 경우도 많다.

이들이 보이는 주요 인지 도식은 다음과 같다.

"모든 일은 완벽하게 해야 한다", "정리 정돈은 항상 잘 되어 있어야 한다", "최선의 방법이 분명 있을 것이고 그걸 꼭 찾아야 한다", "규칙이나 절차 등은 꼭 엄수해야 한다."

<강박성 성격장애의 DSM-5 진단기준>

융통성, 개방성, 효율성을 희생시키더라도 정돈, 완벽, 정신적 통제 및 대인관계의 통제에 지나치게 집착하는 광범위한 양상으로 이는 청년기에 시작되며 여러 상황에서 나타나고 다음 중 4가지(또는 2 이상)로 나타난다.

① 내용의 세밀한 점들, 규칙, 명단, 순서, 기구조직, 혹은 시간표에 집착하느라고 작업의 주안점을 상실하고 만다.
② 완벽함을 보이나 이것이 일의 완수를 방해함(예: 자신의 완벽한 기준을 만족하지 못해 계획을 완수할 수 없다.)
③ 여가활동이나 친구 교제를 마다하고 일이나 성과에 지나치게 열중함(경제적으로 필요한 것이 명백히 아님)
④ 지나치게 양심적임, 소심함 그리고 도덕윤리 또는 가친관에 관하여 융통성이 없음(문화적 혹은 종교적 정체성으로 설명되지 않음)
⑤ 감상적인 가치가 없는데도 낡고 가치 없고, 물건을 버리지 못함
⑥ 자신의 일하는 방법에 대해 정직하게 복종적이지 않으면 이을 위임하거나 함께 일하지 않으려 함
⑦ 자신과 타인에 대해 돈 쓰는데 인색함. 돈을 미래의 재난에 대해 대비하는 것으로 인식함
⑧ 경직되고 완강함을 보임

장애의 원인

정신역동적 입장에서는 강박성 성격장애자들은 지나치게 엄격한 초자아가 발달되었다고 본다. 어린 시절 부모와의 관계 속에서 아이가 부모의 엄격한 통제에 대해 지녔던 부정적 감정들과 이러한 감정이 표출되는 것에 대한 두려움과 죄책감, 그리고 이러한 감정을 통제하려는 과도한 노력을 하게 되는 과정에서 강박성 성격을 가지게 되는 것이다. 앞서 살펴본 정신분석학자인 Abraham (1972)은 성격특성이 심리성적 발달단계의 고착현상과 밀접한 관련을 맺고 있다고 주장하는데, 항문기의 고착은 의존성 성격과 관련된다고 하였다. 항문기적 성격의 특성은 규칙성, 완고성, 인색함, 정서적 억제, 자기 회의, 강한 도덕의식 등을 들 수 있다. 이런 성격장애자들은 주지화, 격리, 반동형성, 취소, 대치 등의 방어기제를 흔히 사용한다. 항문기적 성격은 배변훈련 과정에서 나타난 어머니의 양육방식과도 관련된다. 정확한 시간과 장소에서 규칙적인 배변을 하도록 엄격하게 훈련받은 경험과 항상 지나친 청결을 요구하는 어머니의 양육방식은 시간엄수, 정리정돈, 청결, 자기통제, 완벽주의와 같은 강박성 성격의 형성에 영향을 미치게 된다.

행동 및 사회적 학습 관점에서는 부모에게 과잉통제를 받는 경우 강박적 성격으로 발달하기 쉽다고 본다. 과잉통제는 처벌을 통해 아이의 행동을 통제하는 강압적인 훈육방법으로 이런 부모는 단호하고 억압적인 태도를 가지고 있다. 강박성 성격의 아이들은 바람직한 행동에 대해 긍정적인 보상을 받기 보다는 기준에 어긋나는 행동에 대한 처벌을 받으면서 성장한다. 따라서 이 아이들은 부모에게 처벌당하지 않고 인정받기 위해 철저하게 자신을 통제해야 하며 실수를 허용하지 않는 완벽주의를 추구하게 된다. 과잉통제는 어느 면에서는 반사회성 성격에서 보았던 부모의 적대적인 태도와 유사하지만 차이가 분명하다. 적대적인 부모는 아동의 행동과 관계없이 처벌하지만, 과잉통제 부모는 아동이 기대에 맞지 않게 행동했을 때만 처벌한다. 따라서 아동은 완벽주의적이고 처벌적인 부모의 양육을 통해서 인정받지 못하는 것에 대해서 강한 공포와 처벌에 대한 두려움을 갖게 되고 이에 따라 강박적인 행동 특징이 나타나는 것이다. 또한 부모의 행동을 모델링해서, 즉 부모의 기대에 맞춰 행동을 조성하고 부모를 모델로 하여 성격을 형성함으로써 자율적으로 행동하는 것을 학습하지 못하여 나타나는 경우도 있다.

나와 타인의 이해를 위한 성격심리 연습과제 12

부적응적 성격 특징

어떠한 사람도 완전할 수는 없으며 따라서 어떤 개인의 성격도 완벽할 수는 없어서 꼭 성격장애자가 아니어도, 비교적 건강하게 잘 적응하고 있는 사람들일지라도 성격에 어느 정도 부족함은 있을 수 있다. 따라서 당신 역시 본문에서 살펴본 성격장애의 특성들 중 일부분을 가지고 있을 수도 있다.

1. 당신의 어떠한 성격특성 때문에 인간관계나 삶의 적응에 곤란이나 어려움을 느낀 적은 없었는가? 만약 이런 어려움이 있었다면 우리가 앞에서 학습한 다양한 성격장애 중에서 어떤 유형에 가까운지, 그 정도는 어느 정도 되는지 생각해 보자(본문에 제시된 각 장애의 DSM-5 진단기준을 참고하면서 생각해 보면 더욱 도움이 될 것이다).

2. 당신이 이런 성격 특성을 지니게 된 것을 어떤 요인에 의하여 설명할 수 있겠는가? 본문에서 제시한 성격장애의 원인 부분과 아울러 지금까지 학습한 성격이론들을 적용하여 이에 대하여 정리해 보자.

통합하기

지금까지 우리는 성격심리에 대한 이론을 학습하고 이를 실제에 적용해 보는 연습을 하였다. 이제 지금까지 했던 작업을 마무리하면서 자신의 성격에 대하여 종합적으로 정리하여 이해하고 통합하는 시간을 갖기로 하자.

1. 지금까지의 학습과 과제를 통하여 이해하게 된 당신의 성격 특성에 대하여 정리해 보자.

2. 당신 성격의 강점과 약점은 무엇인가?

3. 당신의 이러한 성격 형성에 영향을 미친 요인(긍정적, 부정적 요인 모두 포함)들은 무엇인가? 그리고 이는 어떠한 관점의 성격이론으로 가장 잘 설명된다고 보는지를 구체적인 이유와 함께 적어 보자.

4. 마지막으로, 당신이 앞으로 더욱 성숙한 성격을 발달시키기 위해 강점은 더욱 강화하고 약점은 수정 보완할 수 있는 방안에 대하여 생각해 보고 정리해 보자.

※ 지금까지 했던 과제를 현재 당신에게 의미 있는 타인과 함께 해 보고 서로 나누는 시간을 가진다면 서로에 대해 더욱 깊이 이해할 수 있을 것이다.

부 록

- ○ 자기분석과 이해를 돕는 성격테스트 1-A유형과 B유형
- ○ 자기분석과 이해를 돕는 성격테스트 2-에고그램
- ○ 자기분석과 이해를 돕는 성격테스트 3-기질테스트

자기분석과 이해를 돕는 성격테스트 1-A유형과 B유형

A유형과 B유형이란?

성격유형은 여러 가지로 분류할 수 있지만 그 중 대표적인 분류가 A유형과 B유형으로 분류하는 것이다. 1970년대에 심장전문의인 프리드만과 로젠맨은 성격과 심장병과의 관계에 대한 연구를 하면서 심장병을 유발하는 주요 심리적 요인으로 A유형 행동을 처음으로 제시하였다. 그리고 A유형과 반대되는 양상을 보이는 성격을 B유형이라 하였다.

A유형과 B유형 테스트

1. 다음의 질문들이 자신을 얼마나 잘 나타내고 있는지를 판단해서 체크

매우 그렇다 2점 어느 정도 그렇다 1점 그렇지 않다 0점

문 항	점수
1. 나는 일을 하고 있을 때 다른 사람의 방해를 받으면 몹시 불쾌하다.	
2. 나는 억울한 일이 있으면 흥분해서 잠을 잘 자지 못한다.	
3. 나는 내가 할 일을 계획하고 그 계획이 성공했을 때를 생각하면 몹시 흥분한다.	
4. 나는 사소한 일로 다른 사람들에게 짜증을 낸다.	
5. 나는 내 친구들을 비롯해 나와 비슷한 또래의 사람들이 나보다 잘하는 게 있으면 몹시 긴장한다.	
6. 나는 야망이 있고 모든 일에 정력적이다.	
7. 나는 하던 일을 완결짓지 못하면 심장박동이 빨라지고 몹시 긴장한다.	
8. 내가 타고 가는 차 앞에서 다른 차가 우물쭈물 거리면 몹시 짜증난다.	

문 항	점수
9. 나는 항상 일이 효율적으로 처리되길 바란다.	
10. 나는 비교적 일의 질보다는 양을 중시하는 편이다.	
11. 나는 일을 하지 않고 놀고 있으면 죄의식을 느낀다.	
12. 나는 하루가 너무 짧아 불만인 경우가 종종 있다.	
13. 나는 다른 사람보다 어떤 일에서든지 더 잘해야 한다고 생각한다.	
14. 나는 사회 경제적으로 성공하는 것만이 최선이라고 생각한다.	
15. 나는 베짱이처럼 일을 하지 않고 게으른 사람들을 보면 한심해서 한 마디 해 주고 싶다.	
P점수 합계	
1. 나는 가끔 한 번에 두 가지 이상의 일을 하거나 시도한다.	
2. 나는 다른 사람에 비해 밥을 빨리 먹는 편이다.	
3. 나는 다른 사람에 비해 말을 빨리 하는 편이다.	
4. 나는 일을 서두르는 경향이 있다.	
5. 어떤 영화를 보러 갔는데 극장 앞에 줄이 길게 늘어서 있으면 차라리 다른 것을 본다.	
6. 나는 어떤 게임을 하든지 양보하지 않고 이기려고 한다.	
7. 나는 약속 시간에 허겁지겁 도착하는 편이다.	
8. 나는 누가 나를 공격하면 금방 반격한다.	
9. 나는 운동이 필요한 것을 알지만 시간적으로 여유가 없어서 하질 못한다.	
10. 나는 말할 때 자주 눈을 깜박거리고 눈썹을 움직인다.	
11. 나는 얘기할 때 몸짓을 많이 사용하는 편이다.	
12. 나는 나도 모르게 발을 떠는 버릇이 있다.	
13. 나는 다른 사람을 믿지 못하기 때문에 어떤 일이든지 내가 직접해야 안심이 된다.	
14. 나는 젊었을 때는 정신없이 바빠야 한다고 생각한다.	
15. 나는 이따금 감당하기 어려울 정도의 일을 계획한다.	
B 점수 합계	

2. 채점 방법

P : 심리적 특성
B : 행동적 특성
A유형 경향성 : (P + B) / 2 = (　　　)

1) A유형 성격

A유형 성격 경향성 점수가 평균 21점 이상이고 P와 B 모두 21점 이상인 경우. 만약 P점수만 21점을 넘었으면 심리적으로는 A유형 성격이지만 행동으로는 그렇지 않은 것이고, 반대로 B점수만 21점을 넘었으면 행동적으로는 A유형 성격이지만 심리적으로는 그렇지 않은 것이다.

2) 중간성격

A유형 성격 경향성 점수가 11점 이상 20점 이하로 A유형도 B유형도 아닌 성격 유형. 어떤 삶의 방식이나 생활양식을 뚜렷하게 갖지는 않았지만 무난한 행동 스타일로 원만한 대인관계를 유지하고 보통 수준의 성취능력을 나타낸다.

3) B유형 성격

A유형 성격 경향성 점수가 10점 이하이고 P와 B 모두 10점 이하. 만약, P점수만 10점 이하이면 심리적으로는 B유형 성격이지만 행동으로는 그렇지 않은 것이고, 반대로 B점수만 10점 이하이면 행동적으로는 B유형 성격이지만 심리적으로는 그렇지 않은 것이다.

3. A유형과 B유형 해석

1) A유형

성격이 급하고 성취 지향적이고 일을 중시한다. 일을 할 때 지나치게 공격적이고 경쟁적이다. 성격이 급해 늘 서두르며 시간에 쫓기는 경향이 있고 휴식도 없이 일하는 일중독의 특성을 보이기도 한다. 또한 일이 조금이라도 뜻대로 되지 않으면 쉽게 짜증이나 화가 나지만 이것을 공개적으로 표현하지는 못한다. 또한 스트레스에 취약하기 때문에 평소에 스트레스 관리를 잘 해야 한다. 그렇지 않으면 심장질환이나 관상동맥질환에 걸릴 가능성이 매우 높다. 하지만 열심히 일을 하므로 대체로 사회 경제적으로 성공할 가능성이 높다.

2) B유형

성격이 느긋하고 차분하며 인간관계가 지향적이어서 사교적이다. 어떤 일이 있어도 쉽게 흥분하지 않으며 일보다는 휴가를 더 소중하게 생각한다. 그래서 스트레스를 덜 받고 건강을 해치지도 않는다. 그러나 게으르기 때문에 사회 경제적으로 성공할 가능성이 낮다. 그러나 A유형의 장점을 받아들여 자기 노력을 기울이면 최고경영자에 오를 가능성도 있다.

자기분석과 이해를 돕는 성격테스트 2-에고그램

에고그램이란?

에고그램은 미국의 심리학자 J. M. 듀세이가 고안한 성격분석 표지법이다. 듀세이는 복잡한 사람의 성격을 5가지 영역으로 구분하여 쉽게 분석할 수 있도록 표준화하였다. 그 기초는 미국의 정신분석학자 에릭 반이 개발한 교류분석법(TA)을 바탕으로 하고 있는데 TA는 5가지 마음 중 어느 부분이 자신에게 영향을 끼치는지에 따라 사고방식이나 행동이 달라진다고 규정하고 있다. 5가지 마음은 비판적인 마음 CP, 용서하는 마음 NP, 부모의 마음 A, 자유로운 어린이의 마음 FC, 순응하는 마음 AC이다. 이 다섯 가지 마음의 비율이 개인의 성격을 결정한다고 한다.

에고그램 테스트

1. 다음의 질문들이 자신을 얼마나 잘 나타내고 있는지를 판단해서 체크

거의 그렇다 3점　그런 편이다 2점　약간 그렇다　1점　거의 그렇지 않다　0점

문　항	점수
무슨 일을 할 때 좀처럼 결심하기가 어렵다.	
생각하고 있는 바를 말하지 못하는 성질이다.	
시간 약속이나 돈 문제를 소홀히 하는 것을 싫어한다.	
사회의 윤리, 도덕, 규칙 등을 중시한다.	
예절이나 규범에 까다로운 편이다.	
책임감을 남에게 강하게 요구한다.	
해야 한다, 하지 않으면 안 된다와 같은 말을 자주 쓴다.	

문 항	점수
작은 잘못이라도 흐지부지 지나치지 않는 편이다.	
좋다, 나쁘다를 분명하게 말한다.	
아이들이나 비즈니스 파트너를 엄격히 교육시킨다.	
CP 합계	
다른 사람에 대해 헤아려 주는 바가 강하다.	
상대방의 좋은 점을 잘 알아차리는 편이다.	
남의 부탁이라면 거절하지 못하는 편이다.	
아이들이나 남의 일을 돌보아 주는 것을 좋아한다.	
타인에 대해 융통성이 있는 편이다.	
아이들이나 비즈니스 파트너의 잘못에 대해 관대하다.	
상대방의 말에 귀를 기울여 공감하는 편이다.	
길을 물으면 친절히 가르쳐 준다.	
친구나 가족들에게 무엇이든 사주는 것을 좋아한다.	
동정심이 많다고 생각한다.	
NP 합계	
자기의 손익을 생각하고 행동하는 편이다.	
대화 중에 감정적으로 되는 일이 적다.	
사물을 분석적으로 깊게 생각한 다음에 결정한다.	
감정보다는 이성적인 편이라고 생각한다.	
남의 의견은 찬반 양론을 듣고 참고로 한다.	
무슨 일이나 사실에 입각해서 판단한다.	
여러 가지 책을 많이 읽는 편이다.	
앞으로의 일을 냉정하게 생각하고 행동한다.	
잘 모르는 것은 질문이나 상의해서 처리한다.	
몸이 좋지 않을 때는 자중해서 무리를 하지 않는다.	
A 합계	
자유롭게 말하고 행동하는 사람이라고 생각한다.	
호기심이 강한 편이다.	
놀이나 음식 등을 만족할 때까지 찾는 편이다.	
말하고자 하는 것을 서슴없이 말해 버리는 편이다.	

문 항	점수
원하는 것을 손에 넣지 않으면 못 배기는 편이다.	
야, 멋있다! 우와~! 같은 감탄사를 자주 쓴다.	
농담을 잘하는 편이다.	
화내는 일이 많은 편이다.	
흥에 겨우면 도에 지나친 행동을 할 때가 있다.	
감정이 풍부하고 눈물이 많은 편이다.	
FC 합계	
남의 말을 가로막고 자기 생각을 말하는 일이 있다.	
사람들로부터 좋은 인상을 받고 싶어한다.	
양보심이 많으며 참는 편이다.	
싫은 일은 핑계를 달아 뒤로 미루는 경향이 있다.	
자기 생각을 주장하기보다 타협하는 일이 많다.	
남의 안색이나 말에 신경을 쓰게 된다.	
괴로울 때는 참는 편이다.	
남의 기대에 어긋나지 않도록 노력을 많이 한다.	
자기 잠정을 억누르는 편이다.	
자신이 없고 열등감을 느낄 때가 많다.	
AC 합계	

2. 채점 방법－에고그램 결과표

각 자아 상태별로 점수의 합계를 내어 해당되는 곳에 표시한 후 서로 연결해서 꺾은 선 그래프로 나타내면 그것이 자신의 에고그램 파일이 된다.

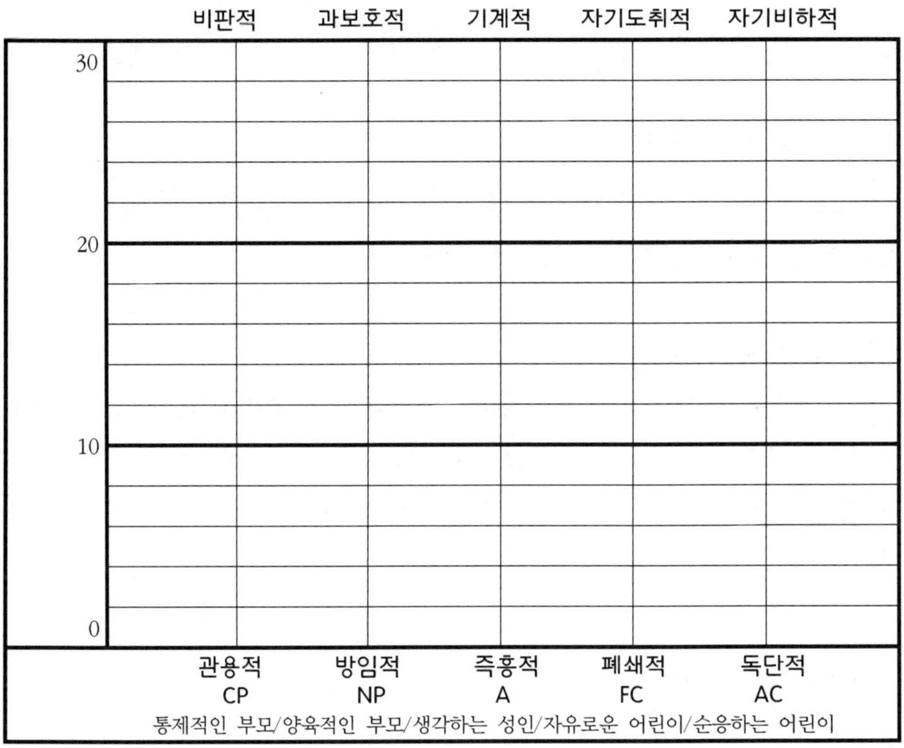

* 해석방법(정성한, 1993)

- 먼저 제일 높은 곳에 주목하여 어느 자아상태가 우위의 에고그램인지를 판단한다.
- 다음으로 각 우위의 기본적 성질을 생각한다.
- 높은 자아상태와 낮은 자아상태의 성질을 합쳐서 생각한다.
- 기타 자아상태의 고저를 생각하면서 종합적으로 판단한다.

3. 각 자아상태 별 해석

1) CP(통제적인 부모)

(1) 지나치게 높을 때 – 비판적

자기나 타인에게 엄격한 주장을 강요하거나 비판적이며 상대방의 말을 잘 들으려 하지 않는다. 따라서 상대는 위축되어 말을 하지 않는다.

(2) 높을 때 – 지배적

이상을 추구하고, 양심적이며 책임감이 강하고 권위적이다. 상대는 안정감을 가질 때도 있지만 반발을 느낄 때도 있다.

(3) 낮을 때 – 관용적

느슨하거나 무절제하다는 말을 들을 수 있다. 사회생활의 규범, 도덕, 가치관을 자신이나 상대에게 강요하지 않는다. 성인으로서는 신뢰받기 어려우며 중요한 일을 상의할 때에도 우유부단해서 흐릿한 사람이라는 소리를 들을 수도 있다.

2) NP(양육적인 부모)

(1) 지나치게 높을 때 – 과보호적

과보호, 과잉개입의 면이 있다. 자신은 즐겨서 하지만 상대는 자신도 모르는 사이에 자주성, 자립성을 빼앗기게 되며 의존심이 만들어진다. 때로 그것을 싫어하는 사람을 만나면 반항을 받아 어리둥절할 때도 있다.

(2) 높을 때 – 헌신적

모성적이고 온화한 면이 있다. 다른 사람들을 도와 주고 동정적이며 타인으로부터 원조요청을 받으면 거절하지 못하는 특성이 있다.

(3) 낮을 때－방임적

냉정하고 인정미가 없고 방임적이며 이것은 자신에 대해서도 해당된다. 특히 이런 사람이 CP가 높으면 지나치게 엄격해서 생활에 여유나 유연성이 없을 것이다.

3) A(생각하는 성인)

(1) 지나치게 높을 때－기계적

물질만능주의에 빠지고 무감정적이고 기계적으로 되는 등 상대편에게 차갑고 냉정한 느낌을 준다. 이런 사람이 FC가 낮으면 일 이외에 인생을 즐긴다는 것은 생각할 수 없는 일중독에 걸릴 수도 있다.

(2) 높을 때－현실적

이성적, 합리적, 냉정, 솔직, 결단 등의 특성이 강하며 일도 계획적으로 할 수 있다. 꾸중도 감정적으로 하지 않고 이해할 수 있도록 태도를 취한다. 다른 사람의 말을 경청하며 서로 이해하려고 하며 상황을 객관적으로 볼 줄 안다.

(3) 낮을 때－즉흥적

정확한 판단이나 이해를 못하고 계획성 없이 일을 처리하여 지장을 초래할 경우가 많다. 그때 그때 생각나는 대로 행동함으로 일관성이 없어 신뢰를 받지 못한다. 자기 감정에 따라 즉흥적으로 행동하는 경향이 많고 매사를 주관적으로 처리하는 경향이 있다. 상대는 이 때문에 불만을 품고 지성인다운 교류를 피하려 할 것이다.

4) FC(자유로운 어린이)

(1) 지나치게 높을 때－개구쟁이, 자기도취적

충동적이고 자기중심적이며 무책임한 면이 강해서 제멋대로이며 마치 개구쟁이, 자기도취자와 같은 모습이 있다.

(2) 높을 때－개방적

자발적, 적극적, 창조적, 직감적이며 즐기는 특징이 강하고 희로애락의 감정을 솔직하게 표현하며 개방적인 생활태도를 가지고 있다. 자율성이 있는 자유로운 어린이는 자유로운 생활을 할 수 있어 주위 사람도 즐겁게 해 준다.

(3) 낮을 때－폐쇄적

놀이나 여행 등을 자기 자신이 적극적으로 즐기려 하지 않는다. 특히 이런 사람 중 AC가 높고 상대의 CP가 높을 경우 자기 자신을 억압하므로 안절부절하거나 마음 속에서 불평을 하며 음주행위 등으로 그것을 무마하거나 그렇지 않으면 엉뚱한 곳에서 화풀이를 할 수 있다.

5) AC(순응하는 어린이)

(1) 지나치게 높을 때－자기비하적

죄악감이나 자기속박이 강하고 자기비하를 한다든지 열등감으로 인해 자신의 적개심을 마음 속에 파묻어 버린다. 여성인 경우 신데렐라 콤플렉스, 남성인 경우 피터팬 증후군과 관련되어 있으며 청소년 등의 자살자는 대부분 이 부류에 속한다.

(2) 높을 때－의존적

순응적이거나 타협적이며 잘 협조하는 특징이 있다. 상대방의 기대에 맞추려고 감정을 억압하고 자기희생도 감수한다. 타인의 눈치를 살피고 상대방이 하는 말이 마음에 걸려 걱정이나 불안감을 느낄 때도 있다.

(3) 낮을 때－독단적

자기중심적인 면이 많으며 특히 FC가 높으면 자유방종하다는 말을 들을 수 있다. 자기는 즐겁고 편리하다는 생각을 하지만 사회성이라는 측면에서 본다면 떳떳한 사람이라고 하기 어려울 때가 있어서 인간관계가 뜻대로 되지 않는 경우가 있다.

자기분석과 이해를 돕는 성격테스트 3－기질 테스트

기질이란?

현대 의학의 아버지로 일컬어지는 고대 그리스의 히포크라테스(Hippocrates, 460-377, B. C.)는 최초로 인간 유형을 생물학적 기반으로 나누려는 시도를 했다. 그는 인체의 4가지의 중요 체액(황담즙, 혈액, 흑담즙, 점액)의 균형적 배합이 신체와 정신의 '상태'를 만들어 낼 수 있다고 보았고, 개인에 따라 체액의 배합에 있어서 불균형이 있을 수 있고 어느 한 체액의 비중이 커지므로 인해서 개인의 성격 특징이 결정된다고 주장했다. 이것이 바로 인류 최초의 성격이론이자 성격 분류 체계인 4체액설이다. 이후 로마의 의사이자 철학자인 갈렌(Cladius Galen, 130-200 A.D.)은 히포크라테스의 4체액설을 4대 기질 이론으로 수정 발전시켰다. 그는 개인의 성격 특징을 담즙질(Choleric), 다혈질(Sanguine), 우울질(Melancholic), 점액질(Phlegmatic)로 새롭게 분류하고 그 체계에 따라 사람들의 일상행동을 면밀히 관찰하고 그 특징을 구체적으로 기술함으로써 오늘날의 유형이란 개념을 최초로 정립했다. 이러한 히포크라테스와 갈렌의 이론은 훗날 유럽에서 발전한 성격(Character)이론의 주류를 이루게 된다.

기질 테스트

1. 다음은 기질테스트이다. 각 열의 네 단어들 가운데 자신에게 가장 잘 맞는 단어 하나 앞에 V표를 한다(정확히 자신에게 들어맞는 단어가 하나도 없다면 가장 비슷한 단어 앞에 V표를 하면 된다).

이 단어연상테스트는 플로렌스 리타우어와 프레드 리타 우어가 발전시켜 그들이 개최한 『인격플러스(Personality Plus)』세미나에 참가한 수많은 이들에게 시행한 바 있는 테스트이다.

	다혈질	담즙질	우울질	점액질
1.	생동감 있는_	모험적인_	분석적인_	융통성 있는_
2.	쾌활한_	설득력이 있는_	끈기 있는_	평온한_
3.	사교적인_	의지가 강한_	희생적인_	순응하는_
4.	매력 있는_	경쟁심이 있는_	이해심이 많은_	감정을 억제하는_
5.	참신한_	능력이 비상한_	존중하는_	삼가는_
6.	신나는_	독자적인_	민감한_	수용하는_
7.	장려하는_	긍정적인_	계획하는_	참을성이 있는_
8.	충동적인_	확신하는_	계획을 따르는_	과묵한_
9.	낙천적인_	솔직한_	질서 있는_	포용력 있는_
10.	재담이 있는_	주관이 뚜렷한_	신실한_	응답하는_
11.	즐거운_	겁이 없는_	섬세한_	외교적인_
12.	명랑한_	자신감 있는_	문화적인_	안정된_
13.	고무하는_	독립적인_	이상적인_	거슬리지 않는_
14.	표현하는_	단호한_	몰두하는_	정색하고 농담하는_
15.	쉽게 어울리는_	행동가–	음악을 좋아하는_	중재하는_
16.	말하기 좋아하는_	성취하는_	사려 깊은_	관대한_
17.	열정적인_	책임을 지는_	충성스러운_	듣는자_
18.	무대형의_	지도력이 있는_	조직적인_	만족한_
19.	인기 있는_	생산적인_	완벽을 추구하는_	편안한_
20.	활기 있는_	담대한_	예의바른_	중도적인_

❀❀

21.	허세를 부리는_	권세를 부리는_	숫기 없는_	무표정한_
22.	규율이 없는_	동정심이 없는_	용서하지 않는_	열정이 없는_
23.	중언부언하는_	거스르는_	분을 품는_	상관이 없는_
24.	건망증이 있는_	노골적인_	까다로운_	두려워하는_
25.	중간에 끼여드는_	성급한_	자신감이 없는_	결단력이 없는_
26.	예측할 수 없는_	애정표현이 없는_	인기 없는_	관계하지 않는_
27.	되는 대로하는_	완고한_	불만스러운_	망설이는_
28.	방임하는_	교만한_	염세적인_	단조로운_
29.	쉽게 분노하는_	논쟁을 좋아하는_	자신을 격리하는_	목표가 없는_
30.	피상적인_	자만하는_	부정적인_	안일한_
31.	칭찬을 바라는_	일벌레_	뒤로 물러서는_	염려하는_

32. 말이 많은_	무례한_	과민한_	소심한_
33. 무질서한_	지배하는_	낙담한_	확신이 없는_
34. 일관성이 없는_	관대하지 못한_	내성적인_	무관심한_
35. 어지르는_	조종하는_	우울한_	중얼거리는_
36. 과시하는_	고집이 센_	회의적인_	느린_
37. 시끄러운_	주장하는_	외로운_	게으른_
38. 산만한_	성미가 급한_	의심 많은_	나태한_
39. 침착하지 못한	경솔한_	앙심이 많은_	마지못해 하는_
40. 변덕스러운_	약삭빠른_	비판적인_	타협하는_

2. 채점방법

① 1번부터 40번까지 각 특성에 해당하는 점수를 더해서 합계를 낸다(세로합). 가장 높은 점수를 얻은 것이 자신의 기질에 해당된다.

② 1번부터 20번까지는 장점이며 21번부터 40번까지는 단점이다. 따라서 장점과 단점의 수치를 비교해 보면 그 기질의 장점과 단점 중 어느 것을 더 많이 가지고 있는지를 알 수 있다.

③ 여기서 주의해야 할 점은 기질은 네 가지의 혼합으로 이루어져 있다고 보는 것이 옳으므로, 100% 다혈질, 혹은 100% 우울질 같은 사람은 없다는 것이다. 예를 들어, "나는 다혈우울질이며, 우울질의 장점과 다혈질의 단점을 가졌다"라고 해석할 수 있다.

3. 각 기질 해석

1) 다혈질 : 웅변적, 외향적, 낙천적

(1) 장점

다혈질보다 더 인생을 즐기는 사람은 없다. 자기 주위 사물에 대해서 어린애 같은 호기심을 항상 품고 있으며, 불쾌와 권태를 쉽게 극복한다. 현재에 따라 살기 때문에 낙관적인 사람이 되기 쉽고, 사소한 일에도 희열을 느낀다. 쉽게 새로운 계획을 세우고 그의 풍부한 정열은 때로 다른 사람까지도 그의 일에 함께 참여하게 하곤 한다. 동정과 연민이 많아서 서로의 슬픔과 기쁨을 나누면서 여러 사람들에게 둘러싸여 있는 것을 좋아하고, 새로운 친구 사귀기를 또한 좋아한다. 솔직하고 순수하다.

(2) 단점

다혈질의 사람은 쉽게 흥분하고 일의 전체를 심각히 분석해 보기도 전에 경솔한 판단을 하여 그릇된 방향으로 일을 진전시키는 경우가 많다. 감정과 생활의 기복이 심하며, 약속과 책임을 쉽게 망각하기도 한다. 또한 의지가 약하고 뒷처리가 미숙하며 집중력이 약하다. 쾌활한 성격과 대인관계로 인해 동료들 가운데 일찍 사회적으로 훌륭한 지위에 앉게 되지만, 이 때 남들에 대한 배려 및 이해가 부족해서 독단적이며 자기중심적으로 흐를 확률이 높다.

2) 담즙질 : 행동가, 외향적, 낙천적

(1) 장점

담즙질은 자신감과 의지가 강하고 독립적이며, 결단력이 강하다. 추진력과 집착력이 강해서 한번 시도한 일은 무슨 일이 있어도 목적을 향해 줄기차게

밀고 나간다. 그의 성공의 이유 가운데 가장 큰 것은 훌륭한 계획보다도 '결단력'과 '일에 대한 집착력' 때문이다. 단체적인 일에 대해선 무척 호감을 갖고 참여하고자 하지만 실무적인 일에서는 싫증을 느낀다. 예민한 관찰력이 있어 순간의 상황을 파악하고 가장 실질적인 방법으로 그 일을 해결해 내는 능력도 있다. 이성적인 분석보다는 직감적인 분석이 타고난 사람이다.

(2) 단점

담즙질은 차갑고 무뚝뚝하고 화를 잘 내며 성급하고 오만한 약점이 있다. 감정적으로 무디고, 동정심은 쓸데없는 짓이라고 멸시하기도 한다. 화를 잘 내고 분을 오래 품는다. 자기의 목적을 성취하기 위해서는 다른 사람들의 감정과 권리를 무시하고 짓밟는 경향이 있다. 계산적이고 이지적이며 남을 잘 믿지 못한다.

3) 우울질 : 사색가, 내성적, 완벽주의적, 비관적

(1) 장점

다른 어떤 기질보다도 가장 정서가 풍부하고 감수성이 예민하다. 창작성과 예술성이 뛰어나 재능이 많고 성실하며 진실하다. 정서적으로 예민하나 다혈질과는 달리 자기의 감정을 통해서 심사숙고하는 사람이다. 자기를 희생하며 실수가 적다. 우울질은 다혈질처럼 그렇게 많은 사람을 사귀려 들진 않지만 한번 사귄 사람은 "친구를 위하여 목숨을 버릴" 정도로 그 친구들을 포용한다.

(2) 단점

우울질은 자기중심적이다. 항상 심사숙고하고 반성을 하는 형인데 그의 이런 성품은 오히려 그의 의지와 정력을 마비시켜 버려서 비판적이 되기 쉽고 피해의식이 많다. 침울하고 답답하며 정신병리 현상에 빠져 들어갈 때가 많다. 감정과 정서가 불안정하여 변덕이 심하며 의심이 많고 결단력이 약하다.

4) 점액질 : 실속형, 대기만성형, 현모양처

(1) 장점

점액질은 유머가 뛰어나고 낙천적이다. 다혈질이나 담즙질 같은 유형은 다른 사람의 고민을 진중하게 듣지 못하는 반면에 점액질의 사람은 듣기를 좋아하고 이에 맞는 충고나 깊은 대화를 유도하여 편안함과 위로를 준다. 객관적이고 이성적이며 신용을 잘 지킨다. 여유있는 상황대처법에 능하고 인내심이 강하며 부드럽고 깔끔하다.

(2) 단점

점액질의 가장 큰 단점은 게으름과 나태함이다. 소극적이고 수동적이어서 일을 주도적으로 오랜 시간 이끌어 나가는 데에는 취약하며, 자기 자신을 옹호하려는 본능 때문에 고난이 닥치면 쉽게 포기한다. 이론만 내세우며 실천력은 약하다. 발전과 변화를 두려워하며 결단력이 없고 우유부단하다. 그렇지만 점액질은 마음 속으로 자기계획이 더 훌륭하다고 생각하기 때문에 자기가 필요하다고 생각되는 부분에만 "부분적으로" 가담하려는 성향이 강하여 주위에서 "이기적이다"라는 소리를 곧잘 듣게 된다.

참고 문헌

권석만(2003). 현대이상심리학. 서울 : 학지사.

김영애(2004). 자기성장을 위한 성격심리학. 서울 : 김영애가족치료연구소.

노안영(1998). 상담자와 함께 하는 삶의 여행. 서울 : 중앙적성출판사.

노안영(2003). 인간이해 및 성장을 위한 성격심리학. 서울 : 학지사.

노안영, 강영신(2003). 성격심리학, 서울 : 학지사.

원호택(1997). 이상심리학. 서울 : 법문사.

이훈구(1992). 성격심리학. 서울 : 법문사.

이부영(1998) 분석심리학. 서울 : 일조각.

임승권, 김정희, 김병석(1996). 청소년 성격상담. 청소년대화의광장.

융분석비평사전(2000). A. 새뮤얼 외, 민혜숙 옮김, 동문선.

융 무의식 분석(2005). C. G. Jung, 설영환 옮김, 서울 : 선영사.

우재현(1998). 심성개발을 위한 교류분석(TA)프로그램, 서울 : 정암서원.

정순례, 이병임, 조현주(2004). 행동수정의 이론과 실제. 서울 : 문음사.

정인석(1988). 교육심리학. 서울 : 대왕사.

정진선, 문미란(2005). 인간관계 심리의 이론과 실제. 서울 : 시그마프레스.

최정윤, 박경, 서혜희 (2000). 이상심리학, 서울 : 학지사.

집필 APA:/대표 역자 권준수(2015). 정신질환의 진단 및 통계편람 제5판. 서울 : 학지사.

L. A. 젤리, D. J. 지글러 원저, 이훈구 역, 성격심리학, 1992, 서울 : 법문사.

American Psychatric Association(2013). Desk Reference To The Diagnostic Criteria From DSM-5.

Glen O. Gabbard 원저, 이정태, 채영래 공역, Glen O. Gabbard의 역동정신의학. 서울 : 하나의학사.

Gian Vittorio Caprara, Daniel Cervone 원저, 이한규, 김기민 공역. 성격탐구, 서울 : 학지사.

Jerry Phares 원저, 홍숙기 역, 성격심리학, 1992, 서울 : 박영사.

Robert M. Liebert, Lynn Langenbach Liebert 원저, 조현춘, 조현재, 문지혜 공역. 성격심리학, 2002, 서울 : 시그마프레스.

Walter Mischel, Yuichi Shoda, Ronald E. Smith 원저, 손정락 역. 성격심리학, 2006, 서울 : 시그마프레스.

Walter Mischel 원저, 손정락 역, 성격심리학, 1994, 서울 : 교육과학사.

Willard B. Frick 원저, 손정락 역, 자기에로의 여행-성격심리학연습-, 1991, 서울 : 성원사.

Allport, G.(1961). Pattern and growth in personality. New York : Holt, Rinehart and Winston.

Bandura, A. (1997). Self-efficacy : The exercise of control. New York : Freeman.

Bandura, A. (2001). Social cognitive theory : An agentic perspective. Annual Review, 52, 1-26.

Berzonsky, M. D.(1990). Self-construction over the life span : A process perspective on identity formation. In G. J. Neimeyer & R. A. Neimeyer (Eds.). Advances in personal construct psychology (Vol. 1). Greenwich, CT : JAI Press.

Carver. C. S., & Scheier. M. F.(2005). Perspectives on Personality.

Cote, J. E., & Levine, C. G.(1989). An empirical test of Erikson's theory of ego identity formaition. Touth of Society, 20, 388-415.

Crain, W. C.(1980). Theories of development. Englewood Cliffs, NJ : Prentice-Hall.

Davison, G. C., & Neale, J. M.(2001). Abnormal psychology(8th ed.). New York : John Wiley & Sons.

Dyk, P. H., & Adams, G. R.(1990). Identity and intimacy : An initial investigation of three.

Exner, J. E., & Hark, L. J.(1986). Frequency of Rorschach responses after prolonged cognitive testing. In J. E. Exner : The Rorschach comprehensive system (Vol 1.). New York : A Wiley Interscience

Fadiman, J. & Frager, R.(1998). Personality and personal growth (4th ed.). New York : Longman.

Gage, N. L.(1953). Explorations in the understanding of others. Educational and Psychological Measurement, 13, 14-26.

Giedt, F. H.(1955). Comparison of visual, content, and auditory cues in interviewing. Journal of consulting Psychology, 18, 407-416.

Haward, S. Fredman and Miriam, W. Schustack(2006). Personality : classic theories and modern research(3th),

Jung, C. G. (1933). Modern man in search of a soul(W. S. Dell & C. F. Baynes, Trans.). New York : Harcourt Brace.

Jung, C. G.(1951). Aion, Rascher, Zurich.

Kelly, E. L., & Fiske, D. W. (1950). The prediction of successing the V. A. training program in clinical psychology. American Psychologist, 4, 395-406.

Kernberg, O. F.(1975). Borderline conditions and pathological narcissism. New York : Jason Aronson.

Kohut, H.(1968). The psychoanalytic treatment of narcissistic personality disorder. Psychoanalytic Study of the child, 23, 86-113.

Levinson, D, Klein, J. Darrow, C. N., Klein, E. B., Levinson, M. H., & McKee, B.(1978). The seasons of a man's life. New York : Knopf.

Maddi, S. R.(1996). Personality theories : A comparative analysis (6th ed.). New York : Brooks/Cole.

Meehl, P. E.(1997). Credentialed persons, credentialed knowledge. Clinical Psychology-Science and Practice, 4, 91-98.

Meschel, W.(1968). Personality and assessment. New York : Wiley.

Mischel, W., Shoda, Y., & Smith, R. E.(2003). Introduction to personality : Toward an integration(7th ed.). New York : Wiley.

Nemeroff, S., & Karoly, P.(1991). Operant methods. In F. Kanfer and A. Goldstein(Eds), Helping people change. Elmsford, NY : Pergamon Press.

O'Conner, D., & Wolfe, D. M.(1991). From crisis to growth at midlife : Changers in personal paradigm. Journal of Organizational Behavior, 12, 323-340.

Porder, M. S.(1987). Projective identification : An alternative hypothesis. Psychoanalytic Quarterly, 56, 431-451.

Prager, K. J.(1986). Intimacy status : Its relationship to locus of control, self-disclosure, and anxiety in adults. Personality and Social Psychology Bulletin,

12, 91-109.

Rangell, L.(1988). The future of psychoanalysis : The scientific crossroads. Psychoanalytic Quarterly, 57, 313-340.

Robert, M. Liebert, Lynn Langen-Bach Liebert(1988). Liebert and Spiegler's Personalit y : Strategies and Isuues-8th edn.

Rychman, R. M.(2000). Theories of personality (7th ed.). Belmont, CA : Wadsworth.

Ryckman, R. M.(2000). Theories of personality(7th ed.). Belmont, CA : Wadsworth.

Sharf, R. S.(2000). Theories of Psychotherapy & Counseling(2th ed.). Pacific Grove : Brooks/Cole Publishing Company.

Sheehy, G.(1976). Passages : Predictable crises of adult life. New York : Dutton.

Sheehy, G.(1981). Pathfinders. New York : Morrow.

Sherer, M., Maddux, J. E., Mercandante, B., Prentice-Dunn, S., Jacobs, B., & Rogers, R. W.(1982). The Self-Efficacy Scale : Construction and validation. Psychological Reports, 51, pp. 663-671.

Storr, A.(1988). Solitude : A return to the self. New York : Free Press.

Valiant, G. E.(1977). Adaptation to life. Boston : Little, Brown.

Wilkinson, S. M.(1991). Penis envy : Libidinal metaphor and experiential metonym. International Journal of Psycho-Analysis, 72, 335-346.

Witkins, C. E., Campbell, V. L., Nieberding, R., & Hallmark, R.(1995). Comtemporary practice of psychological assessment by clinical psychologists. Professional Psychology, Research & Practice 26, 54-60.

Zanarini, M., Gunderson, J., Marino, M., Schwartz, E., & Frankenburg, E. (1989). Childhood experiences of borderline patients. Comprehensive Psychiatry, 30, 18-25.

찾아 보기

사항

가치의 조건(conditions of worth) 242
간헐적 강화 199
감각(sensation) 131
감각욕구(need sentience) 141
감정(feeling) 130
강박관념 258
강박장애 258
강박성 성격장애 293
강박행동 259
강화(reinforcement) 198
강화계획 199
개별특질(individual traits) 170
개성화 단계 128
개성화(individuation) 121
개인무의식(personal unconscious) 117, 118
거세 단계 145
거절욕구(need rejection) 141
건강염려증 265
건강한 성격 174
결핍동기 228
결핍사랑 228
결핍심리학 228
경계성 성격장애 285
계속강화 199
고립감 157
고유자아 173
고전적 조건형성(classical conditioning) 198, 200
고전적 조건형성이론 200
고정간격강화계획 199
고정비율계획 199
고착상태(fixation) 83
공격욕구(need aggression) 139
공통특질(common traits) 170, 184
과시욕구(need exhibition) 140
과잉보호(spoiling) 102
관찰법(observational methods) 32

관찰학습 211
공포증 257
구강 단계 144
구강거부 144
구강거부 콤플렉스 144
구강공격 144
구강공격 콤플렉스 144
구강의존 144
구강의존 콤플렉스 144
구순기(oral stage) 77
구호욕구(need succorance) 141
군집 A의 성격장애 270
군집 B의 성격장애 277
군집 C의 성격장애 287
굴욕회피욕구(need infavoidance) 140
그림자(shadow) 123
근면성 156
기관열등감(organ inferiority) 102
기본 신뢰감 155
기본적 신뢰 154
기분장애 261
기생형(the getting type) 97, 98
기억과정 212
기질(temperament) 20
기질특질(temperament traits) 184
꿈의 분석 85

남근기(phallic stage) 78
내적 갈등(intrapsychic conflict) 65
능력특질(ability traits) 184

다면적 인성검사(The Minnesota Multiphasic Personality Inventory) 33
단어연상검사 132
대치(displacement) 75
도덕적 불안(moral anxiety) 70
독특한 특질(unique traits) 184
동기과정 213
동일시(identification) 74
DSM-V 255

로샤 잉크반점검사 46

망상 269
매개변수(intervening variable) 20
면접법(interview) 32
무의식 65, 117
문장완성검사(Sentence Completion Test) 51
MBTI(Myers-Briggs Type Indicator) 42
MMPI 33

반동형성(reaction formation) 73
반사회성 성격장애 283
반작용욕구(need counteraction) 139
방어기제(defense mechanism) 65, 71
방어욕구(need defendance) 140
범불안장애 256, 257
변동간격계획 199
부분강화 199
부적강화 199
부적응적 행동 252
부정(denial) 76
불신 155
불안 70
비하욕구(need abasement) 138
Big Five 요인 176

사고(thinking) 130
사례사 132

사례연구(case study) 53, 54
사회적 관심 97
사회적 유용형(the socially type) 97, 98, 99
사회학습이론 209
사회화 단계 128
삶의 목표 110
상관연구(correlational research) 53, 56
상호결정론 209
생리적 욕구 225
생산성 158
생식기(genital stage) 81
생활양식(life style) 96
성격 없는 성격이론 196
성격(personality) 16
성격심리학 21
성격의 구조 65
성격탐색검사(PRF) 145
성기 단계 145
성욕구(need sex) 141
성장동기 228
성장사랑 228
성장심리학 228
성취욕구(need achievement) 139
소거(extinction) 200
소속감과 사랑의 욕구 225
수치심 155
승화(sublimation) 74
신경증적 불안(neurotic anxiety) 70
신경증적 성격유형(neurotic type) 131
신체적 자아 172
신체증상장애 266
신체화 장애 266
실험연구(experimental research) 53, 57
실현화 경향성(actualization tendency) 239
심리 유형론 129
심리적 이유(psychological weaning) 81
심리학 21
16 성격요인검사(Sixteen Personality Factor Questionnaire) 38
16PF 검사 187

아니마 121, 122
아니무스 121, 122
아동기와 사회 152
안전 욕구 225
압력(press) 142
양육욕구(need nurturance) 141
양육태만(neglect) 102
억압(repression) 71
에드워드 개인선호도 검사(EPPS) 145
엘렉트라 콤플렉스(Electra complex) 79
여덟 가지 중요 발달과업 153
역동적 특질(dynamic traits) 185
역할혼미 156
연극성 성격장애 277, 278
열등감 156
외디푸스 콤플렉스(Oedipus complex) 78, 79
외상 후 스트레스 장애 260
외적 태도(external attitude) 119
요도 단계 144
욕구의 위계 224
우울장애 261
우월성(superiority) 103
우월성의 추구 103
운동재생과정 212
원천특질(source traits) 185
원초아 65, 66
위기 153
위해회피욕구(need hamavoidance) 140

유기체 239
유전 25
유희욕구(need play) 141
의식 64, 117
의식수준 64
의심 155
의존성 성격장애 291
이차적 특질(secondary traits) 171
이카루스 콤플렉스 144
이해욕구(need understanding) 142
인격(character) 20
인간중심 접근 238
인물화 검사 50
Adler의 개인심리학 95
Allport의 특질이론 169
Erikson의 심리사회적 이론 150
Jung의 분석심리학 114

자기(the self) 125
자기보고식 검사 33
자기보고식 검사법 33
자기애성 성격장애 280
자기효능감(self-efficacy) 213
자아 65, 67, 240
자아상 173
자아실현의 욕구 226
자아실현 접근 223
자아심리학 151
자아정체감 172
자아존중감 173
자아통합성 158
자아확장 173
자유연상 84
자율 155
자율성 155
자율욕구(need autonomy) 139
잠복기(latency stage) 80
잠재몽 159
재현과정 212
저항(resistance) 94
전의식 64
전이(transference) 92
전환장애 267
절망감 158
절정경험 231
점성설의 원리 152
정신분석학적 이론 63
정신분열증 269
정신의 구조 117
정적 강화 197
정체감 형성 156
조작적 조건형성(operant conditioning) 198
조현성 성격장애 272
조현형 성격장애 270
존경욕구(need deference) 140
죄책감 155
주도성 155
주의집중과정 211
주제(thema) 142
주제통각검사(TAT) 46, 145
주 특질(cardinal traits) 171
준거체제(frame of reference) 19
중년기 위기(midlife crisis) 127
중심 특질(central traits) 171
증상의 분석 132
지배욕구(need dominance) 140
지배형(the ruling type) 97, 98
직관(intuition) 131
질병불안 장애 265

질서욕구(need order) 141
집, 나무, 사람 그림검사(HTP) 49
집단무의식(collective unconscious) 117, 118

처벌(punishment) 199
체질특질(constitutional traits) 185
초자아 65, 68
출생순위 104
친밀성 157
친애욕구(need affiliation) 139
침체감 158

콤플렉스(Komplex, complex) 125, 143
쾌락원칙(pleasure principle) 81
Q 분류기법 243

통계편람(DSM) 255
통합(integration) 116
퇴행(regression) 75, 77
투사(projection) 72
투사적 검사법 46
투사적 성격검사 46
특질(traits) 170
특질이론 183

파지과정 212

페르조나(persona) 119
편집성 성격장애 274
폐소 단계 143
표면특질(surface traits) 185
표준검사 배터리(test standard battery) 32, 52

학습 196
합리적 적응체로서의 자아 173
합리화(rationalization) 73
항문 단계 144
항문기(anal stage) 78
해리성 기억상실증 268
해리성 둔주 268
해리성 정체감 장애 269
해리장애 268
행동주의적 성격론 195
허구적 최종목적론(fictional finalism) 99
현실원칙(reality principle) 81
현실적 불안(objective anxiety) 70
현재몽 159
환경조형특질(environmental mold traits) 185
활동수준 97
회피적 성격장애 283
회피형(the avoiding type) 97, 98

인명

Abraham 279, 293, 295
Adler 95
Allport 15, 169
Aristoteles 22

Baldwin 27
Bandura 209, 285
Briggs 43
Cattell 38, 183

Darwin 26
Erikson 150
Exner 53
Eysenk 29, 285
Freud 20, 63
Galton 26
Hippocrates 22
Jung 42, 114
Kallhorn 27
Kernberg 282, 287
Kohut 282
Machover 50
Maddi 17
Mahoney 262
Maslow 223
Mendel 26
Millon 288
Mischel 17
Murray 136
Myers 43
Pervin 17
Ross 285
Rogers 238, 243
Rotter 285
Skinner 195
Stephenson 243
Symonds 27
Zanarini 288

저자 소개

✍ 이재창

- 미국 University of Florida 상담심리학박사(Ph. D.)
- 현재 : 홍익대학교 명예교수
- 전 홍익대학교 사범대학 교육학과 교수, 홍익대학교 취업정보센터장, 사범대학장, 교육대학원장, 교육경영관리대학원장, 연구처장 역임.
- 한국상담심리학회 회장, 한국진로교육학회 회장, 한국카운슬러협회 회장 등 역임
- **저서** : 청소년상담론(공저), 청소년개인상담(공저), 인간관계론(공저), 인간이해를 위한 심리학(공저), 자기성장과 인간관계, 사랑의 물결, 생활지도와 상담, 이재창교수의 e-카운슬링, 진로교육의 이론과 실제(공저) 등 논문 다수

✍ 정진선

- 홍익대대학원(교육상담전공, 교육학박사)
- 현재 : 홍익심리상담연구소 소장
- 한국상담심리학회 정회원, 서울시 산하 다시함께센터 의료심리지원단 운영위원
- 전 관동대학교 교육대학원 겸임교수, 상명대학교 교육대학원 겸임교수, 국민대학교 교육대학원 겸임교수, 이화여대, 명지대, 홍익대 강사, 좋은인간관계학회 사례위원장 및 학술위원장 역임
- 현실요법전문가 및 수퍼바이저, 1급 전문상담사
- **저서** : 상담의 이론과 실제(공저), 인간관계심리의 이론과 실제(공저), 생활지도와 상담(공저), 아동상담심리(공저), 아동상담(공저)
- **논문** : 대학생의 성역할정체감이 진로의사결정효능감 및 진로의사결정유형에 미치는 영향, 가족관련 변인과 역기능적 진로사고의 관계 등 다수

✍ 문미란

- 홍익대학교 교육학과 졸업(교육학박사, 교육상담전공)
- 용인대, 성결대, 상명대, 홍익대, 한영신대 강사 역임
- 홍익대, 용인대 학생생활연구소 상담원 역임, 한국가정법률상담소 신당동지부 상담원 역임
- 현재 : 명지대 교육대학원 겸임교수, 명지전문대, 고려대 사회교육원 강사, 한국방송통신대학교 원격심리상담실 상담원, 서울시 산하 다시함께센터 의료지원팀 심리상담원
- 청소년 상담사 1급, 평생교육사 1급, P/E program 전문강사
- **저서 및 논문** : 인간관계심리의 이론과 실제(공저), 성인학습자의 학업성취도에 영향을 미치는 변인에 관한 연구, 성인대학생의 진로결정 자기효능감 증진 프로그램 개발 및 효과, 가족관련 변인과 역기능적 진로사고의 관계 등 다수

자신과 타인의 이해를 위한

성격심리학 - 개정판 -

초판발행 2008년 8월 10일
개정2쇄 2018년 8월 20일

2018. 8

저 자 이재창 · 정진선 · 문미란
발행인 김현태
발행처 태영출판사

주 소 (08301) 서울 구로구 구로동 104-10 동남오피스텔 201호
전 화 02 · 839-3757, 839-3752
팩 스 02 · 837-3754
등 록 2005년 5월 30일 제12-421호
홈페이지 http : //www.taeyeongbook.co.kr
E-mail tys2005@hanmail.net
ISBN 978-89-6302-169-0 93370
정 가 17,000원

* 잘못 만들어진 책은 교환해 드립니다.